"核心素养与学校课程建设"丛书

丛书主编 黄忠敬

聚焦美育

如何在学校中培养学生的审美力

黄忠敬 欧阳雪乔 余锦团 ◎ 主编

华东师范大学出版社

·上海·

图书在版编目（CIP）数据

聚焦美育：如何在学校中培养学生的审美力／黄忠敬，欧阳雪乔，余锦团主编. —上海：华东师范大学出版社，2021
 ISBN 978-7-5760-1718-2

Ⅰ.①聚⋯ Ⅱ.①黄⋯②欧⋯③余⋯ Ⅲ.①美育—教学研究—中小学 Ⅳ.①G633.950.2

中国版本图书馆 CIP 数据核字（2021）第 135984 号

本书系华东师范大学"幸福之花"基金先导项目的研究成果（2019ECNU-XFZH011）

核心素养与学校课程建设丛书

聚焦美育
如何在学校中培养学生的审美力

主　　编	黄忠敬　欧阳雪乔　余锦团
责任编辑	李恒平
特约审读	李小敏
责任校对	黄欣怡　时东明
装帧设计	俞　越
出版发行	华东师范大学出版社
社　　址	上海市中山北路 3663 号　邮编 200062
网　　址	www.ecnupress.com.cn
电　　话	021-60821666　行政传真 021-62572105
客服电话	021-62865537　门市（邮购）电话 021-62869887
地　　址	上海市中山北路 3663 号华东师范大学校内先锋路口
网　　店	http://hdsdcbs.tmall.com/
印 刷 者	上海龙腾印务有限公司
开　　本	787 毫米×1092 毫米　1/16
印　　张	18.75
字　　数	331 千字
版　　次	2021 年 9 月第 1 版
印　　次	2023 年 5 月第 3 次
书　　号	ISBN 978-7-5760-1718-2
定　　价	79.00 元

出版人　王　焰

（如发现本版图书有印订质量问题，请寄回本社客服中心调换或电话 021-62865537 联系）

本书编委会

主　编：黄忠敬　欧阳雪乔　余锦团
编委会成员（以姓氏笔画为序）：

　　　　王平波　王占魁　卢小妍　刘世清　刘伦斌
　　　　刘　琳　李　林　李升旺　杨柳春　欧阳琳
　　　　胥执纯　徐冬青　陶保平　程　亮　鞠玉翠

丛书序言

好课程,好人生
——《核心素养与学校课程建设丛书》序言

我国的新课程改革成为倍受关注的重要领域应当开始于20世纪末和21世纪初的转型时期。1999年6月,我国颁布的《中共中央国务院关于深化教育改革全面推进素质教育的决定》中强调:试行国家课程、地方课程与学校课程。2001年5月,国家又颁发了《国务院关于基础教育改革与发展的决定》。为了贯彻落实这两个重要文件的精神,2001年6月,教育部发布了《基础教育课程改革纲要(试行)》,决定大力推进基础教育课程改革,调整和改革基础教育的课程体系、结构、内容,构建符合素质教育要求的新的基础教育课程体系。这些文件的发布为学校课程建设提供了强有力的政策保证,自此,课程改革尤其是学校课程的建设成为学校变革的核心内容。

学校课程建设既要回答"培养什么样人"的问题,也要回答"怎样培养人"的问题。前者关注课程理念与课程目标,后者强调课程的内容结构与实施路径以及评价策略。2014年,教育部发布的《关于全面深化课程改革落实立德树人根本任务的意见》中做出了明确的回答,确定以学生核心素养发展为本的教育改革思路,开展基于核心素养的课程建设、基于核心素养的课堂教学和基于核心素养的教育评估的改革实践。

根据美国课程论专家泰勒(Ralph W. Tyler)的观点,学校课程建设要围绕四个基本问题展开:(1) 学校应该达到哪些教育目标;(2) 提供哪些教育经验才能实现这些目标;(3) 怎样才能有效组织这些经验;(4) 我们怎样才能确定这些目标正在得到实现。概而言之,课程开发需要包括四个要素:确定目标、选择经验、组织经验和评价结果。这也可以理解为课程开发的四个步骤。各所学校开展的学校课程建设实践,就是根据泰勒的四个步骤有序展开的。

从学校课程建设的实施路径来看,既包括国家课程的校本化,也包括校本课程的特色化;既包括基础性课程建设,也包括拓展性课程建设;既包括学科渗透的路径,也包括独立开设的校本课程与社团课程;既强调基础性,又强调选择性;既关注个性化,又强调普惠性。促进每个学生全面而有个性地发展,主动而又终身地发展。

好的学校课程建设通常具有以下几个特点。第一,基于学生需求来设计课程。也就是课程开发要有儿童的视角和眼光,要遵循儿童成长的逻辑而不仅仅是知识的逻辑。第二,学校课程能够体现出学校办学理念、文化特色和课程哲学。第三,既有顶层设计,又有个性化特色,体现了自上而下与自下而上的结合。学校课程不是碎片化的,而是一个完整的体系,包括国家课程校本化、校本课程特色化和特色课程个性化。

《核心素养与学校课程建设》这套丛书,集中了2014年以来华东师范大学教育学者与全国各地教育部门以及多所实验学校三方合力开展合作探索学校改革的成果,分别从美育课程、德育课程、国际理解教育课程、儿童哲学课程、情商课程以及STEAM课程等视角,探索学校课程建设的道路与道理、经验与成效。以落实立德树人为目标,以核心价值观为引领,以核心素养为指向,以学校课程建设为载体,以教师专业发展为重点,以机制创新为保障,以学生成长为旨归,通过自上而下和自下而上相结合、顶层设计与自主选择相结合等方式,经过需求调研、制订规划、课题引领、资源共享、教师培训、成效评估等过程环节,教育决策者、教育研究者与学校实践者密切合作,坦诚沟通,凝练共识,充分参与,自觉行动。它是内生的,不是强制的;它是互动的,不是单向的;它是建构的,不是固化的。

改革是一个旅程而不是一个事件,我国的新课程改革已经迈出了坚实的步伐,取得了丰硕的成果。这套丛书也是我国学校课程改革浪潮中一朵朵小小的浪花,我们希望能够为广大中小学校的校长与教师们的学校变革与课程建设实践提供思路与启示。

黄忠敬
2020 年 3 月 16 日

目　录

理论探索篇

第一章　学校美育的哲学基础 / 3

第二章　学校美育的历史维度 / 9

第三章　学校美育的政策变迁 / 20

第四章　学校美育的全球视野 / 32

第五章　学科教学的育美之道 / 39

区域规划篇

第六章　打造中国美育名镇——容桂街道育美品牌创建 / 57

第七章　建设区域美育高地——育美教育集团课程改革 / 86

实践案例篇

第八章　诗歌课程育美——容桂东部教育联盟容里小学"润课程"案例 / 105

第九章　数学课程育美——容桂育美教育集团容山小学"容课程"案例 / 131

第十章　合唱课程育美——容桂育美教育集团容桂小学"和韵课程"案例 / 170

第十一章　戏剧课程育美——容桂育美教育集团瑞英小学"启悟课程"案例 / 213

第十二章　礼仪课程育美——容桂育美教育集团南环小学"美善课程"案例 / 239

第十三章　科创课程育美——容桂西部教育联盟容桂外国语学校"博雅课程"案例 / 264

主要参考文献 / 287

后记 / 292

理论探索篇

第一章

学校美育的哲学基础

一、美、审美与美育

自德国哲学家鲍姆加登(Alexander Gottlieb Baumgarten,1714—1762)在《美学》(Aesthetica)中明确定义美学是"感性认识的科学"以来,美学就将"情(情感)"作为自己的中心范畴。换言之,美学领域所谓的"美"一开始指的就是人的"美感"或"审美感受"。因此,人们通常又将"美育"称作"美感教育"或"审美教育"。在美国当代美学家理查德·舒斯特曼(Richard Shusterman)看来,人们对"日常感觉""审美对象"和"审美现象"的不关注,乃是一种"审美麻木化"(anaestheticization)的表现。这是因为,在日常生活中,对绝大多数人而言,我们"心理注意的中心"常常是"非审美的",而在日复一日、机械和重复那些对自己熟悉事物的认识,或者说是因为太熟悉了而无所关注。这是因为,"长期统治我们美学思想和审美经验的艺术概念","独占地将通俗艺术作为美学上的非法而排除在外",而"美学中的实用主义方案,不是废除艺术制度,而是转变它"。[①] 简言之,即"通过更加认可超出美的艺术范围之外的审美经验的普遍重要性而将艺术与生活更紧密地整合起来"。[②]

从审美意识的源头看,诚如墨子所言:"食必常饱,然后求美;衣必常暖,然后求丽……先质后文。"(《墨子间诂·佚文》)也就是说,人们总是先求"温饱",然后才能求

---

① (美)理查德·舒斯特曼.实用主义美学[M].北京:商务印书馆,2002:185.
② (美)理查德·舒斯特曼.生活即审美[M].北京:北京大学出版社,2007:16.

"美丽"。当代美学家李泽厚也曾称他的哲学是"吃饭哲学"。但仔细究来,"美"又并不完全等同于"漂亮"。因为"美"总是要诉诸一种"普遍性的赞同",然而,总有人不去遵从所谓的"普遍看法",而是从自己的审美趣味来看待"美"。诚如中国近代美学家李叔同(1880—1942)所说"彼目美术为奢华,为淫艳、为外观之美者,是一孔之见,不足以概括美术二字也。综而言之,美术字义,以最浅近之言解释之,美,好也;术,方法也。美术,要好之方法也。人不要好,则无忌惮;物不要好,则无进步。美术定义,如是而已!"①无独有偶,奥地利哲学家维特根斯坦(Ludwig Josef Johann Wittgenstein, 1889—1951)甚至断言:"漂亮的东西不会是美的。"②进一步而言,所谓审美就是要把一个对象化的作品,"移送"或者"放置"到另一个世界(艺术世界)当中去——在那里,鉴赏美,不在于看待作品内容的美丑,而在于"进入"或者"体会"作品本身作为一种"整体化的和谐"与"和谐化的整体"所表现出来的魅力和形式力量。

但是,"美育"这一概念的明确提出和系统论述,则是从德国美学家席勒(Johann Christoph Friedrich von Schiller,1759—1805)于1793年写成的书信体著作《审美教育书简》开始的。因此,可以说,人类明确"美育"意识的诞生,迄今已有两百多年的历史了。在我国,近代最早公开提倡美育,并将美育与德育、智育相提并论的是清末学者王国维。他在1906年的《论教育之宗旨》一文中提出:"完全之人物不可不备真善美之三德。欲达此理想,于是教育之事起。教育之事亦分为三部:智育、德育(即意志)、美育(即情感)是也。"③承其所述,在中国当代哲学家冯契看来,这三种教育所对应的教育内容分别是人的理论思维、道德实践和审美活动,"它们各自以提取和实现真、善、美的理想为其特征,分别地具有真、善、美的价值;而又不可分割地相互联系着,因为它们无非是统一的精神活动及其成果的不同侧面。人类建设精神文明的远大目标,就在达到真善美统一的理想境界和造就真善美统一的理想人格"。④

二、美育与课程

就中国传统教育的哲学基础来讲,儒家和道家分别以"美善合一"和"美真合一"追

---

① 李叔同.释美术[A].李叔同.心与禅[M].西安:陕西师范大学出版社,2008:17.
② 维特根斯坦.文化与价值[M].北京:清华大学出版社,1987:60.
③ 舒新城.中国近代教育史资料[M].北京:人民教育出版社,1981:1003.
④ 冯契.论真善美的理想[J].学术月刊,1982(1).参见:瞿葆奎主编.王佩雄,黄河清,选编.教育学文集·美育[M].北京:人民教育出版社,1989:369.

求着人类真善美统一的理想境界的实现和理想人格的培养。首先,儒家旨在追求人的一种"从心所欲"的状态,而且特别强调这种"从心所欲"不是虚妄的自由,而是要将这种"从心所欲"建立在"不逾矩"的基础之上。在笔者看来,我们与其将这里的"不逾矩"理解为"不超越道德规范",不如将其直接理解为"不逾越美的规则",由此,我们也就可以将"从心所欲不逾矩"视为一种对审美自由的追求。或者说,儒家这种将道德作为审美对象的实质,是在追寻一种以"礼"包容"乐"、以"善"整合"美"的道德理想境界和与之相适应的"圣人""君子"的理想人格。其次,与儒家美学推崇的"美善合一"不同,道家美学更注重一种"美真合一"的"逍遥游"的状态。而且,道家强调要将这种"逍遥游"的实现建立在一种"道法自然"(亦即按照自然而然的规律去运作)的基础之上。或者说,天地之大美就在于"道"的自然无为,所以它才能够实现"天下莫能与之争美"。在这里,道家所要"原"天地的"大美",正是要回归到"道"的万物之理,这才是至人的"无为之为",这也正是一种"大为"或"至为"。诚如老子所言:"夫得是,至美至乐也。得至美而游乎至乐,谓之至人。"(《庄子·田子方》)或者说,"游心于道"乃是达到"大美"境界的人格前提,而审美境界的实现必须以"个体人格自由"为前提。如今,据新华社2020年10月15日电,近日中共中央办公厅、国务院办公厅《关于全面加强和改进新时代学校美育工作的意见》也指出:要"以提高学生审美和人文素养为目标,弘扬中华美育精神,以美育人、以美化人、以美培元,把美育纳入各级各类人才培养全过程,贯穿学校教育各学段,培养德智体美劳全面发展的社会主义建设者和接班人"。[①] 事实上,就美学(aesthetics)与教育(education)之间的逻辑而言,人性或人格的完善乃是二者之间的中介和桥梁,因为人性或人格的完善,既是教育的基本追求,也是美学的基本出发点。因此,审美教育一开始就是美学的基本课题,无论中西,概莫能外。

  从课程史的角度看,自1859年英国教育哲学家斯宾塞(Herbert Spencer)在发表其《什么知识最有价值》一文中首次正式提出"课程"(curriculum)一词开始,"美育"就被其视为"完美人生准备"的重要内容之一,尽管为满足当时工业化社会迅猛发展需要,"科学知识"和"智育"被斯宾塞视为教育的首要任务,而大致可以归诸"美育"的内容,不过是"为完满的生活做好准备"(to prepare us for complete living)的"合理课程"

---

① 中华人民共和国中央人民政府.中共中央办公厅 国务院办公厅印发《关于全面加强和改进新时代学校体育工作的意见》和《关于全面加强和改进新时代学校美育工作的意见》[EB/OL]. http://www.gov.cn/xinwen/2020-10/15/content_5551609.htm.

(rational curriculum)中"为满足情趣爱好而进行的各种休闲活动"而已。① 或许正是受了斯宾塞这种"科学主义"课程思想的影响,在近代以来相当长的一段时期内,"但据多数人见解,总以为美术是一种奢侈品,从不肯和布帛菽粟一样看待,认为是生活必需品之一",据此,中国近代学人梁启超甚至明确提出,"中国人生活之不能向上,大半由此"。②

为了扭转这种偏狭的认识,我国近代教育家蔡元培指出,除体育之外,"我们的心理上,可以分三方面看:一面是意志,一面是知识,一面是感情。意志的表现是行为,属于伦理学,知识属于各科学,感情是属于美术的。我们是做人,自然行为是主体,但要行为断不能撇掉知识与感情。……又如踢球也是一种行为,但要先研究踢的方法;知道踢法了,是有了踢球的知识了;要是不高兴踢,就永踢不好。所以知识与感情不好偏枯,就是科学与美术,不可偏废。科学与美术有不同的点:科学是用概念的,美术是用直观的。"③总体来看,无论是儒家的"从心所欲",还是道家的"逍遥游心",尽管表现出不同的风貌,但是从最高的层面来讲,其终极追求都是"一而二,二而一"的。儒家美学与道家美学,皆注重主体对宇宙造化的参赞,它们共同追求的是"生活审美化"的"天地境界"。由此可见,相比智育和德育而言,美育更加强调形式上的趣味性与过程中的渗透性,更加注重人的内在直觉体验,更加注重浪漫想象的空间余地与直接感受具体生动的事物或形象,更加强调认识上的个体价值。如下表所示:

表 1-1 德育、美育、智育课程的比较表

	德 育	美 育	智 育
主体属性	群体性认识	个体性认识	普遍性认识
内容属性	现实的,规范的	浪漫的,具体的	抽象的,逻辑的
学习倾向	外在规范经验	内在直觉体验	理性思考
教学倾向	严肃禁令	活泼渗透	严谨推理

进一步而言,审美体验、生命意义和符号形式,是美学的三个基本的研究对象。艺术之所以成为美学的研究对象,就在于艺术乃是人的审美体验、生命意义和符号形式

---

① [英]斯宾塞.教育论:智育、德育和体育[M].王占魁,译.北京:中国轻工业出版社,2016:7,10.
② 梁启超.美术与生活(八月十二日在上海美术专门学校讲演)[A].俞玉姿,张援.中国近现代美育论文选(1840-1949)[M].上海:上海教育出版社,2011:139.
③ 蔡元培.美术与科学的关系(在湖南第五次讲演)[A].俞玉姿,张援.中国近现代美育论文选(1840-1949)[M].上海:上海教育出版社,2011:98.

的重要载体,与此同时,艺术在人的审美教育方面发挥着无可替代的作用。中国有五千年的文明史,在艺术方面,特别是在诗词、绘画、建筑、雕刻、书法、戏剧、音乐、小说等方面留下了异常丰富的宝贵遗产。这是民族精魂的物化形态,是将亿万炎黄子孙凝聚在一起的一个文化基因,我们不仅应当对其做富有现代意味的重新阐释,更应该将其育人价值充分体现在社会主义的人格建构与课程实践之中。结合容桂育美教育集团的课程实践而言,南环小学的礼仪课程,瑞英小学的戏剧课程,容桂小学的音乐课程,容里小学的诗歌课程,容山小学的数学课程,以及容桂外国语学校的科创课程都是这一课程建设思路的生动展现。

三、美育课程对学生发展的影响

众所周知,在激烈的应试竞争面前,学校的艺术课程(体音美)的课程时间经常被所谓"主要课程"(语数外)占用,似乎早已成为我国各地中小学校每逢期末考试期间的一种"惯例"。而且,广大教师和家长在当前这种由市场化生存所带来的诸多方面的经济压力和工作压力的情势下,对于有关人格成长的"美育课程"的价值缺乏关注和关心,甚至一些家长和教师在过于关注孩子成绩之外,根本无暇甚至不屑顾及孩子的情感世界和精神状态,以至于有些孩子对于学习甚或整个人生都丧失了兴趣。

事实上,艺术与人的生活有着密不可分的联系。人们常说:艺术源于(现实的)生活、高于(世俗的)生活、又归于(未来的)生活。笔者认为,它基本概括了美的艺术或者美的生活所具有的三个逻辑层面的重要特征:其一是"日常性"(美的事物),其二是"普遍性"(美的本质),其三是"超越性"(美的理想)。就其超越性而言,它不仅与宗教具有某种共通的人文特征,更与中国传统文化本身所蕴藏的诗教和乐教传统有关。对此,近代学人梁启超先生曾说:"问人类生活于什么,我便一点不迟疑答道:'生活于趣味。'这句话虽然不敢说把生活全内容包举无遗,最少也算把生活根芽道出。人若活得无趣,恐怕不活着还好些,而且勉强活也活不下去。人怎么会活得无趣呢?第一种,我叫他做石缝的生活:挤得紧紧的没有丝毫开拓余地,又好像披枷戴锁,永远走不出监牢一步。第二种,我叫他做沙漠的生活:干透了,没有一毫润泽,板死了,没有一毫变化,又好像蜡人一般,没有一点血色,又好像一株枯树,……这种生活是否还能叫做生活?实属一个问题。所以我虽不敢说趣味便是生活,然而敢说没趣便不成生活。"①重温梁先生的这段话,有助于我们反思学校生活的价值尺度,重视课堂里的生命活力,重申教育活动的艺术特性。

谈及教育活动的艺术特性,日本当代教育学者村井实曾经郑重告诫广大教师:"教育本来就是追求'创造'的活动。事实上,现实中的教育往往始终是'死记',或始于'死记'而又终于'训练',其结果几乎与'创造'背道而驰。但这只是教育的病理现象或教育的堕落。当然,因为是教育,一定的'记忆'和'训练'也是必要的,但无论如何都应该是为了'创造'的记忆和训练。只要不与'创造'联在一起,一切的'记忆'和'训练'都与教育之名不相称。'自由'也是教育的本质要素。不能否认,就像'记忆'和'训练'也有必要一样,在教育上'强制'和'规矩'也是必要的。但是,'强制''规矩'并不是简单地为了使学生接受既成的价值,如既成的善、既成的美、既成的真。相反,这虽然是要求学生具有既成价值的经验,但其目的是为了使他们在否定和超越这些既成价值时,具备探索新价值的力量。现实中有不少教师忘记了这一点。"②此外,尤为重要的一点是,"美的教育不单是教艺术,而且必须是要求艺术渗透整个教育,并使人能够按照其本来面目成为艺术的、美好的人。实现这种教育的愿望,无疑将使我们自然地去追求和实现更为完善的人类社会"。③

最后,尤其值得一提的是,中国学校美育也有其得天独厚的条件:一是马克思主义的理论根基;二是五千年的审美文化和艺术传统;三是对西方美术的积极和开放的态度。所以,我们可以期待,在未来的世纪中,中国美育必将在学校丰富而多样的教育实践中取得令人瞩目的发展与成就。

---

① 梁启超.美术与生活(八月十二日在上海美术专门学校讲演)[A].俞玉姿,张援.中国近现代美育论文选(1840-1949)[M].上海:上海教育出版社,2011:139-140.
② [日]村井实.艺术和学校教育[A].罗李争,译.瞿葆奎主编.王佩雄,黄河清,选编.教育学文集·美育[M].北京:人民教育出版社,1989:202-203.
③ [日]村井实.艺术和学校教育[A].罗李争,译.瞿葆奎主编.王佩雄,黄河清,选编.教育学文集·美育[M].北京:人民教育出版社,1989:204.

▶第二章

学校美育的历史维度

　　天地生物,惟人最灵。人类除有物质层面的基本需求,以达成群居生活及群体延续的目的,更有精神层面的追求和意趣,由此而创造出辉煌灿烂的文化。以今日出土发掘和古史研究所见,远古先民在生产和生活中,对日用器物的打磨、纹饰,对身体的特别装饰,对特定材质、颜色的选择与使用,乃至对自然与超自然现象的认识与互动,无不显示他们在追求生存和实用的目的之外,兼有追求审美及"存在"的深层目标。凡此种种,皆是历史与文化语境中"美"的创造与欣赏之原初动力与形态。

　　中国历史与文化悠久绵长,其间孕育出有关"美"与"审美"的丰富意涵,成为中华文化性格和文化心理的关键基因,也是今日开展学校美育取用不竭的源头活水。本章即拟在此宏阔背景之中,回溯中国传统审美的历史视野及其近代变迁。各个阶段之中,略析其最具代表性的美学形式及其内涵,兼及美育的具体展开。最后试探基于历史与文化的美学资源与理念,对今日开展美育的启示及意义,以为小结。

一、从先秦气象到汉晋风骨

(一) 中国古典审美之肇基

　　美的创造与欣赏,乃源自生活,又本于自然。上古先民在生产生活之中,歌咏、舞蹈、刻画、塑造等,无不寄寓其对生活、社群、自然的认识、期待与想象,美的创造由此而生。随着人类文明的进步,在物质、制度与思想等层面的积淀越益丰富成熟。进入文明时代,更有农业的变革、文字的创制、城市的产生、国家的出现等。中国历史与文化的基本性格,以及传统审美类型与意趣的基本面向,均在先秦阶段奠基。其中,尤以青铜、散文、诗歌等项,值得首先提出。

青铜器大多兼有礼制和实用的双重功能,在形制及纹饰上或凌厉肃穆,或朴拙端庄,或繁复古奥,给人庄严之感。可以说,此种器物实际折射出早期中华文明"由巫而礼"的重要转向——既作为祭祀神器,也用作世俗礼器。由此而孕育出的敬天、法祖、谨言、慎行等文化性格,也深刻烙印在中国传统的哲学与美学取向之中。此外,后期青铜器物大多铸有铭文,除了可以视为记事史料之外,实际也是中国文字与书法艺术演进过程中的关键一环。后世书家,多于龟甲、金石文字中模求其"笔意",良有以也。

先秦文化遗产及美学资源中最可宝贵者,当推诸子散文。在文学层面,诸子散文均臻化境,老子的达观,庄子的恣肆,孔孟的通透,荀子的雄奇,墨子的谨严,韩非的冷峻,人如其文,文如其人,达到极高的审美境界。在政治学、教育学和伦理学层面,先秦诸子也为后世中国的"政教"体系提供最基本和原创的思想资源及论述话语。在哲学层面,诸子哲学实际共同代表中国早期"理性精神"的觉醒,象征着其关怀中心由天(神)而人的关键转向。由此,也导启了中国哲学与美学重人性而轻"神性",重内在、"此在"而轻外在超越的路径;因此,中国传统艺术及美学中,多将人生修养及内在完善作为艺术创造的前提、源泉和境界所在。

此外,在诗歌方面,以《诗经》和《楚辞》为代表的状物、抒情和言志诗作,在形式和意蕴上都已达到很高的艺术审美境界。此种发展,颇异于通常所见史诗——戏剧诗——抒情诗的典型演进次第,以致于钱钟书认为中国诗是早熟的;当然,早熟的代价就是早衰。① 可以说,中国后世诗赋的基本主题及艺术手法,均可在先秦《诗经》和《楚辞》中找到根源和灵感。而且,诗、乐、舞密切结合的形式,也成为中国传统审美艺术的重要特色。

(二) 汉魏六朝审美之流变

战国之乱,终一于秦;两汉代兴,建制立则,"成为中国整个帝制时期的楷模";② 而后再陷分裂,折冲融合数百年。其间,传统文化与审美亦有新的重要面向,值得关注。

汉魏审美艺术的高峰代表,首推赋体文学。此种源自《楚辞》、可自《荀子》书中寻

---

① 钱锺书.写在人生边上·人生边上的边上·石语[M].北京:生活·读书·新知三联书店,2002:162.
② 黄仁宇.中国大历史[M].北京:生活·读书·新知三联书店,2007:46.

得端倪的文学体式,散韵结合,以铺采摛文,体物写志。其辞藻华美,文风绮丽,两汉盛极一时。其间代表名家,如司马相如、扬雄、班固、张衡等,俱有名篇传世。与这一时期"文学"开始作为独立门类,以及创作与实践的成熟相呼应,汉魏时期也出现了系列较为系统的文艺和美学理论著作。虽然,先秦篇章如《礼记·乐记》《荀子·乐论》等,已是高度概括的艺术与审美理论作品,然而终究较为简短,难见体系;而《乐经》的佚失,也令中国传统艺术与美学留下难以弥补的缺憾。汉魏南北朝时期,较为成熟的文艺与审美理论作品不断涌现,如曹丕《典论·论文》、刘勰《文心雕龙》、钟嵘《诗品》等,标志着在丰富的文艺创作实践之外,传统中国文艺理论与审美理论渐趋成熟。

汉魏时期另一取得极高成就的审美形式,为书法艺术。秦对文字书写的统一,汉代纸张的发明及其他书写工具、技术的进步,以及大一统体制下"书写"对于行政、教育的重要性,都在客观上促进汉字书写技艺的发展和成熟。在精神层面,魏晋时期还有学者所谓"个性解放"及"主体意识"的自觉。① 凡此种种,均为书法艺术的发展创造有利条件。此一时期,篆隶真草诸体咸臻完备,汉隶、魏碑,钟繇之楷法,二王之行书,已成为中国书法与美学史上的丰碑和法式。

此外,还应从更深层的哲学与宗教层面,补述这一时期中国文化与审美的关键转向。儒学在汉代取得独尊地位,虽有今文、古文之争,以及魏晋分裂的冲击,然始终居于正统地位,自不待言。此一时期对中国文化及审美艺术影响深远者,尚有两个要点。其一为道教的产生及玄学(新道家)的出现,如此一方面将根源于中国本土信仰世界的"诸神系谱"逐渐建立;另一方面,则将中国哲学与审美中关于"自然"与"隐逸"的主题再次明确提出和实践,深刻影响此后几乎所有的审美艺术门类。其二为佛教的传入及其中国化,即学者所谓"佛教征服中国",② 如此则一方面丰富中国信仰世界中关于彼岸的"超越"关怀;另一方面,大乘佛教独特的空观及心论,也深刻影响此后中国的审美创作。佛道影响所及,中国寺观建筑、壁画、石刻、塑像、音乐,乃至文学、书法等,其中审美意趣均增添新的内涵和境界。

(三) 美育的展开形式

美育属于广义教育的一环。上古时期,制度化的教育尚未展开,先民对于美的感

---

① 余英时.中国文化史通释[M].北京:生活·读书·新知三联书店,2012:12-15.
② 许理和.佛教征服中国:佛教在中国中古早期的传播与适应[M].李四龙,裴勇,译.南京:江苏人民出版社,2005.

悟、欣赏和创造,均融汇于生产生活之中。他们对于自然的观察、赞叹及敬畏,用原始歌舞、绘画对自然的状摩和再现,以及他们对自己的身体、所用器物、所居屋舍的刻画、装饰,均可视为早期审美活动;并在此过程中,将对于美的创造经验不断延续和发展。《吕氏春秋·古乐》载传说中远古氏族葛天氏之乐:"三人操牛尾,投足以歌八阕:一曰载民,二曰玄鸟,三曰遂草木,四曰奋五谷,五曰敬天常,六曰建帝功,七曰依地德,八曰总禽兽之极。"①诸如此类活动,虽然并非今日意义上的"美育",但初民有意识地自觉发现和创造审美,已经孕育着音乐、舞蹈、刻画、书写等后世主流的审美形态。

先秦学校教育的核心内容为"六艺",其中大多与美育密切关联。礼、乐两项,主要研习礼仪、典章、音乐、舞蹈等,本身就属于今日所谓德育、美育的范畴,旨在培养通达明礼、德操高洁之人,实乃美育的核心目标。《礼记·文王世子》谓:"凡三王教世子,必以礼、乐。乐,所以修内也;礼,所以修外也。礼乐交错于中,发形于外,是故其成也怿,恭敬而温文。"②又《论语·泰伯》谓"兴于诗,立于礼,成于乐"。均可见此二者之切要与关联。射、御两项,主要训练射箭、驾车等,倾向于军事体育,但其意涵又不仅于此。射、御除了作为体育训练之外,更希望以此涵养心平、气和、身正,懂得射不中的、行有不达而反求诸己的道理。而且,习射亦有规范礼仪,并伴有乐,兼具陶冶性情的深刻意涵,亦属美育的核心目标。至于书、数两项,主要学习文字、书写及算术等,看似属于今日所谓"智育"之列。然汉字之音形、书写之笔画与布局,实乃中国古典审美"线的艺术"之核心要素。至于算术,在实用计数之外,亦可进而探知算与数内在的规律与奥秘;而且,中国古代所谓算术,又多与工程营造、观测天象、推演历法等相互关联。将人类的思维及其符号语言与天地自然融通协调,亦是审美的目标。由此可见,审美及美育不仅可以作为学校教育的一科,还可以融入学校教育乃至社会生活的各个方面。

至于汉魏,官私学校广泛设立,学校教育又有新的进展。除了始于汉代的儒学教育主导,以及由此延续的儒家审美教育,汉魏时期尤应留意的是史学、文学、律学、书学、算学、医学、玄学、道学等"专科教育"的兴起。其与美育密切关联者,如东汉鸿都门学的设立,魏明帝设立崇文观,南朝宋文帝设立文学馆,宋明帝所立总明馆亦设"文学"一科,昭明太子引纳才学之士,扬榷讨论,编撰汇集等。由此,更将文学的创作推向辉煌,高度肯定"文章功业"的价值,并由此推动文艺审美理论的发展。此外,这一时期随

---

① 许维遹,梁运华.新编诸子集成·吕氏春秋集释[M].北京:中华书局.2017:99.
② 王文锦.礼记译解[M].北京:中华书局,2016:247.

着纸张的流行及抄录经籍的需要,专门的书博士及书学的设立,书法教育走向专门,也将书法艺术推向成熟。此一时期,艺术"专科教育"的兴起,为学校美育提供更新和专业的形态,也为此后唐宋的学校美育奠定重要基础。

二、从唐风宋韵到明清新声

(一) 唐宋审美之造极

所谓分久必合,历经魏晋南北朝近四百年的分裂与融合,中国历史再次进入统一。李泽厚指出,中国所有艺术门类之中,诗歌和书法最为源远流长,而此二者均在唐代达到了无可比拟的高峰,"既是这个时期最普及的艺术,又是这个时期最成熟的艺术"。[①] 陈寅恪更谓,"华夏民族之文化,历数千载之演进,造极于赵宋之世"。[②] 唐宋转型,中国经历新的融合与变革,在文化与审美的创造上,也达到传统中国的顶峰。

唐宋审美艺术的成就,首推文学上的唐诗与宋词。这两种独特的文学形式,将汉字的声韵、节奏,中文写作在结构上的匀称与错落,以及文学创作中的抒情、言志、造境等完美糅合;加之唐宋科场均曾以诗赋取士,世风士习,无不推崇,产生了为数甚多脍炙人口的名家名篇。其中,无论是初唐诗人的新声新韵,还是太白诗歌的豪迈超脱,少陵诗歌的严谨雄浑,摩诘诗歌的空灵见性,抑或晚唐诸人的细腻入微,再启新韵,读之均让人如临其境;宋词中如稼轩词的豪放超绝,易安词的婉约伤感,东坡词的旷达明快,无不让人一唱三叹,回味无穷。唐诗与宋词,可谓镶嵌在传统中国文学审美冠冕上的两颗明珠。

唐宋审美艺术的另一高标,乃书法与绘画艺术的辉煌。总体而言,唐代书法承续魏晋法式,严谨雄浑,其中名家,如初唐之欧阳询、虞世南、褚遂良与薛稷,以及盛唐为后世并称"颜筋柳骨"的两大名家——颜真卿和柳公权,其作品仍为今日典范法式;宋代书法审美则更重意境,四家之中,君谟工楷,端庄浑厚,其余皆以行草、行楷见长。其中,子瞻信手点画,似平实奇;山谷纵伸横逸,气韵通贯;元章迅疾劲健,变幻多端。此外,徽宗书、画均能立体成家,自成一格,也是大时代中崇文重艺的典型写照。绘画方面,唐代阎立本及吴道子的作品,将古代人物画的技法推向极致;宋代花鸟、山水画的高度发展和成熟,又极大提升了传统审美艺术的境界。

---

① 李泽厚.美的历程[M].北京:生活·读书·新知三联书店,2016:138.
② 陈寅恪.金明馆丛稿二编[M].北京:生活·读书·新知三联书店,2015:277.

此外,讨论唐宋审美艺术的发展,还需要观照"三教合一"的宏观思想文化背景。此一阶段,儒学经历"再正统化",并因应佛、道二家的激荡,而有理学之发展;佛教则吸收中国儒家的伦理与道家的思想,而有禅宗的兴盛。三教的渐趋融合,乃帝制中后期中国思想与文化的主轴。至其影响,不仅反映在中国人的心灵世界和审美意趣上,还物化在迄今可见的丰富艺术作品之中,比如宗教壁画、塑像、音乐、建筑等。中国哲学与思想在闲适与有为、出世与入世之间的平衡,也反映在审美意趣和审美作品之中。更进一步,就其本质而言,这一时期发展成熟的重要艺术形式,无论是诗词,还是书法,抑或乐舞,乃至绘画,无不具有"音乐性"的美。哲学、艺术、美学内在实际紧密关联,触类而可旁通,这是今日倡导美育不可忽视的基本认识。

(二) 明清审美之承转

明代承元而立,又为清所代,恰好处于两个少数族群所建立的政权之间。传统印象之中,元代较为短促,且为文化程度相对较低的族群统治,艺术与审美似乎乏善可陈;而明、清在政治上专制皇权登峰造极,思想上则理学封固心性,缺少生机与灵性,又谈何审美与艺术?实则不然。除了传统佛寺建筑、宫殿建筑,以及瓷器制造等艺术的持续发展之外,从全球史的视野来看,明清中国已站在近代世界的门槛之上,在艺术与审美领域既对传统门类有所承续和发展,又有突破和转型。

中国传统审美与艺术的核心门类,如诗词、书法、绘画等,在明清阶段仍有新的发展。清诗如初期黄宗羲、钱谦益,中期如沈德潜、郑板桥,后期如龚自珍、黄遵宪,均有新境;后期更有"同光体"的盛兴,可为收官。清词亦有进境,尤其是纳兰词的艺术成就与审美意蕴,也可视为传统词作艺术的后期大成;王国维称其"以自然之眼观物,以自然之舌言情。此由初入中原,未染汉人风气,故能真切如此。北宋以来,一人而已。"[①]自然无染,不失本真,即为美之所在,亦为审美的关键路径。此一时期的书法名家,如元代赵孟頫,明代董其昌、文征明,清代傅山、翁方纲、吴昌硕等,均能创开新境;绘画艺术之代表,如元之黄公望、吴镇,明之徐渭、唐寅,清之郑板桥、朱耷等,将中国传统画代表山水画的意境推向另一高峰。而此后传统山水画及其意境的衰落,也可视为近代以来自然与人文精神失落的重要表征。此外,这一时期开始的西学东渐,也将西洋绘画与审美的视角与技法带入中国。其中如清代著名宫廷画师意大利人郎世宁等,以其着

---

① 王国维.人间词话[M].李维新,注译.郑州:中州古籍出版社,2008:45.

重谨严写实的笔法,丰富和补充了传统中国山水画作侧重写意的审美意涵。

此一阶段中国传统艺术审美的其他重要发展,尚有杂剧、戏曲以及小说等所谓"俗文学"的繁荣。此三者皆可视为庶民文化发展的表现和结果,而其背后则是商品经济的活跃以及印刷与传播方式的革新。元代杂剧四大家关于爱情题材(如王实甫《西厢记》)和悲剧题材(如关汉卿《窦娥冤》)的创作,极大提升传统文学与表演艺术的审美内涵;明清剧作如汤显祖《牡丹亭》、孔尚任《桃花扇》、洪昇《长生殿》等,仍然脍炙人口,长演不衰。今日几乎家喻户晓的古典小说"四大名著",则将传统文学记人、叙事、写景、状物的技法发挥至炉火纯青之境,成为中国传统审美的经典篇章。

(三) 学校美育的发展

此一期间,学校美育亦有新的进展。唐代设置书学,以文字学、训诂学及书法作为主要教学内容,其专业课包括《石经三体书》《说文解字》《字林》,兼修课包括《国语》《三苍》《尔雅》及时务策等。① 而且,在科举考试的常科之中,亦设"明书"之科,将学校教育与人才选拔相互结合。此外,唐代亦专门设立乐舞学,隶属于太常寺,研习乐舞及仪仗等。唐代对于文学教育也有高度重视,研读《文选》成为专学,诗赋也成为进士科的主要考试形式,备受重视。时人以为,诗赋虽属文学,但从中除了可以得见写作者辞章文句的功夫,更能看到其视野、胸襟和品味,因此可以采用以抡选人才。由于科举制度的确立及其广泛影响,隋唐以降的学校教育多受其影响,学校美育亦然。很多时候,由科场选拔标准乃至主考者所推崇的某些文学体例、风格及书法意趣,也会影响一时文艺审美和学校美育的取向。

宋代学校美育的重要建制,为始建于1104年的画学和书学。画学培养专门绘画人才,其教学课程有六门主科:佛道、人物、山水、鸟兽、花竹、屋木;副科包括《说文》《尔雅》《方言》及书体和字义音韵。在培养学生的绘画技法之外,"还十分重视学生的文化知识素养,注重培养学生对于绘画意境的领悟能力及其作品思想艺术的表现力"。书学则主要研习篆书、隶书、草书,学习《说文》《字说》《尔雅》《大雅》《方言》,兼通《论语》《孟子》大义。② 两宋书画教育及其成就,一方面是其时代总体崇文尚艺的体现,也是在上位者雅好提倡的结果。而且从中可见,所谓美育与审美,绝非书写、绘画技术层

---

① 赵家骥等.中国教育通史(5)·隋唐卷[M].北京:北京师范大学出版社,2013:110.
② 赵家骥等.中国教育通史(7)·宋辽金元卷(下)[M].北京:北京师范大学出版社,2013:162-163.

面的娴熟流畅,更涉及修学者自身的知识素养、品德修养以及艺术境界。

明清两代,学校教育受科举考试影响至深,甚至在很大程度上沦为科举的附庸。虽然,中国的古典审美艺术在此二代皆有传承,部分亦有新境。但在学校教育的层面上,一方面正式学校体制中如唐、宋专科艺术学校不复设立,另一方面在教学和考试内容上,儒家经史之学占据绝对主导。因此,除了服务于少数人的宫廷音乐、绘画,以及在部分地方书院及私家传习层面,专门的艺术教育尚有延续和发展,制度化的学校美育未有实质发展。这也成为近代学校美育引入之后着力改进之处。

三、从传统审美到现代美育

中国传统审美艺术形式多样,成就亦丰,也较早开始重视学校美育的实践探索,但其中仍有不少局限。其中关键在于,学校教育内容中与美育密切关联者,未能形成较为稳定的课程及制度,而是随着时代变化甚至在上位者的好恶而时有兴废,而且此种学校美育始终主要局限在中央官学的层面,实际参与和受益者较为有限。待到近代教育渐兴,一方面从传统审美资源中汲取有益养分,同时将此种美育拓展至更广泛的学校教育之中,甚至上升到普通国民必需素养的高度,并设置相应的科目及课程加以培育。由此,中国的学校美育开始进入新的阶段。

晚清时期新式学堂逐渐引进兴办,图画、体操、游艺、乐歌等美育课程开始在部分新式学堂展开,而后借助全国学堂章程加以制度化。1904年正式颁布施行的《奏定学堂章程》,对于关涉美育的科目及课程已有具体规定。初等小学堂中,除了修身、体操等科,还规定可根据地方情形,加入图画、手工之一科或二科,作为随意科目。图画之要义在于"练习手眼,以养成其见物留心、记其实象之性情";手工之要义在于"练习手眼,使能制作简易之物品,以养成好勤耐劳之习"。高等小学堂则正式开设图画科,"其要义在使知观察实物形体及临本,由教员指导画之,练成可应实用之技能;并令其心思习于精细,助其愉悦"。又仿王阳明训蒙教约,选择有益风化的古诗歌,令学生歌咏吟诵,以涵养性情。中学堂之图画科,教授自在画、用器画;其体操亦旨在培养学生规律肃静,体势整齐,意气充实,运动灵活。[①] 自此以后,美育课程正式成为全国学校教育的必备内容,而且将艺术基础、审美素养及身心健美等相互融合推动。

---

① 璩鑫圭,唐良炎.中国近代教育史资料汇编·学制演变[M].上海:上海教育出版社,1991:291-339.

与学校美育的制度化推进同步,清末民国学人对于美育的理论探求及其对于教育的意义,也多有研讨。1903年,王国维发表《论教育之宗旨》一文,指出教育之宗旨"在使人为完全之人物而已",所谓"完全人物"即"人之能力无不发达且调和"。要达到此一目标,除了发达身体能力之外,还需要智育(知—真)、德育(意—善)及美育(情—美)。而且指出,"美育者一面使人之感情发达,以达完美之域;一面又为德育与智育之手段,此又教育者所不可不留意也"。① 在中国近代教育史上,王国维首次提出德、智、体、美四育并举的方案。此外,近代中国学校美育的另一位先驱人物蔡元培,则提出了公民道德教育、军国民教育、实利主义教育、世界观教育及美感教育"五育并举"的教育方针,并成为民国初年教育宗旨的主导。此外,蔡元培还进一步提出和阐发"以美育代宗教"之说,认为可以舍宗教而代以"纯粹的美育",以此"陶养吾人之感情,使有高尚纯洁之习惯,而使人我之见、利己损人之思念,以渐消沮也"。② 并在自己的教育实践中,积极推行美育。

此种背景之下,民国时期颁行的两个关键学制(壬子癸丑学制、壬戌学制)及相应课程标准中,对于关涉美育的科目与课程均有具体的规定和切实展开。其中,普通中小学有关课程及教学要旨汇总如下。③

表2-1 民国时期的学制和相应课程

学 制	学段	课程	教 学 要 旨
壬子癸丑学制 [1912—1913]	小学	修身	涵养儿童之德性,导以实践。
		手工	制作简易物品,养成勤劳之习惯。
		图画	观察物体,具摹写之技能,兼以养其美感。
		唱歌	唱平易歌曲,以涵养美感,陶冶德性。
		体操	使儿童身体各部平均发育,强健体质,活泼精神,兼养成守规律、尚协同之习惯。
	中学	修身	养成道德上之思想情操,并勉以躬行实践,完具国民之品格。
		画图	详审物体,能自由绘画,兼练习意匠,涵养美感。
		手工	练习技能,使制简易物品,养成工作之趣味、勤劳之习惯。
		乐歌	谙习唱歌及音乐大要,以涵养德性及美感。
		体操	使身体各部平均发育,强健体质,活泼精神,兼养成守规律、尚协同之习惯。

---

① 清华大学国学研究院.王国维文存[M].南京:江苏人民出版社,2014:45-47.
② 高平叔.蔡元培全集[M].北京:中华书局,1988(1):33.
③ 全国教育联合会新学制课程标准起草委员会.新学制课程标准纲要[M].上海:商务印书馆,1925.

续表

学制	学段	课程	教学要旨
壬戌学制 [1922]	小学	音乐	使学生能唱平易的歌曲,能识简单的乐谱,并发展快乐活泼的天性,和涵养和爱合群的情感。
		工用艺术	研究并实习衣、食、住所需最普通的原料的来源、用途和制法,工具的构造和使用;并引起尊重工作的观念,欣赏工艺品的兴味,和涵养敏确、整洁、耐劳等德性。
		形象艺术	启发儿童艺术的本性,增进美的欣赏和识别的程度;陶冶美的发表和创造的能力;并涵养感情,引起乐趣。
	初级中学	图画	增进鉴赏知识,使能领略一切的美;并涵养精神上的慰安愉快,以表现高尚人格;练习制作技艺,使能发表美的本能;养成一种艺术,而为生活之助。
		手工	研究衣、食、住三方面所需的工作技能;并实地练习;引起学生对于工艺的兴味和美感,并增进其鉴赏力,使能得到精神上的愉快;养成勤劳习惯和正确、精密、锐敏诸德性。
		音乐	使学生明了普通的乐理;使学生能唱单、复音的歌曲;涵养美的情感与融和乐群的精神;引起欣赏文艺的兴趣。

至此,建基于中国古典审美资源与方法,融合近代西方教育理论及课程体系的学校美育,在中国的学校教育中正式确立。而且,艺术审美教育如音乐、绘画、舞蹈、书法、设计等越益专门和深入,"美学"也成为正式的学术研究范畴和高等教育的内容。其间,对于学校美育的倡导与实践,无不将技艺、美感及德性相互结合,以期共同促进和培养。此一时期对于学校美育理论的探索与实践,为此后直至今日学校美育的展开留下诸多有益的经验启示。

小结

以上简要回溯中国古典审美及学校美育的历史演进,可知其中积淀丰富,且其内涵已凝结为中华文明及中华民族人格心理的重要组成。今日举国倡行美育,有三个核心概念需要厘清——即美、审美与美育。以下对此稍作阐发,以为小结。

何谓"美"？李泽厚曾有一高度凝练的概述及礼赞:"美作为感性与理性,形式与内容,真与善,合规律性与合目的性的统一,与人性一样,是人类历史的伟大成果。"[1]何

---

[1] 李泽厚.美的历程[M].北京:生活·读书·新知三联书店,2016:217.

谓审美？朱光潜谓乃是"把自然加以艺术化"，亦即人情化和理想化。① 如果美是客观实在，审美则是主体与客体互动交融的过程、体验与境界。王守仁所谓"你未看此花时，此花与汝心同归于寂。你来看此花时，则此花颜色一时明白起来"，②所论虽是知行关系、心物关系，实际亦与审美历程和境界相通。若无此一看、一悟，则非但不知有此花、此花颜色若何，也不知有观照此花之心。更进一步，理想的审美境界，乃是主客二元对立的消融合一，亦即无花、无我。在此意义上，审美的历程与体验，实际就是自我观照、体察和完善的必要经验和历程；乃至"我"之自身及所处之境，也成为审美的对象，一如卞之琳《断章》名句："你站在桥上看风景，看风景的人在楼上看你。明月装饰了你的窗子，你装饰了别人的梦。"

何谓美育？在为1930年版《教育大辞书》撰写的词条中，蔡元培将美育（Aesthetic Education）界定为："美育者，应用美学之理论于教育，以陶养感情为目的者也。"③今日言之，即要培养发现美的自觉意识、创造美的关键素养及欣赏美的品味情操，以此达成个体人格之完善，以及群体精神之健全。钱穆指出，中国文化之趋向，为一种"天人合一的人生之艺术化"。④ 自然、人生、艺术、审美，实际并无二致；美育之功效，又不只为学校教育锦上添花，更有拯济社群与世风之深远意涵。民初蔡元培痛感于现状，认为其时国家之患，"固在政府之腐败与政客军人捣乱，而其根本，则在于大多数之人皆汲汲于近功近利，而毫无高尚之思想，惟提倡美育足以药之"。⑤ 在他看来，若能将"爱美之心"因势而利导之，"小之可以怡性悦情，进德修身，大之可以治国平天下"。⑥ 蔡元培乃近代中国倡行美育的先驱，其所知所见仍有振聋发聩之功效，值得今日倡行美育者三复而践履之。近代以降，虽然历经欧风美雨的洗礼，关于"美"的理论、内涵与呈现均有更新。不过，中国古典审美之价值和内涵，仍然值得重视和发掘。

---

① 朱光潜.谈美·文艺心理学[M].北京：中华书局，2012：48.
② 王守仁.王阳明全集[C].吴光等编校.上海：上海古籍出版社，2014（上册）：122.
③ 唐钺，朱经农，高觉敷.教育大辞书[C].上海：商务印书馆，1930（上册）：742.
④ 钱穆.中国文化史导论[M].北京：九州出版社，2011：245.
⑤ 高平叔.蔡元培教育论著选[M].北京：人民教育出版社，2011：225.
⑥ 高平叔.蔡元培全集[C].北京：中华书局，1988（6卷）：449.

▶ 第三章

学校美育的政策变迁

美育"不仅能提升人的审美素养,还能潜移默化地影响人的情感、趣味、气质、胸襟,激励人的精神,温润人的心灵"。① 在个体的成长与发展中,美育起着独特的基础性作用,与德育、智育、体育相辅相成,是全面发展教育中的重要组成部分。中华人民共和国成立70年来,美育政策立足于时代与教育发展需要,积极变革发展,积极提升学生审美素养,积极促进学生全面发展。共和国70年中国美育的改革与发展走过了一条什么样的道路?本章拟对建国以来学校美育政策变迁进行历史考察,以梳理70年美育政策发展的中国道路与政策经验,为新时代学校美育的繁荣发展铺垫道路自信与制度自信。

一、美育地位的确立,作为教育方针的重要内容(1949—1956)

美育实践有着漫长的历史,但是作为一个学术概念,直到18世纪才在德国著名诗人席勒(F. Schiller)的《审美教育书简》中第一次出现。② "美育"一词在中国的出现,与民国时期的王国维、蔡元培等学者的倡导与努力密不可分。王国维于1903年在《论教

---

① 国务院办公厅关于全面加强和改进学校美育工作的意见[EB/OL]. http://www.moe.gov.cn/jyb_xxgk/moe_1777/moe_1778/201509/t20150928_211095.html.
② 席勒. 审美教育书简[M]. 南京:译林出版社,2009:3.

育之宗旨》一文中首提"美育"一词。在王国维看来,"完全之人物不可不备真善美之三德"。① 蔡元培则提出"以美育代宗教",率先将美感教育列入教育方针付诸实践,让美育发挥不可替代的作用。在诸多学者与教育家的共同努力下,民国时期的中小学不仅普遍开设图画、美术课程,而且在师范院校中也陆续开设了图画、手工学科等,以培养美术师资。民国时期的学校美育完成了从西方引进到中国落地的创生性工作,也为中国学校美育的近现代实践探索铺垫了历史缘起。

1949年10月,中华人民共和国成立,百废待举。为了进一步明确各级各类教育的工作部署与安排,1951年3月,教育部在第一次全国中等教育会议上明确要求,"普通中学的宗旨和教育目标是使青年一代在智育、德育、体育、美育各方面获得全面发展,使之成为新民主主义社会自觉的积极的成员"。② 同年8月,教育部副部长韦悫在第一次全国初等教育会议上发言指出:"我们的小学应该实施智、德、体、美全面发展的教育,不但使儿童具有读、写、算的基本能力以及社会自然的基本知识,具有爱国思想、国民公德,以及诚实勇敢、团结、互助、遵守纪律等精神,而且要使儿童具有强健的身体、愉快的心情,以及卫生的基本知识和习惯,具有爱美的观念和欣赏艺术的兴趣。"③ 美育作为中小学教育方针的重要内容,与德育、智育、体育并列提出。

随后,1952年3月,教育部制定的《中学暂行规程》(草案)和《小学暂行规程》(草案)中分别强调:"中学应对学生实施智育、德育、体育、美育等全面发展的教育"和"小学实施智育、德育、体育、美育全面发展的教育"。1955年5月,全国文化教育工作会议再次要求,"提高中小学教育的质量必须贯彻全面发展的方针,注意学生的智育、德育、体育、美育,同时有步骤地实施基本的生产技术教育"。

可以看出,国家和政府高度重视美育工作,初步确立了德育、智育、体育、美育四育并举的教育方针。美育作为全面发展教育的重要内容,单独列出且不依附于其他各育,这表明美育在全面发展的教育方针中具有独立地位。作为教育方针的重要内容,美育独立地位的确立,有力地推进了中小学校开设美育课程,实施音乐、美术、图画教育等,促进了中小学生审美观念与艺术能力的发展。

---

① 王国维.论教育之宗旨[J].基础教育,2008(9):64.
② 中央教育科学研究所.中华人民共和国教育大事记(1949-1982)[M].北京:教育科学出版社,1984:38.
③ 何东昌.中华人民共和国重要教育文献(1949-1975)[M].海口:海南出版社,1998:110.

二、美育的缺失,从逐步变弱到谈"美"色变(1956—1976)

1956年,伴随着生产资料私有制的改造完成,我国进入到了社会主义建设的新阶段。在生产资料私有制的社会主义改造基本完成的情况下,1957年毛泽东提出"正确处理人民内部矛盾"这一重大问题,并在讲话中明确要求,"我们的教育方针,应该使受教育者在德育、智育、体育几方面都得到发展,成为有社会主义觉悟的有文化的劳动者"。① 毛泽东在这次讲话中关于我国教育方针的表述,成为后续我国教育政策的指导思想与遵循原则。在这一表述中,美育地位从有到无,未再与德育、智育与体育并列,对于后续美育政策的命运产生了深远影响。

伴随着国家"一五"计划的提前完成,全国掀起了一场经济建设的热潮。1958年2月,《人民日报》在社论中发出了国民经济"全国大跃进"的口号。其中提出"文教卫生副业也要大跃进",②在教育领域中则表现为教育革命的"跃进"运动。教育革命的主要内容包括:政治挂帅,加强党对教育的领导;实行全党办学、全民办学;缩短学制,加强教育与生产劳动相结合。③

在此背景下,1958年9月,中共中央、国务院在《关于教育工作的指示》中强调指出:"党的教育工作方针,是教育为无产阶级的政治服务,教育与生产劳动相结合。为了实现这个方针,教育工作必须由党来领导。"④ 从1957年"使受教育者在德育、智育、体育几方面都得到发展",到1958年"教育为无产阶级的政治服务,教育与生产劳动要结合",教育方针内容的变化中更加强调了教育的政治服务功能,教育与生产劳动相结合,美育再次被遗忘,美育地位一落千丈。

相应地,1963年,在教育部制定的《全日制小学暂行工作条例(草案)》⑤(即小学四十条)和《全日制中学暂行工作条例(草案)》⑥(即中学五十条)中,美育方面的目标要

---

① 1957年2月27日,关于正确处理人民内部矛盾的问题[EB/OL]. http://www.cctv.com/special/756/1/50062.html.
② 我们的行动口号——反对浪费、勤俭建国[N]. 人民日报,1958-02-01. 第1版.
③ 杨东平. 艰难的日出——中国现代教育的20世纪[M]. 上海:文汇出版社,2003:160-161.
④ 中共中央、国务院关于教育工作的指示[EB/OL]. http://www.china.com.cn/guoqing/2012-09/10/content_26746856.htm.
⑤ 何东昌. 中华人民共和国重要教育文献(1949-1975)[M]. 海口:海南出版社,1998:1151-1152.
⑥ 何东昌. 中华人民共和国重要教育文献(1949-1975)[M]. 海口:海南出版社,1998:1155.

求也均被删除。

而在 1966—1976 年的"文革"期间,作为阶级斗争的工具,学校教育要为政治服务,实施政治挂帅,教育教学要突出政治。传统的音乐、美术等课程深受其害。在文化教育领域中,美育更是被视作"封、资、修"而严加批判,造反派认为"剥削阶级才讲美","美育问题,不过是从封、资、修的教育思想里拾来的破烂"。[1] 其恶果是美丑混淆,是非颠倒,美育遭受了恶意践踏。

在此背景下,学校美育欣欣向荣的局面在这一时期遭遇到了"寒冬",中小学校里的美术、音乐课程无法正常开设,而且,美育更成为一种禁区,"谈美色变",无人敢谈,无人问津。

三、美育的回归,拨乱反正,逐步恢复(1977—1998)

1978 年 12 月,党的十一届三中全会召开,确立了解放思想、实事求是的思想路线,吹响了改革开放与经济建设的战略号角。

改革开放初期的教育事业发展处于恢复阶段,在教育方针上重提 1957 年的教育方针。1981 年 6 月,中共中央在《关于建国以来党的若干历史问题的决议》中提出:"要加强和改善思想政治工作,用马克思主义世界观和共产主义道德教育人民和青年,坚持德智体全面发展、又红又专、知识分子与工人农民相结合、脑力劳动与体力劳动相结合的教育方针。"[2]1985 年 5 月,中共中央颁布《关于教育体制改革的决定》提出培养合格人才的基本要求,即"所有这些人才,都应该有理想、有道德、有文化、有纪律,热爱社会主义祖国和社会主义事业,具有为国家富强和人民富裕而艰苦奋斗的献身精神,都应该不断追求新知,具有实事求是、独立思考、勇于创造的科学精神"。[3] 从上述重要文献与讲话中可以看出,20 世纪 80 年代的教育方针更多是重提 1957 年的教育方针,促进学生的德、智、体全面发展。美育被隐藏在全面发展之中,或被下置于德育,尚未恢复到建国初期全面发展教育中的独立地位。

但是,伴随着"文革"的结束,文学艺术领域的活动不断恢复、繁荣与发展,对于美

---

[1] 丁家桐.谈美育[J].教育研究,1981(8):59.
[2] 何东昌.中华人民共和国重要教育文献(1976-1990)[M].海口:海南出版社,1998:1952.
[3] 中华人民共和国教育部.中共中央关于教育体制改革的决定[EB/OL].http://www.moe.gov.cn/jyb_sjzl/moe_177/tnull_2482.html.

育回归的呼吁不绝于耳,日益高涨。

1980年6月,在全国第一次美学会议上成立了中华全国美学学会,周扬在《重视审美教育,加强美育研究》的主题发言中指出,"美育同德育、智育、体育有着密切的关系,是缺一不可的。一个人要全面发展,不能缺少技术教育,也不能缺少美育。在现代化教育中,没有美育是不成的"。①周扬在讲话中将美育与德育、智育、体育并列,意味着美育对个体发展的基础性作用被再次重视。

全社会在这一时期开始关注美、倡议美,美育实践及研究的回归被提上议事日程。1981年2月,全国总工会、共青团中央等9家单位,联合倡议在全国范围内开展"五讲四美"文明活动。② 1984年10月,中华全国美学学会与中国教育学研究会以及《美育》杂志编辑部联合召开第一次全国美育座谈会,倡议"希望社会各界都来关心美育,重视美育,支持美育,大力开展各种形式的美育活动"。1985年9月,吕骥、贺绿汀等37位著名音乐家联名建议,强烈呼吁:"应尽快在我国的教育工作方针、指导思想、政策法令中,确立美育在国民教育中应有的地位和任务,明确地提倡与重视美育。"③《建议书》在全国各大报刊发表后,引起了强烈的社会反响。在全社会倡导与呼吁下,1986年成立了教育部艺术教育委员会,成为教育部指导学校艺术教育的重要参谋、咨询机构和智囊团。

在上述努力的共同作用下,1986年4月,国务院副总理李鹏在《中华人民共和国义务教育法(草案)》的说明中指出:"在中小学教育中,应当贯彻德、智、体、美全面发展的方针,适当进行劳动教育,使青少年儿童受到比较全面的基础教育。"④同年,在国家国民经济和社会发展第七个五年计划(1986—1990)中也明确规定:"各级各类学校都要加强思想政治工作,贯彻德育、智育、体育、美育全面发展的方针,把学生培养成为有理想、有道德、有文化、有纪律的社会主义建设人才。"⑤

1993年2月,《中国教育改革和发展纲要》颁布,其中关于美育的论述成为美育地

---

① 瞿葆奎.教育学文集·美育[M].北京:人民教育出版社,1989:3.
② 余玮."五讲四美"口号提出始末[EB/OL]. http://dangshi.people.com.cn/n/2012/1008/c85037-19187299-1.html.
③ 吕骥、贺绿汀等.关于加强学校音乐教育的建议书[J].人民音乐,1985(10):44-45.
④ 关于《中华人民共和国义务教育法(草案)》的说明[EB/OL]. http://www.npc.gov.cn/wxzl/gongbao/2000-12/26/content_5001775.htm.
⑤ 中华人民共和国国民经济和社会发展第七个五年计划(摘要)[EB/OL]. http://cpc.people.com.cn/GB/64184/64186/66679/4493897.html.

位回归的重要标志。《纲要》指出,各级各类学校要认真贯彻"教育必须为社会主义现代化建设服务,必须与生产劳动相结合,培养德、智、体全面发展的建设者和接班人"的方针。虽然在教育方针中仍未将美育单独列出,但是《纲要》第35条则对美育的价值、任务提出了明确要求,"美育对于培养学生健康的审美观念和审美能力,陶冶高尚的道德情操,培养全面发展的人才,具有重要作用。要提高认识,发挥美育在教育教学中的作用。根据各级各类学校的不同情况,开展形式多样的美育活动"。① 这是改革开放以来中央首次在国家教育纲要中专门论述美育的功能与要求,对于美育地位的回归与确立具有重要的政策标志与保障意义,也是改革开放以来美育地位回归的重要标志。

此外,这一时期中央领导高度重视美育,也是美育迅速发展的关键动因。1994年4月,国务院副总理李岚清在与国家教委艺术教育委员会的部分委员座谈时,特别就美育未在教育方针中列出作了说明:"美育是很重要的,少写一个'美'字决不是中央不重视美育,中央和国务院是很重视的。美育应该贯穿于各级各类教育之中,从幼儿园、小学、初中、高中到大学,美育都是不可缺少的课程。"②作为分管教育工作的国家领导人,李岚清对于美育工作的多次讲话,反映了中央领导对于美育的高度重视与深刻把握,为推动美育在全面发展教育方针中的回归起到了关键性作用。

四、美育的复位,美育地位再次确立(1999—2012)

1999年6月,《中共中央国务院关于深化教育改革,全面推进素质教育的决定》颁布。《决定》开宗明义,"实施素质教育,就是全面贯彻党的教育方针,以提高国民素质为根本宗旨,以培养学生的创新精神和实践能力为重点,造就'有理想、有道德、有文化、有纪律'的、德智体美等全面发展的社会主义事业建设者和接班人"。同时,《决定》还科学定义了素质教育的内涵,"实施素质教育,必须把德育、智育、体育、美育等有机地统一在教育活动的各个环节中。学校教育不仅要抓好智育,更要重视德育,还要加强体育、美育、劳动技术教育和社会实践,使诸方面教育相互渗透、协调发展,促进学生

---

① 中国教育改革和发展纲要[EB/OL]. http://old.moe.gov.cn/publicfiles/business/htmlfiles/moe/moe_177/200407/2484.html.
② 李岚清.美育是整个教育不可缺少的重要组成部分[J].人民教育,1994(10):10.

的全面发展和健康成长"。①《决定》对于美育的论述,是改革开放以来中央在国家政策中首次将美育正式列入教育方针,这标志着改革开放以来美育地位的再次确立与建国以来美育地位的最终复位。

同时,《决定》的第6条还专门对美育问题进行了系统的论述,内容涉及到美育的功能、任务、目标与实施路径,以及农村中小学美育的发展要求。与1993年《纲要》相比,《决定》对于美育的论述更系统、更科学,对美育的价值定位与任务要求更具体、更全面。这充分表明,在世纪之交,党和政府对于美育的认识有了质的飞跃,将美育再次列入教育方针,既是中央对于美育基础地位的确认,更意味着对于素质教育规律的深刻把握。

2002年11月,党的十六大报告再次将美育列入教育方针,明确提出"培养德智体美全面发展的社会主义建设者和接班人",再次明确了美育在教育方针中的重要作用与基础地位。同年,教育部颁布《全国学校艺术教育发展规划(2001—2010年)》,描绘了新世纪学校美育发展蓝图;制定《学校艺术教育工作规程》,以政策法规保障学校艺术教育的规范和快速发展。2008年,教育部在《关于进一步加强中小学艺术教育的意见》中明确提出,要努力"让每个学生都成为艺术教育的受益者"。

2010年7月,《国家中长期教育改革和发展规划纲要(2010—2020年)》明确规定了党的教育方针,"坚持教育为社会主义现代化建设服务,为人民服务,与生产劳动和社会实践相结合,培养德智体美全面发展的社会主义建设者和接班人",要求要"全面加强与改进德育、智育、体育以及美育"。其中,对于美育的要求是"加强美育,培养学生良好的审美情趣和人文素养"。② 从1999年《决定》中的"增加学生的美感体验、增强欣赏美和创造美的能力"到2010年《纲要》中的"培养学生良好的审美情趣和人文素养",可以看出国家对于美育的目标与任务定位更加明确清晰,不仅重视审美情趣方面的培养,还要加强人文素养的提升,以更好地支持与支撑学生审美素养的提升。

可以说,自1999年的《决定》始,美育在教育方针中的地位再次得到确认,在此后党的重要报告以及重要教育政策中均将美育列为教育方针的基本内容。这表明了党和国家对于美育高度重视,是中央对于美育科学认识不断深化的结果,也是前期上下

---

① 中共中央国务院关于深化教育改革,全面推进素质教育的决定[EB/OL]. http://old.moe.gov.cn/publicfiles/business/htmlfiles/moe/moe_177/200407/2478.html.
② 国家中长期教育改革和发展规划纲要(2010-2020年)[EB/OL]. http://old.moe.gov.cn/publicfiles/business/htmlfiles/moe/info_list/201407/xxgk_171904.html.

各方共同努力的结果。美育地位的真正复位与确立,也使得如何推进与落实学校美育工作成为下一阶段必须面对与回应的重大问题。

五、美育的繁荣,全面改进和加强学校美育(2013年至今)

2013年11月,党的十八届三中全会在《中共中央关于全面深化改革若干重大问题的决定》中明确提出"改进美育教学,提高学生审美和人文素养"。① 这是中央对学校美育实施问题作出的重要部署,也为今后学校美育工作变革指明了方向。

2015年9月,国务院办公厅印发《关于全面加强和改进学校美育工作的意见》,这是改革开放以来国家首次针对学校美育工作颁布的专项实施意见。《意见》明确提出,"美育仍是整个教育事业中的薄弱环节",依然存在认识不到位、课程不重视、机制不健全、资源有缺口等问题。基于上述问题,《意见》提出了"全面加强和改进学校美育工作"的总体目标,即"2015年起全面加强和改进学校美育工作。到2018年,取得突破性进展,美育资源配置逐步优化,管理机制进一步完善,各级各类学校开齐开足美育课程。到2020年,初步形成大中小幼美育相互衔接、课堂教学和课外活动相互结合、普及教育与专业教育相互促进、学校美育和社会家庭美育相互联系的具有中国特色的现代化美育体系"。② 《意见》还从美育课程、教学和资源统筹三大方面就如何全面加强与改进学校美育工作提出科学、系统的论述。《意见》规划了学校美育改革发展的任务书、时间表与路线图,为进一步强化美育育人功能,推进学校美育改革发展提供了重要指南。教育部自2017年始,分三批与各省、自治区、直辖市以及新疆生产建设兵团签署学校美育改革发展备忘录,部省共同推进学校美育改革发展,切实落实国办要求,这为学校美育的全面加强与改进提供了重要的政策与机制保障。

六、反思与展望

纵观新中国70年美育政策的变迁历程,波澜曲折,但守得云开见日出,改革开放

---

① 中共中央关于全面深化改革若干重大问题的决定[EB/OL]. http://old.moe.gov.cn//publicfiles/business/htmlfiles/moe/moe_1778/201311/159502.html.
② 国务院办公厅关于全面加强和改进学校美育工作的意见[EB/OL]. http://www.moe.gov.cn/jyb_xxgk/moe_1777/moe_1778/201509/t20150928_211095.html.

之后美育不仅逐步回归,而且今天已进入到了全面改进和加强学校美育的新阶段。尤其是党的十八大以来,我国学校美育快速发展,全面落实立德树人,更加注重育人导向,美育课程改革不断深化,持续推进机制创新,不断优化师资队伍,不断加强资源保障,学校美育取得了历史性的新突破与新进展。①

(一) 历史经验

回望新中国 70 年美育的发展历史,可以说,美育地位的从有到无,从恢复、回归到繁荣发展,是党和国家对美育的高度重视,是中央对于美育地位与功能认识的不断深化,是改革开放以来我国教育事业科学发展的时代要求,也是广大美育工作者与教育工作者对于美育事业的执着呼吁与不懈追求。70 年来我国学校美育政策变迁与实践变革,为我国美育进一步改革发展积累了宝贵的历史经验。

1. 坚持以美育人,走中国特色学校美育发展道路

"培养什么人"和"怎么培养人"是教育发展的核心问题,也是教育方针的基本内容之一。70 年来,我国教育改革与发展始终重视学生全面发展,坚持以美育人。从建国初期的"智育、德育、体育、美育各方面获得全面发展",到毛泽东提出的"受教育者在德育、智育、体育几方面都得到发展",再到习近平在全国教育大会提出的"培养德智体美劳全面发展的社会主义建设者和接班人",在"关于培养什么人"和"怎样培养人"的问题回答上,我国教育方针一脉相承,始终面向全体学生,坚持全面发展教育,虽然其中有波折,但重视美育,坚持以美育人,注重美育与其他各育的相辅相成,立足中国实际,立足中国文化传统,不断推进改革,坚持走中国特色学校美育发展道路,这是我国学校美育改革与发展的根本道路与根本方向。

2. 坚持育人为本,努力提升学生审美与人文素养

以人为本,促进学生全面发展是教育的基本宗旨。正如王国维所言,美育是培养"完全之人物"的核心内容与基本途径之一。美育有着与其他各育所不同的独特功能与价值。《国务院办公厅关于全面加强和改进学校美育工作的意见》开宗明义,美育"不仅能提升人的审美素养,还能潜移默化地影响人的情感、趣味、气质、胸襟,激励人

---

① 中国美育网. 我国学校美育取得突破性进展[EB/OL]. http://www.zgxymym.cn/html/redianchuangkou/201805/12-2957.html.

的精神,温润人的心灵"。① 70 年来,学校美育工作的目标随着时代发展不断演变,逐步深化丰富,从建国初期的"具有爱美的观念和欣赏艺术的兴趣",到 1993 年《纲要》和 1999 年《决定》的"增加学生的美感体验、增强欣赏美和创造美的能力",再到 2010 年《纲要》中的"培养学生良好的审美情趣和人文素养",以及 2015 年《意见》中的"以审美和人文素养培养为核心,以创新能力培育为重点"。从中可以看出,共和国 70 年来,面向全体学生,坚持育人为本,积极通过课程知识学习、文化艺术活动实践与环境氛围营造等多种方式,努力提升学生的审美与人文素养,这始终是贯穿我国学校美育改革与发展的根本目标。

3. 遵循美育特点,积极推进学校美育课程教学改革

美育是审美教育,同时也影响着个体的情感、趣味、精神与心灵。与其他各育相比,美育的形象性、趣味性、情感性与精神性等特点,决定了美育内容与形式的独特性和丰富性。建国初期,国家就在中小学校的教育目标中强调美育,积极开设音乐、美术课程,组织多样的课外美育活动;改革开放以来,伴随着美育地位的复苏与回归,中小学校的美育课程体系逐步建立,各地以音乐与美术等艺术课程为主体,按照国家课程标准与方案,积极开展美育课程,此外,还积极创新美育教育教学形式,加强美育与德育、智育、体育的融合,渗透融合在各个学科中,积极开展高雅艺术进校园、大中小学艺术展演和中华优秀文化艺术传承学校创建等形式多样的活动,形成了课堂教学、课外活动、校园文化与社会实践的美育育人合力。70 年来,我国一直遵循美育特点,积极推进美育课程与教学改革,这是我国学校美育改革与发展的核心内容与基本原则。

4. 坚持政府主导,不断创新机制,加强政策保障

70 年来,我国学校美育从一穷二白发展到今天的硕果累累,最根本的一条经验就在于政府主导。在我国美育 70 年的历史发展中,从建国初期将美育列入教育方针,到改革开放后《全国学校艺术教育发展规划》《学校艺术教育工作规程》《关于进一步加强中小学艺术教育的意见》等政策制度的陆续颁布,再到《国务院办公厅关于全面加强和改进学校美育工作的意见》的系统规划,正是由于国家与政府对于美育地位与价值的认识不断升级深化,对于美育的政策与制度部署逐次铺开,对于美育师资、课程、设施与经费投入与资源整合机制的不断创新发展,才深入推动着我国学校美育不断取得历

---

① 国务院办公厅关于全面加强和改进学校美育工作的意见[EB/OL]. http://www.moe.gov.cn/jyb_xxgk/moe_1777/moe_1778/201509/t20150928_211095.html.

史性突破。坚持政府主导,不断创新机制,加强政策保障是我国学校美育蓬勃发展的根本保障。

(二) 未来展望

2017年,党的十九大报告作出了中国特色社会主义进入了新时代的重大战略判断。在人们物质生活日益丰沛,但精神问题愈显突出的现代社会,"审美能力将发挥越来越重要甚至是不可替代的作用"。一定意义讲,美育是新时代的人民追求美好生活的"一种刚需"。①

70年来,尤其是改革开放以来,虽然我国学校美育取得了世人瞩目的历史成就,"但从总体上看,美育仍是整个教育事业中的薄弱环节",②迫切需要全面加强与改进。进入新时代,习近平同志从培养担当民族复兴大任的时代新人的高度,在多次讲话中强调指出要全面加强和改进学校美育,让祖国青年一代身心都健康成长。习近平同志的讲话为新时代学校美育工作的改革与发展指明了前进方向,提供了遵循的根本原则。展望未来,为了更好地加强与改进学校美育,迫切需要注意以下方面的问题。

其一,要进一步深化美育的基本理论问题研究,为学校美育的繁荣发展提供重要的理论基础与理论自信。 缺乏正确理论指导的实践将是盲目的。进入新时代,学校美育面临的新情况、新问题会越来越多,更迫切需要进一步深化与拓展美育理论问题,加强与提升对美育的价值与功能、性质与地位、内涵与机制,以及美育与德育、智育、体育、劳育关系等基本问题的理论研究与认识,为新时代学校美育的繁荣发展与变革创新提供重要的理论支撑和理论自信。需要指出的是,美育是美学、教育学等多学科的"合金"。因此,在深化美育基本问题的研究过程中,需要进一步加强美学、教育学以及与美育相关的多学科研究者的合作交流,联合探索。

其二,要立足时代生活,弘扬中华美育精神,以美育人,以文化人。 "兴于诗,立于礼,成于乐"。中国有着"以美育人"的历史传统与丰富的优秀文化资源,更有着"以美兴人""以美化人""以美立人""以美和天"的独特的中华美育精神。③ 在改进与加强学

---

① 赵婀娜.美育是一种刚需[N].人民日报,2017-07-04(5).
② 国务院办公厅关于全面加强和改进学校美育工作的意见[EB/OL]. http://www.moe.gov.cn/jyb_xxgk/moe_1777/moe_1778/201509/t20150928_211095.html.
③ 王一川.中华美育精神的内涵和特质[EB/OL]. http://m.gmw.cn/2018-09/07/content_31035067.htm.

校美育的过程中,要立足时代生活,立足中国文化,立足美育特点,积极利用中国传统文化与艺术中的丰富美育资源,突出弘扬中华美育精神,以美育人,以文化人,坚持走中国特色学校美育发展道路。

三是坚持立德树人,崇德向善、以美育人为导向,加强学校、家庭与社会多位一体的美育协同育人机制,合力尚美育人。美育是塑造理想人格的灵魂工程,蔡元培先生曾言:"美育是最重要、最基础的人生观教育"。因此,在学校美育的改革与发展中,也要始终坚持立德树人,崇德向善,将社会主义核心价值观作为学校美育的灵魂,润物无声地将其贯穿融入到学校美育的全过程与各个环节;要深化改革,创新机制,积极统筹学校与社会美育资源,坚持立德树人、以美育人,加强学校教育、家庭教育与社会教育的美育共识,建立学校、家庭与社会多位一体的美育协同育人机制,合力尚美育人,让青少年学生成长为有信念、有情怀、有担当的时代新人,成就更加美丽多姿的人生。

第四章

学校美育的全球视野

论及美育,英文中有三个相关概念,分别是"美术教育"(Art Education)、"艺术教育"(Arts Education)以及"审美教育"(Aesthetic Education),其中美术教育指与视觉艺术相关的课程和教育项目,强调对材料进行兼具艺术性与工艺性的操作;艺术教育包括舞蹈、戏剧、音乐、视觉艺术、文学、电影、动画、摄影及数码媒体等艺术创造技能的教学,注重培养学生的思考、审美、创作及沟通能力;审美教育(或称"美感教育")则以超出艺术范畴的美学感知为中心,强调采用基于经验的而不是生产导向的方法进行教学。① 我国台湾地区在2018年发布的《美感教育中长程计划》中提出,美育是一种多元的人文教育,使人"透过生活美学的省思,丰富美感体验,培养对美善的人事物进行赏析、建构与分享的态度、能力"。② 如今许多国家与地区学校美育以审美教育为手段及目标,以艺术教育及相关活动为主要载体,并注重改善非艺术类课程教学,改进评价模式,充分引入社会资源,以丰富学生美感体验,培养学生正确的审美观念和感知美、鉴赏美、创造美的能力。我国及美国、英国、日本、新加坡等国家在学校美育理论研究与实践过程中的成功经验,对学校美育的建设具有启发意义。

---

① Engel M. Aesthetic Education: The State of the Art [J]. Art Education, 1975, 28 (3): 15 - 20.
② 台湾地区教育行政主管部门. 美感教育中长程计划第二期五年计划(2019 - 2023年)[R]. 2018: 1.

一、重视美育课程建设,勇于创新、精于改善

课程是"教育事业的核心,是教育运行的手段,没有课程,教育就没有了用以传达信息、表达意义、说明价值的媒介",[1]课程在教育活动中起着决定性的作用。因此,在推动学校美育发展的过程中,许多国家对美育的课程建设给予高度重视,致力于创新艺术类课程设置以及改善非艺术类课程教学。

(一) 创新艺术类课程设置,注重综合化、生活化

艺术是审美对象的重要载体之一,也是最适合学习和体验的外部因素。当前我国中小学的艺术类课程通常以具体的艺术形式为依据进行划分与建构,但许多国家开始尝试对中小学的艺术类课程设置进行创新,一方面对已有艺术类课程进行综合化并注重与实际生活的联系,另一方面以试验学校为基地开发美育新课程。

在已有艺术类课程的设计与构建方面,美国于 20 世纪 60 年代开展 CEMREL 美育项目,[2]该项目集合了包括电影制作人、视觉艺术家、舞蹈家、音乐家、作家和演员在内的不同领域艺术工作者组成多学科团队,围绕六个主要领域组织课程内容,包括"物理世界的审美"(Aesthetics in the Physical World)、"审美与艺术元素"(Aesthetics and Arts Elements)、"审美与创造过程"(Aesthetics and the Creative Process)、"审美与艺术家"(Aesthetics and the Artist)、"审美与文化"(Aesthetics and the Culture)以及"审美与环境"(Aesthetics and the Environment),超越艺术的具体形式对美育的教学内容进行重新分组,在更普遍的基础上进行课程的建构。英国中小学的艺术类课程并非完全根据艺术形式进行具体学科的划分,现行国家课程大纲[3]规定基础教育课程由三个核心课程和九个基础课程组成,核心课程为英语、数学、科学,艺术类课程包括音乐、"艺术与设计""设计与技术",占基础课程的三分之一,与外语、公民、计算等六个学科共同归为基础课程,从小学到初中一以贯之。其中"设计与技术"课程要求学生广泛地

---

[1] Philip H. Taylor, Colin Richards. An Introduction to Curriculum Studies [M]. NFER Publishing Company,1979: 11.
[2] Madeja S. S. The CEMREL Aesthetic Education Program: A Report to the Field [J]. Journal of Aesthetic Education,1976,10(3-4): 209-216.
[3] The Government of the U. K. (Government Digital Service). The National Curriculum[EB/OL]. [2019-03-11] https://www.gov.uk/national-curriculum.

学习与运用不同学科的知识,发挥创造力和想象力,设计并制作出能够在各种生活情境中解决实际问题的产品,并通过让学生对过去和现在的设计与技术进行评价,发展出对日常生活和世界的批判性理解。

表4-1 美国CEMREL美育项目课程及英国基础教育课程建构一览

美国CEMREL美育项目	英国基础教育课程		
六大课程领域	基础课程		核心课程
	艺术类	非艺术类	
物理世界的审美	音乐	外语	英语
审美与艺术元素		公民	
审美与创造过程	艺术与设计	计算	数学
审美与艺术家		地理	
审美与文化	设计与技术	历史	科学
审美与环境		体育	

在美育新课程的开发方面,日本一部分在艺术教育领域领先的学校曾在教育部门的批准下创设"表现科",①旨在培养学生表现自我内在并用适当的方法传达给他人的技能。这一科目没有统一的教学材料,不同试验学校的具体内容与教学方式不同,并在实施的过程中不断进行研究与修正。东京都千代田区利锦华小学(现为御茶之水小学)的"表现科"根据科目学习指导要领,对音乐科与图画工作科以及国语科与体育科的一部分进行统合,在音乐与绘画工作科建立"表现"与"鉴赏"、在国语科建立"表现"与"理解"领域,在体育科中加入"表现运动",并且每两个学年设定一个目标,低年段的目标为发现、感觉意欲表达的内容或事物,对表现活动感到兴趣与关心,可以快乐地表现;中年段的目标为明白意欲表现的内容或事物,探索将其愉快地表现出来的方法,并追求表现方法与作品的提升;高年段不仅感受、理解表现的喜悦,还通过鉴赏各种不同的作品丰富情操。同样作为美育新课程研究开发学校之一的佐贺县鹿岛市立明伦小学创设"表现·艺术科",在内容上以"自我与表现"为重点,以已有的"音乐·图画工作"课程为中心,以道德、特别活动、体育科、家庭科、国语科的内容为基础,划分"游戏""音乐·造型""身体表演·演戏""传统艺能"等课程领域(如表4-2所示)。

---

① 岩崎由纪夫.日本美术教育与综合学习[C].中小学一般艺术教育师资培育学术与实务研讨会(台北市)论文集,2003:128-133.

表 4-2 日本佐贺县鹿岛市立明伦小学"表现·艺术科"课程设计

课程领域	内　　涵	具体活动示例
游戏	藉由接触周遭的自然环境与人工物品,进行音乐游戏、模仿游戏等方式来展开各种活动	在沙滩上游玩等活动
音乐·造型	接触能够丰富我们生活的音乐与造型活动,再展开活用的表现活动	用沙滩粘土来创造、歌唱的纸剧场演唱会、创造梦想之屋等活动
身体表演·演戏	以自己与生活为主题构思轻歌剧或戏剧,研究表现的方法,传达自己的想法	"来演戏吧!《遇见爱尔马龙》"、《表兄弟送的礼物》(喜歌剧)等活动
传统艺能	以地区的传统艺术为主,在构思动作表演、制作乐器、研制服装的过程中,体验表现的乐趣	"举办狮子舞世界吧""有很多等等"等活动

(二) 改善非艺术类课程教学,关注学生美感体验

非艺术类课程是学校课程的重要组成部分,劳动、书法、历史等课程蕴含着美的元素,科学课程也有想象、惊奇及创造力的发生,能够触发学生的美感体验。研究者佩尔·奥洛夫·维克曼(Per-Olof Wickman)通过研究学生在对小学九个不同科学单元的实践活动中相互交谈和与教师交谈的情况,分析了学生及教师对审美判断的运用,发现学生使用正面或负面的审美判断来确定课堂上应当包含或排除的内容,以及寻找自己对这一课堂的归属感,该研究表明美感体验会对学生的课堂参与度产生影响,[①]从而可能影响学生的课堂学习。因此,在非艺术类课程的设计与教学中,学生的美感体验也应受到重视。

教育者在教学中应善用各种触发美感体验的元素,包括丰富学生感官体验、善用隐喻、提供各种媒介或形式等,通过不同方式来诠释课程能够满足不同学习风格的需求,增加课程活力,同时,教育者对中介材料的掌握度越高,也意味着其所掌握的知识内涵越完整、越深刻。由于学生具有个体差异性,个人学习体验不可能完全相同,教师所能做的是努力提高自身对所教内容所含美学元素的敏感度并运用恰当的教学策略,提供尽可能多的机会使学生的体验更加丰富。研究者马克·吉罗德(Mark Girod)提出五项教学策略[②]以促进学生在科学课堂上的美感体验,分别为:(1) 设计内容(crafting content),激活学科内容使其具有艺术性;(2) 创造倾向(crafting

---

[①] Jakobson B., Wickman P. O. The Roles of Aesthetic Experience in Elementary School Science [J]. Research in Science Education, 2008, 38(1): 45-65.

[②] Girod M., Rau C., Schepige A.. Appreciating the beauty of science ideas: Teaching for aesthetic understanding [J]. Science Education, 2003, 87(4): 574-587.

dispositions），使学生多问"假使……会如何"（What if …）类型的问题；（3）强调感知的艺术扩展（emphasis on the artistic expansion of perception），即"重见"（re-seeing），引导学生将注意力集中在细微的部分；（4）示范审美理解（model aesthetic understanding），即教师须示范各种认知方式，特别是对科学思想中美的启发和欣赏，同时，教师还须塑造学生对科学观念变革力量的欣赏；（5）支持认同信念（scaffold efficacy and identity beliefs），当学生在参与活动过程中的体验表明他们正在发展对学科的认同感时，教师须及时利用和支持这样的情感与倾向，时刻关注学生的美感体验，注重分享与引导。

二、改进评价模式，关注点由成果转向过程

评价是课程的重要一环，能为学生和教师提供具有建设性的反馈。美育课程的评价具有较大灵活性，与我国学校美育课程以最终作品为主要评价依据相比，许多国家和地区在美育课程的评价模式中更强调过程性，完整且科学的评价体系为教师在教学中设置详细的观察点，同时注重发展学生的自我评价能力。

新加坡为不同艺术课程制定了详细的课程大纲，强调评价是一个持续的互动过程，并且指出鉴于艺术学习可能有多种形式，教师应该采用最合适的评价方式来评价学生在艺术创作和艺术讨论中的表现和理解，例如音乐课程[①]的评价方式可以包括听力活动（例如通过运动做出反应）、音乐表演、即兴创作、书面作业或反思日志等，并不要求在一项具体的评价任务中评价所有的学习成果。日本的许多学校利用"反思卡"的方式引导学生进行自我评价，包括记录学习前后的改变、学习过程中发现的问题以及持续有兴趣的主题等，强调对学习过程的详细记录，教师也在学生们的自我以及相互评价中观察并记录学生们的兴趣、学习意愿、态度以及进度等，制作记录整体教学活动的评价备忘录，作为课程结束评价的参考依据。美国于 2014 年制定国家核心艺术标准，[②]对艺术教育课程采用"基石评价模型"（Model Cornerstone Assessment，简称为 MCAs），它是由艺术家、教育专家等专业人士针对不同课程与不同年级设计的评价量

---

① Ministry of Education in Singapore. Music Teaching and Learning Syllabus for Primary & Lower Secondary［R］. 2015：8.
② National Coalition for Core Arts Standards Writing Teams. National Core Art Standards of the U. S. A.［EB/OL］.［2019 - 03 - 11］https：//www.nationalartsstandards.org.

表,为具体的艺术类学科教学制定课程教学可以达成的有价值的学习目标及结果(即学生艺术素养的"基石"),量表中设定学习的主题、目标、任务、预计教学与评价时间、详细的评估过程等,并提供"嵌入式"教学策略(Strategies for Embedding in Instruction),为教师设计课程内容以及评价学生的学习提供指导框架。美国艺术教育没有统一的教材,教师围绕基石评价模型量表中的目标清单设计相关学习活动,同时,此模型并非只是停留于抽象意义上的表述,它也为学生的作品集提供具体的内容建议。这一评价模型强调对学生学习过程的关注,而不是对教师质量或效率的评价。

三、引入社会资源支持美育,提高多样性、增强计划性

学校美育形式与材料的多样性使其需要更多的资源来支撑,社会参与能够为学校美育的开展提供支持。区别于正式课程的美育活动是学校美育的重要组成部分,不同的环境能为学生提供不同的感官体验。许多国家和地区致力于引入社会资源支持,一方面创设富有审美氛围的校园环境,另一方面有计划、有组织地安排校外美育活动,在关注艺术之美的同时,也注重回归自然与日常生活。

在校园环境方面,美国许多中小学充分引入社会资源,[1]使校园环境能够为学生提供美的滋养,包括"月画"(Painting of the Month)活动,学校能够花费较低费用将顶尖艺术家的作品租借至学校,例如一幅标价为175美元的画租金为10美元,为期两个月,费用包括防火或防盗保险,能够给学生充足的时间与机会去欣赏和讨论;又如"艺术家到访"(Visiting Artists)活动,平日学生与艺术家见面和交流艺术观点的机会很少,而事实上小学生也可能有几十个问题要问画家、音乐家或诗人。

在开展校外活动方面,参观画廊、聆听音乐会等艺术欣赏类活动是常见的美育活动。此外,博物馆参观也是常见的校外美育活动之一,但大多数时候,博物馆参观只限于快速浏览一下架子上的展品,缺少引导的参观者(尤其是中小学生)往往将博物馆看作是无聊的、展示陈旧和破损物品的地方。学校可寻求与博物馆积极、有计划地合作,博物馆也应充分发挥自身优势,主动设计并开展与学校教育相契合或呼应的活动,并且安排专人协助活动的进行。英国维多利亚和阿尔伯特博物馆(Victoria and Albert

---

[1] Eisner E. The School as an Aesthetic Community [J]. The Elementary School Journal,1959,60(2): 84-87.

Museum)与美国大都会博物馆(Metropolitan Museum of Art)在与学校合作方面较为典型。博物馆每一年都为小学、中学、有特殊需要的学生参观博物馆设计多样化且有针对性的项目,也为中小学教师提供不同的资源以支持自行参观及返校后的活动开展。除艺术欣赏类活动外,自然与生活也是国外学校美育活动设计的关注点。在当代,电子产品往往更能吸引儿童的注意力,导致儿童忽略自然与生活。日本最重要的传统美育手段之一是自然,除了参观剧院表演、展览之外,学校会组织开展集体欣赏自然活动(collective admiration of nature),包括赏月(tsukimii)、赏樱(hanami)、观察星星、柑橘树护理等,①并注重引导儿童关注周边环境,如要求小学生绘制家或学校附近的生态环境地图。同时,充分周详的活动计划是活动取得成效的必要条件之一。我国香港地区的学校在组织学生出席音乐会、参观展览等校外美育活动时,教师需为学生设计《欣赏艺术演出建议学习活动》,其中包括"演出前的建议学习活动"(如收集整理作品的相关资料等)以及"演出后的建议学习活动"(如分析作品结构与表达手法、探讨作品带出的信息等)与"其他跟进活动"(如撰写评论等)。

小结

让学生有足够的机会观察、感知、体验、评价和创造美好事物,充分地感受世界、理解他人、认识自己,是所有教育工作者在育美之道上的使命,这一使命的内在要求是为学生提供有意义的课程活动、创造积极健康的环境氛围,丰富学生在学校生活中的美感体验。许多国家和地区已在推动学校美育的各个方面进行了有益的探索。我国教育工作者应充分认识美育实践与理论研究的意义,积极结合其他国家和地区的经验,在比较与反思中明晰当前我国学校美育发展的优势与不足,立足于基本国情,建设学校美育课程,改进评价模式,引入社会资源为学校美育提供支持,不断推动我国学校美育的发展,使美的基本要素在教育过程中显现,成就更美的教育,创造更美的生活。

---

① Kuchai, Tetiana. Aesthetic Education of Primary School Pupils as an Integral Part of the National System of Continuous Art Education in Japan [J]. Comparative Professional Pedagogy, 2014, 4(3): 83–88.

▶ 第五章

学科教学的育美之道

育美实践主要聚焦于美这一主题,美育一般是和德智体劳等并举的概念。美育是一个领域,而育美是指以美的经验或内容为指向的学科教学实践活动。育美实践是有意识地发掘教学活动和内容的美学经验,也可以说是育美价值。一般来说,美育是属于宏观政策的说法,而育美则更加强调实践层面的说法,一般区别于德美、体美等内容意义上的美而更加突出审美或美学经验。

学科教学的美育价值,包括学科美育和教学美育,更包括二者有机统一起来的美育境界。学科教学活动,从美育角度来看,也就是学科教学的育美活动,其旨趣与我们一般理解的学科教学价值设定有所不同。虽然学科教学的育人价值包含很多内容,但美育维度的提出,需要关注和研究的是学科教学活动过程的内容育美和教学育美的课题。如何在教学实践中,进行有效的美学经验的积累、美感的获得和审美能力的提高是学科教学美育价值开发的主要内容。在我们的日常学科教学中,学科教学的美学维度往往被忽视,在"应试教育"的大潮中,学科教学往往会只关注知识技能的训练和掌握,甚至是过度关注过度训练,导致学科的育人价值难以被全面理解,更不要说美的维度了。探讨学科教学的育美之道,可以在一定程度上弥补教学的美学经验研究的不足,丰富学科育人价值,聚焦学科教学实践中的美感生成,是教学实践需要面对的一个挑战。因为,这对教师提出了更高的要求。学科教学的育美之道,本质上是成人之道。美对于人有救赎功能,克服片面发展,按照美的规律塑造人,是人类获得解放的重要途径。这对于克服教学现代性的某些弊端具有一定的疗救之功。广东佛山顺德容桂街道育美教育集团以育美为主题,正是看到了这一需要重视的维度,同时,也看到美育在中小学学生发展中的不可替代价值。因此,挖掘艺术学科乃至各个学科的美育价值,构建美育课程体系,突出"大美育"课程概念的引领作用,释放相关学科的美学、美感培养的潜力,开发特色精品美育课程,拓展课程的美育价值等等,是其育美品牌的主要探索内容。在育美集团多所学校的实践探索中,有着丰富的育美资源、育美经验、育美精品课程,有着丰富的来自教育教学第一线的实践探索经验积累。由于学科本身涵盖的范围太广,一篇小文不可能涵盖所有学科,更不要说对美育的内涵进行深刻地揭示了。因此,本章仅从个人在一些学校进行音体美学科教学改革实践体会出发,结合育美集团的部分课程和学科的育美实践,对学科教学的育美之道谈点粗浅思考。

一、学科教学育美的课标依据

2015年9月15日,教育部发布《国务院办公厅关于全面加强和改进学校美育工作的意见》指出,美育是审美教育、情操教育和心灵教育,可以提高素养、影响情感、增加趣味、开阔胸襟、激励精神、温润心灵。学科教学是实施美育的主要渠道。学科教学的育美价值和内容,首先主要体现在各个学科的课程标准之中,课程标准中的规定和表述,是我们进行学科教学育美之道探索的政策依据,也是我们进行学科教学育美之道的理论或概念参照。很多学科的课标中有着明确的育美要求,也是判断学科美育价值开发是否得到体现和理解的标准,更是我们进行学科教学育美价值开发的基本参照。对于学科育美的政策表述有着不同的形式,在各个学科中都有体现,但是,还是有比较大的差别,不同学科的特点有所不同,形式有所不同,在具体内容和形式上就有所不同。

一般来说,实施美育的主要是艺术学科,比如音乐、美术等就属于美育的主要学科。美术以视觉形象承载和表达人的思想观念、情感态度和审美趣味;美术课程以对视觉形象的感知、理解和创造为特征,是学校进行美育的主要途径;学生在美术学习过程中,丰富视觉、触觉和审美经验,获得对美术学习的持久兴趣,形成基本的美术素养。而音乐课程的价值在于,为学生提供审美体验,陶冶情操,启迪智慧;开发创造性发展潜能,提升创造力;以美育人,通过音乐教育培养和提高学生感受美、表现美、鉴赏美、创造美的能力;音乐审美是对音乐艺术美感的体验、感悟、沟通、交流以及对不同音乐文化语境和人文内涵的认知;音乐教学的学科综合包括音乐课程不同教学领域之间的综合,音乐与诗歌、舞蹈、戏剧、影视、美术等不同艺术门类的综合;强调音乐知识、技能的学习和所应达到的标准,是发展学生审美体验、艺术表达和文化认知的基础;提高音乐审美能力,陶冶高尚情操。通过训练学生对音乐作品情绪、格调、人文内涵的感受和理解,培养学生音乐的欣赏能力,养成健康向上的审美情趣,使其在真善美的艺术世界里受到高尚情操的陶冶。但是,笔者也发现,在义务教育阶段的其他学科课程标准中,对于学科的美育的直接文字和表述较少,倒是,在高中课标中有所突出。

就语数英来说,从语言文学类课程来说包括语文和英语课程,语文教学能增进对祖国语言文字的美感体验,感受祖国语言文字独特的美,增强热爱祖国语言文字的感情;感受和体验文学作品的语言、形象和情感之美,能欣赏、鉴别和评价不同时代、不同风格的作品,具有正确的价值观、高尚的审美情趣和审美品位;能运用祖国语言文字表达自己的审美体验,表达自己的情感、态度和观念,表现和创造自己心中的美好形象;讲究语言文字表达的效果及美感,具有创新意识等方面的表达。就英语教学来说,则有节奏美、语言美、修辞美、文学美和文化美等方面的美育价值。至于数学和美,诸如简洁性、统一性、对称性和奇异性等都是数学能够发掘的美育价值。这里择取一些代表性内容。

在《普通高中语文课程标准(2017版)》中,有"培养高尚的审美情趣,积累丰厚的文化底蕴,理解文化多样性""语文教育也是提高审美素养的重要途径,要让学生在语言文字运用的学习中受到美的熏陶,培养自觉的审美意识和高尚的审美情趣,培养审美感知和创造表现的能力""审美鉴赏与创造是指学生在语文学习中,通过审美体验、评价等活动形成正确的审美意识、健康向上的审美情趣与鉴赏品味,并在此过程中逐步掌握表现美、创造美的方法。语言文字作品是人类重要的审美对象,语文学习也是学生审美能力和审美品质发展的重要途径"。[①]

《普通高中英语课程标准(2017版)》则提出:发展健康的审美情趣和良好的鉴赏能力,使学生学会欣赏语言和多模态语篇的意义和美感,丰富生活经历,提高审美、鉴赏和评价的能力。普通高中英语必修课程、选择性必修课程和选修课程(提高类)的文化知识内容要求中也提到一些美的要求。如:在学习活动中初步感知和体验英语语言的美;在学习活动中理解和欣赏英语语言表达形式(如韵律等)的美;从作品的意蕴

---

① 中华人民共和国教育部制定.普通高中语文课程标准(2017版)[M].北京:人民教育出版社.2018:2,5.

美中获得积极的人生态度和价值观念启示;在学习活动中观察和赏析语篇包含的审美元素(形式、意蕴等),获得审美体验,形成对语言和事物的审美感知能力;《标准》中主要强调学科文化与审美培养,关注学生的情感和人文素养,要求了解感知英语的语言美、语言表达形式(韵律)美,作品的意蕴美,形成审美感知能力。在英语学科核心素养中,有专门的一个素养就是文化意识,而文化意识水平分级中的每一级都对所学内容的语言美和意蕴美有要求,最后要形成健康的审美情趣。[①]

《普通高中数学课程标准(2017版)》在D类课程中包括美与数学、音乐中的数学、美术中的数学、体育运动中的数学四个专题。美与数学:学会审美不仅可以陶冶情操,而且能够改善思维品质。本专题尝试从数学的角度刻画审美的共性,主要包括:简洁、对称、周期、和谐等。[②] 通过本课程的学习,学生对美的感受能够从感性走向理性,提升有志于从事艺术、体育事业学生的审美情趣和审美能力,在形象思维的基础上增强理性思维能力。

以上只是择取了一些比较有代表性的学科课程标准中的有关学科美育价值的表述,作为一种实践参照和改革参考。如果仔细研读各个学科的课程标准,应该说,都会有或多或少的关于育美的内容。因此,学科教学的育美价值的开发首先需要深入解读课程标准。笔者感到,在义务教育阶段的学科课程标准中的美育研究值得关注。

二、学科教学的育美价值开发思路

在笔者看来,学科教学育美价值是学科教学育人价值中的基本内容。从学科的知识价值、技能价值、思维价值、基本活动价值之外来看,美育价值应该是更深层次的价值,更加具有融通性、整体性、直觉想象力等价值内容,即在学科教学的一般育人价值基础上,更加突出的是在学科教学实践过程中,在知识经验、技能经验、思维经验的基础上,突出美学经验的积累。因此,开发学科教学的育美价值不妨先参考学科教育价值的基本框架。如何形成学科教育价值开发框架?美国课程论专家泰勒(Ralph W. Tyler)的提问方式比较有特点。他对学科的教育价值开发提供了这样的问题思

---

① 中华人民共和国教育部制定.普通高中英语课程标准(2017版)[M].北京:人民教育出版社.2018:2,19.
② 中华人民共和国教育部制定.普通高中数学课程标准(2017版)[M].北京:人民教育出版社.2018:69.

路,①即:

将来要在该领域从事更高深研究的学生应该接受什么样的基础教学?
你这门学科对那些不会成为这个领域专家的年轻人的教育有什么贡献?
你这门学科对外行或一般公民有什么贡献?

虽然这是基于学科角度提出,并没有把课程实施如教学纳入其中,但其提问思路很有意思,在该思路下,对艺术学科教育价值提炼的几条如下:

一种不同于语言的交流媒介;
个人整合;
兴趣和价值观;
扩大知觉范围;
培养专门的能力。

后两种比较好理解,而对于前面三种价值的理解,则更有难度。就拿小学音乐教学来看,泰勒的问题框架对于小学音乐教学的育人价值的理解和开发有一定的启示,比如,我们看到很多小学音乐学科教学,在聆听和表现状态中缺少师生、生生之间的交流感,就是一种缺少对交流手段价值的理解所致,但这种交流更多地应该是在聆听音乐和表现作品时的一种情绪传递和感染,而不是简单地以语言的方式进行知识性的表达,不是简单的孤立的机械的技能或音乐知识的告知;而在音乐教学中只是孤立地机械地进行节奏,或简单的节奏加旋律的教学,不是在整体感受作品基础上的总分总的多种感觉、知识、动作以及相结合的,如奥尔夫(Carl Orft)等综合性音乐教育理论那样,就是一种有效的经验整合价值理解的缺乏所致;而缺少对学生有意识地欣赏作品的能力的培养,则是对兴趣和价值观的理解肤浅所致。换个角度,对于学科的美育价值而言,我们也可以用这个问题框架形成我们追问或深度开发学科教学美育价值的问题框架,即:

---

① (美)拉尔夫·泰勒.课程与教学的基本原理[M].施良方,译.北京:人民教育出版社.1994:20,23,24.

将来要在美学领域或艺术专业方面从事更高深研究的学生应该接受什么样的基础教学？

你这门学科对那些不会成为艺术或美学专业的专家的年轻人的美育有什么贡献？

你这门学科对美学或艺术外行或一般公民的审美素养有什么贡献？

其中，第二个问题给我们的启示，就是我们的学科教学的美育价值，更主要的是培养具有艺术素养的公民、具有普通美育能力的公民这个意义上的学科教学美育价值。上述提问框架表明，我们在对各个学科的美育价值的认识上，可以有不同的角度，既有专业和学科学术取向的要求，也有一般的作为普通素养养成的指向于学科的一般美育价值的开发研究。美育某种意义上可以说是审美能力的教育。也就是要培养孩子具有发现美的眼光、具有聆听音乐的耳朵，这种美育旨在于审美知识、审美能力和审美意志的培养，旨在于感受美、鉴赏美、表现美的统一，旨在于美在人的自由与解放功能的释放，旨在于审美超越的价值、审美自由的境界，旨在于审美能量的集聚和辐射，将本能、技能、体能和智能的综合关联与整合。任何一门学科的美育价值都是分层次的、分板块的、分类型的，进而任何一门学科的美育功能都是综合性的，有关联的、有整合的、有直接的、有渗透的、有拓展的，因此，"美育+"有着无限可能和空间，"美育+学科"便有着多种路径和方式，且有着不同的结构和功能。

如何全面开发学科教学的美育价值？大致表现为两个方面，一个是就学科本体美育价值而言，一个是学科教学实践过程所能够开发出的美育价值。如何深度开发学科教学的美育价值？至少二者的有机结合是一种判断的维度，这种有机结合既可以体现为简单的内容和形式的自然关联，也可以体现为一种师生关系的美学意义上的诸如爱、幽默感、游戏等的最好状态。笔者尝试从以下几方面概括学科教学的育美实践，供实践者参考。

1. 环境育美

美在陶冶，美在环境。随着未来学校概念的提出，未来学校的学习空间的营造、学校建筑的变革以及各种学校学习空间的设计和挖掘，多种学习资源的聚焦和重组结构化都是一种学校空间设计的延伸。对于美育来说，我们既可以看到，那些依山傍水的乡村小学，蕴含着自然环境所孕育的独特环境；也可以看到，不同的学校中的创意设计，诸如雕塑、楼道、墙壁文化等，无不彰显着一种环境育人的境界追求。而对于育美来说,环境育美包括学校全时空中的视听环境、行为礼仪、日常问候等,无不可以作为一种育美价值开发的载体、路径和资源而涵盖在育美之中。一个独特的有意识的育美环境,能够让学生生活在充满美学意味的天地之间,浸润在具有审美元素、艺术元素的多感官多触角的感受环境中,是我们开发学科教学美育价值的基本路径之一。走进容桂育美集团各个学校,不仅能够感受到广东顺德的美食,还能看到更多的体现地域文化的美育元素的渗透,在时空、视听方面形成了强烈的美学感受系统。如多功能教室的地板上装饰的由音乐符号组织的各种旋律和节奏,墙面由多种艺术视觉经验组合的绘画、色调等,不同的节日有不同的节日环境,包括物质环境和人文环境等营造,都可以使我们看到,环境在育美中所能够发挥的最大功能。

虽然这不是最根本的美育价值实现的要素,但有了这样的环境和没有这样的环境,对于学习者来说,意义和价值非常不同。学习资源的极度匮乏,对于类似音乐学科这样的具有一定的条件依赖性的学科来说,也许就有很大影响。当然,基于特定环境下的学科美育价值的开发也能够找到有效的可行途径,只是更艰难而已。不管怎么说,育美环境的营造,包括教师的着装、坐姿和谈吐都是有意识地营造育美环境的重要方面。很多学校将各种学生艺术作品上墙,就是一种用学生的资源建设环境的举措,也有很多学校将世界艺术经典作品植入学校的各个墙面,并以主题为线索,将学校建设成博物馆、艺术馆、植物园等;也有很多学校通过利用整理互联网的资源,以及通过游学手册的开发,系统地将育美资源以及社区各种育美资源进行整合设计,都是强调了环境在育美中的作用。美的环境本身就是在日常不知不觉状态中进行美的熏陶,潜移默化地发挥环境育美的功能。这方面的环境建设既有来自师生的环创或艺术作品,也有对古今中外经典的开发,以及来自地方民间,渗透着"天趣"和质朴的民间文化育美资源的开发渗透。有意识地对环境进行美的塑造,让我们的学生在自己创造的美的生活中感受美的环境,是实施学科美育的路径之一。

2. 知识育美

一般来说,每个学科都有美育功能,但不同学科与美的相关性,从直觉上看可能有所不同。可能艺术学科更直接一些,诸如音乐、美术等学科对于培养孩子的审美能力方面就会比其他学科有着更直接的价值,其学科符号学习本身就有着美的内在价值和内在要求,学会感受美、欣赏美、表现美是其学科的本体育人价值。类似音乐剧、儿童诗等本身就是直接对孩子实施的美的教育。正如美国课程专家泰勒对文学、艺术学科所进行的教育价值的归纳,诸如文学在个人探索方面的价值;文学能够为个人提供一种探索他自己无力亲自参与的人生与生活的机会,而且也为他提供一种亲临其境般探索各种情境的机会,这些情境对他来说太危险、充满太多的后果;成为一种广泛扩充读者视野的手段;培养使读者感到满足和有意义的阅读兴趣和阅读习惯;不断增强揭示文学材料的技能;文学可以起鉴赏的功能。而对于艺术则提出了诸如扩展学生知觉的范围;通过提供语言媒介之外的另一种沟通媒介来澄清观念和感情;个人整合;兴趣和价值观;培养专门的能力等等,这些都借助于学科独特的"语言符号"来实现,掌握一种学科符号就是掌握了一种看待世界、进入一个学科世界的路径和方法,①所以充分发掘学科符号本身内在所能够释放出来的美育价值是实践学科育美之道的一个基本途径。符号育美,是任何一个学科都具有的一种学科符号特征,音乐学科的独特符号诸如节奏、旋律、线谱、音色等等,都是一套完整的体系化的学科符号,学习这类符号就意味着进入学科世界,积累独特的学科学习体验和学科思维方式。而数学的形式美、科学的规律美、体育的动作协调美、英语的语音美、语法的结构美、戏剧的综合美等等,都是借助于独特的符号表现出来的,甚至一些娱乐性较强的游戏,类似围棋的"暴力美"如攻杀、策略美如分寸、境界美如平常心等等都是可以挖掘的美育资源。

为此,作为中小学教师,就需要有学科育美的自觉和敏感,在中小学学科教学改革实践中提升独特的学科美的发现、欣赏和表达能力。如果我们拿一些美学概念来作为学科育美的参照,诸如:模仿与想象、抽象与移情、情感与形式、经验与直觉、价值与意味、生活与趣味、符号与意义、技能与表现、认知与创作等等,我们就可以看到,发掘这些美学概念所能够释放出来的美育价值,就不仅仅限于艺术学科和文学了,某种意义上,所有的学科都可以得到充分的美的尊重,也可以进行不同程度的美育价值的开掘。

3. 活动育美

每个学科在学科素养和思维方式的养成过程中,必须借助于活动才能实现。所谓活动育美,是学科符号美育的潜在的可能性借助于学科教学活动转化为现实的审美能力、美的创造能力的现实提升。只有活动机制的建立才能使得学科符号作用于学习者并借助于活动的中介转化内化于学生的美的成长体验,积淀为美的学习经验,须知,再美的符号或知识,如果没有好的教学转化机制,符号知识对于学习者来说是一种外在的存在,只是僵死的知识,只有借助于活动实现学习者和学科符号或知识之间的相互

---

① (美)拉尔夫·泰勒.课程与教学的基本原理[M].施良方,译.北京:人民教育出版社,1994:22.

作用,才能最终实现学科的美育价值。歌唱需要唱,演唱需要既演又唱;美术需要画,既要画,还要评,有画有评,还要由评转为创作或制作,由创作渗透鉴赏;戏剧需要综合性的角色表演、动作表现和"想象真实"的主观真诚行为的投入和呈现;而体育之育美功能则一定是借助于动作、游戏和身体文化的感知等综合体现出来的一种综合之美,一种运动之美,一种健康之美。我们可以直接将前述的美学概念转换为学科育美的问题框架,诸如:如何培养学生的模仿能力?如何培养学生的移情能力?如何培养学生的符号表达能力?如何培养学生的表现能力?如何培养学生的创作能力?如何培养学生的形式抽象能力?如何培养学生的审美趣味能力?等等。比如模仿能力需要模仿活动才能得到提高。这些能力的培养都必须在与之直接的真实的学习活动中才能得到真实的成长体验。

4. 过程育美

所谓过程育美,实际上,就是指教学的美学经验的积累。在教学过程中,让学生在教与学的活动过程中体验因教学实践所带来的美的感觉和美的经验。这样一个教学美学经验的要求,就使得我们的教学组织活动不是一个简单的学的活动,也不是一个简单的教的活动,传统的教或学都很难实现教学经验中的美学体验或审美体验。在对教学的性质认识中,有多种认识,有的视教学为科学,有的视为艺术,有的视为道德活动,在众多视角中,坚持育美侧度,便是坚持教学作为一种积累美学经验的途径。当然,这种教学实践的育美取向总是与上述内容、知识相整合起来而实现的,追求的是艺术的教学与教学的艺术的统一,这是教学育美之境。换句话说,什么是可以育美的课堂?我们可以有着多种表达,诸如:有意味;有挑战;有创意;有发现;有合作;有文化。也可以用:学生发现了吗?提问了吗?合作了吗?学生的生命整全性地进入了吗?有了一种内在性的自洽的"游戏体验"吗?等等这些提问都可以看做是我们探索课堂教学过程育美的可能空间。

在课堂教学中,师生究竟应该过一种什么样的课堂生活?是孤立,还是合作?是竞争,还是分享?是主动探知,还是被动接受?是静听、旁观,还是参与、互动?学生在课堂上应该积累什么样的教育经验?教师在课堂上应该度过什么样的教育人生?进行什么样的教学创造?封闭、割裂、独白、机械、冷漠等这种课堂状态被视为难于育美的课堂,而针对这样的课堂问题,育美课堂的过程,应该是开放的、生成的、互动的、自然的、有机的、融入的,学生在课堂上呈现出的是变化之美、成长之美。

第一,在开放中育美。要打破封闭,就要促使我们的课堂教学向学生已有的经验开放,向学生思维开放,向所有学生开放,让每一位学生都得到不同程度的发展,从而实现一种民主开放的课堂文化。开放后的课堂,教师不是仅仅关注教案,而更要关注课堂现场中学生的状态,不再仅仅关注任务是否完成,而要形成对课堂上学生发展程度的及时判断,需要有对教学目标及时调整和弹性处理的机制,并且能够有一套对付开放后出现的各种情况的应对或回应学生的教学策略。开放的课堂本身要求教师以一种研究性的变革教学的状态进入教学实践过程,是一种置身教学实践场景中的现场研究力的高挑战,这种"研究性的变革教学"使得教学研究成为一种自然的日常性的生活状态,使得教学生活成为一种充满临场挑战的智慧生活,使得教学生活成为一种不断反思批判的生活。因为,只有这样的生活才能避免简单重复、枯燥无味的课堂生活的出现。

第二,在生成中育美。从教学过程本身来说,与开放构成内在逻辑的则是生成,因为,只有开放了才能够生成,生成资源和意义。预设的课堂就是教案的课堂,课堂成了教师"自编""自演""自导"的舞台,学生是教师完成教案、讲义内容的"配角"。这样,传统课堂作为一个"预设"的课堂,教案是"剧本",教师是"导演",即使学生是"演员",也是按照"导演"和"剧本"进行"表演"的"演员"。传统课堂仅仅只有预设,仅仅按照预设来组织教学,课堂则成了"死板一块"。课堂中学生的发现、疑问或差异容易被边缘化,或处于"配合""伴随""服从"的地位。长此以往,学生在课堂上就成了一个揣摩教师想法的"配角"。这样的"在预设中,通过预设并且为了预设"而进行的课堂自然缺少生成,教学过程缺少生成的感觉,课堂本身不能成为创造的场所。预设课堂教学,学生的状态是从"会提问"到"不会提问",从积极表达自己的观点到不愿意或没有兴趣表达自己的观点和意见。长此以往,课堂生成出来的有价值的资源越来越少,学生的思维也就越来越封闭,越来越消极,不能积极贡献"差异""错误""问题"。只要是在封闭中进行教学,时间一长就会"体制化",学生和教师都会思想僵化,而这样的课堂即使是对最好的学生来说也是一种痛苦。课堂生活如果缺少充分的资源生成,则会导致课堂上的智力生活和精神生活的意义丧失。正是在这个意义上,从"预设"走向"生成",就是要把课堂教学看作是一种连续过程,不断生成出来的问题总是要在课堂教学中谈论出来,因此,这就要求教师要有学生意识,所谓有无学生立场不是仅仅在备课的时候想到而已,真正有学生立场的教师和课堂,教师是不会轻易放过学生生成出来的问题,而是将这些问题不断进行总结提炼给以圆满的回答和解决。这样的课堂,是学生得到真正尊重的课堂,只有这样,学生才会不断提出自己更加有思考的问题。

第三,在对话中育美。独白带来"静听",而静听课堂的背后就是单纯讲授或者叫做"满堂灌"。传统课堂是一种"独白"的课堂。之所以是一种"独白"的课堂,是因为以教师为中心,而且这种中心集中表现为讲稿中心。当然,在"满堂灌"的方式下很多教师注重的是自己对教材或专业知识的准确与熟练的把握上,重视教师在课堂上讲课的条理性、清晰性,独白的课堂使得教师越来越会独白。尽管在这种独白式的封闭课堂中,不少教师积累了丰富的独白经验和技巧,在独白中也时常出现教学活动中部分环节的开放,再加上不少教师个人的魅力与风格的润色和消解作用,使得这些封闭的课堂依旧有生命力。当然,"独白"只是一种隐喻。独白式的课堂是没有互动和对话的,是没有学生主动参与的,说到底,还是一种封闭课堂。在这样的课堂上,教师的人生可能是精彩的独白式人生,却很难出现精彩的对话人生。在这样的课堂上,教师是精彩的,学生却可能是黯然失色的,学生的角色是观众,承担着鼓掌的任务。而只有是对话的人生,学生的课堂生活才可能更加精彩。只有学生与教师之间产生了互动的课堂,学生才能得到主动发展,在课堂上才能产生一种参与感、投入感、拥有感和贡献感。这样的课堂氛围才能让学生过一种真实的有着自身生命体验的智力生活,过一种促进智力发展乃至多方面能力发展的智力生活。

第四,在思维提升中育美。互动(对话)的逻辑结果应该是思维提升,而对话过程本身应该包含着思维碰撞。只有真正实现了的互动才能把学生从技能机械操作的学习过程转变为思维提升的过程,这一思维提升过程内含着的是自我调适和游戏冲动、主动发现和感受评价乃至审美判断等想象力、创造力和表现力的提升。传统的课堂一般是以技能训练为主的课堂,这种课堂强调以对教师示范模仿为主,主要检测方式也是看学生是否掌握了教师所教的技能,并且以反复操练为主。教师关注课堂的技能知识点是否落实,缺乏对整体技能知识结构的把握以及基于作品的完整的多种能力结构和活动结构的整体把握。这样的课堂一般来说,训练有余,而思维含量不够,无论对于自我学习策略的自主调控能力而言,还是从听觉思维、视觉思维、视听记忆以及体育中的审美性、游戏性、科学性、安全性、竞技性等特征出发,都是呈现割裂的缺少结构化的点状体验,是一种点状思维下的重点、难点和知识点的"点"的记忆。这种教学模式多数情况下,学生技能训练学习过程中思维参与的容量明显不足,是一种低度思维参与状态,艺术学科教学中的评价判断不足、体育训练的自我调控性策略学习不足、实验学习中的探究空间不足等,都是综合学科课堂中思维低阶化的表现。这种课堂教学呈现出来的是一种重复、机械和记忆的课堂状态。所以说,开放、互动、对话、生成的根本目的在于促进学生思维能力的提升,促进学生智力和整体人格的发展。

三、学科教学育美的基本原则

学科育美既包括内容意义上的育美如艺术学科本身要求的形式美等,也包括教学美。教学实践过程中的美学经验则包括教学过程中的节奏、语言、肢体、人格、幽默、风趣、德性等都可以涵盖在"大美育"范围中,这是一般教学美学所探讨的诸如教师通过自己的品德、学识、才能、语言、情感、气质、仪表等身心因素创造出的具有教育价值的美和具有美的教育价值。这体现在课堂教学艺术中就是以美的方法、美的语言、美的艺术、美的生活去吸引学生、感染学生的一种教学境界。就育美的主题而言,大概能够从感受美、表现美、认识美、创作美、文化解释美、自然美、教学实践本身的有机互动以及整体融通等获得美感。教学既是科学,科学在于求真,教学也是艺术,艺术在于创造,教学还是事业,事业在于奉献,奉献讲美德,则教学美的德性标准自然渗透其中。因此,关于学科教学育美的内容和范围就非常多而且广。基于本人的有限研究,提出自己的几点认识供有志于探索学科教学育美之道课题的教师们参考。

1. 感受要充分

感受要充分,这是育美的前提,相对于割裂和局部的感受力而言,整体感受、有结构化体验的感受、能抓住作品的特点的直觉感受以及有着个人的个性化的独特理解的感受,才是育美的开端。育美之道某种意义上是促使学习者有着充分感受之道。为了能够充分感受,就需要在艺术作品感受中有多次反复的聆听和观察,体育课中有多种技能的尝试和反复体会的机会,有多种表达感受的方式,并且在多样交流互动中有差异,在比较评价的反复中达于感受,也可以在多种环节和多种情境状态下进行体验。比如音乐课中的作品感受和整体评价能力的培养;美术课的鉴赏能力和反复观赏能力的养成;体育课中的律动、身体协调性等的关注;以及在多种学科元素组合中诸如音画结合、体育舞蹈、音乐律动等;还有诸如音乐剧等多种教育戏剧中的戏剧动作的到位和以成功作品完成为导向的综合能力的表现等都有在美感获得中的充分感受的要求。感受的充分性包括对作品的"总分总"的反复循环和细节品味,多种技能整合中的感受力的培养应该是贯穿教学始终的。

2. 表现要丰富

表现要丰富是呈现育美和美感体验状态的重要原则。丰富性是相对于干瘪、机械、缺少主观真诚而言的。美学经验和美感获得以及审美能力都是通过表现出来的，而一切审美能力必须是借助于表现才能体现出来的。没有了表现可以说就没有了美育能力的提升，也可以说是一种美育能力丧失的特征。而育美的基本表现丰富性，则需要我们在多种能力的培养和表现中得以体现。这种表现既可以在学科本体价值，如艺术学科的模仿能力、想象力、创编能力等的表现中得以呈现，也可以在多种知识技能组合中，包括艺术形式的多样表现形态中得到体现，更需要在学科教学实践过程中，在实现基于个人美学经验的有机整合中得到结构化体现，如方法、内容、体验之间的转换与整合；如知识、技能、欣赏、表现的多种整合和关联；如跨学科之间的技能迁移等；也可以更多地体现在作品感受与表现中的文化意向的明晰；在与生活世界沟通中的文化视野的拓展等。

3. 认知要渗透

笔者根据自己的研究观察，在本土语境中，在感受系统和表现系统中可以增加一个知觉系统或认知系统，而就个人理解表现系统实际上应该包括制作和创编在里面，可能这种表现的层次要高一些，因此，在感受和表现的过程中能够有意识地渗透符号化认知的要求，必要的知识如果不是通过死记硬背、简单的纸笔测试来强化的话，还是对于学习者的美感认知起着非常重要的作用，如美术课中欣赏能力的提高，直接借助于美术符号的掌握、美学语言的准确，因此简明的学习甚至直接模仿和明示还是有必要的，在把握好"度"的前提下依然是有意义的。这里，在艺术学科中的文化拓展，活动中的文化意识渗透，是深度拓展审美世界文化意义的关键。学生借助于听觉活动进入音乐世界，借助于视觉活动进入美术世界，而这样的学科世界本质上是一种文化生活世界。活动中有没有文化意向或必要的文化解释，是育美活动是否有文化意义或文化意味的标志。仅仅停留于技巧、技术、技艺、技能、技法等，没有文化意义的理解和解释，育美可能还没有到达美的本质和育的根本。如蕴藏在我国民间文艺作品中的"天趣"和向往美好生活的祝福意识和美好憧憬，往往体现在简朴、简洁、直接的作品之中。在各种扎染作坊民居古陶之中所蕴藏着的劳动人民的淳朴和善良，这种美好是要教给学生的，为此，才能有民族文化认同和文化自觉。

4. 制作有创意

制作（或创编）有创意，这是艺术学科能够培养学生创造力的根本表现。就笔者参与的学校综合学科实践来看，这里限于篇幅并不对具体的创意进行展开分析，而是更加关注于呈现学生活动中能够实现创意的前提性条件即真实表达这一根本前提。在这个意义上,真诚的前提是真实,而只有提供学生能够真实表达的活动才能真正激发学生的创造力和表现力。在这个意义上,活动育美需要的宽容、关注、耐心、尊重、悬搁前见和自我习惯、避免简单判断和主观判断等等,都是对教师育美能力的伦理挑战。美的趣味判断本身应该是多元的。美与艺术本身在于创造,而创造往往偏于差异,因此,育美本身所需要的求异思维,在各个学科教学中需要得到一定程度上的重视。虽然模仿往往导向于"像不像",但更应该关注于表现自我,将每部学生作品视为其个人的一种展现,在这个意义上,可能不仅仅是"像不像"的问题,而更需要关注的是自己的意义解释和如何引导学生学会"自洽""自适",这里没有什么标准答案。在这个意义上,价值中立和观察作品本身的"去主体"如"喜欢"还是"不喜欢"等都能让每个个体的作品呈现出独特的价值。

5. 自然要回归

自然,是自然科学探究的对象。自然原本就是自然而然地存在着,充满着神奇的有待发现的规律,规律则意味着我们需要通过尝试错误、假设实验去发现,满足来自孩子天性好奇的自然。对于艺术表现来说,不自然又是艺术最忌讳的状态,甚至成了艺术的天敌。模仿自然以及由内而外的自然表现,是艺术特有的积淀在艺术学科教师身上的学科气质甚至是特质。而将这种学科特质转化为学生的素养,则意味着学生的综合素养的养成。而当我们以开放、生成、互动、提升为基本教学实践原则框架,来追求教学审美境界,第一个教学美的范畴则是自然。这种自然,是一种生命修炼的自然结果,是一种特有的气质。同样一个模仿,在自然与不自然两种状态下所传递出来的艺术信息就会有质的区别,这既涉及到教师学科素养,也涉及到教师的教学素养,某种意义上,"不自然毋宁死"。同样是生成出来的学生的问题,回应的自然与不自然,给学生的感觉就会有所不同,而这种不同之间除了知识技能的补充提升之外,更是一种教学美学经验的生成和内在体验。示范的自然、由内而外的外化出来的自然回应以及自然的对话给予学生的学习体验截然不同,这种自然而然的教学本身就是一种美的熏陶和享受。因此,自然是学科教学首先要追求的一种学科价值。而要达于教学这种"自然而然"之境,就在于"化"的功夫,"化"的境界。也就是将自己化进学科,将学科化进生活,再从生活中化到自己的课堂上。笔者听了很多教师的课,一种直觉告诉我,那种能够达于自然状态的教学,教师和学科总是融合一体的,而不是教师上课好像在讲一个跟他毫无关系的事情一样。体验式的教学交流是教学自然和自然教学的一种需要的状态和策略,更是一种自然的教学境界的状态。

6. 环节重有机

课堂教学有着自身的规定性。以课为单位,以一定的时空为存在界限,这样的时空边界将学科教学设定为一个具有专业的行当。没有了时空限制,本身的专业性就失去了。因此,课堂教学就必须由各种基本环节组织起来形成教学流程。环节与环节之间的过渡,以及来自学生与学生之间、教师与学生之间的互动是否有机统一,而不是割裂、断断续续,缺乏连贯性等,则是作为"教学作品"是否具有专业性,是否具有美感的又一个基本尺度。环节之间的关联性而不是断裂着的松垮状态,是呈现课堂教学节奏感的又一个判断维度,也是教学艺术的一个基本美学范畴。往往自然有机是统一在一起的,只有自然的有机和有机的自然才能产生课堂的一种和谐感、节奏感,课堂才具有了生命的节律和活泼生动。

7. 对象要融入

学科教学是师生对话互动的教学活动,在这个意义上,教和学、师和生不是分离开的两个对立的事物或活动主体,不是单边活动、单向输入或先后关系,而是互动生成的一个共时性的关系。这种互动生成是否臻于教学审美的境界本质上在于师生之间是否有一种融入感。师生是否共同融入作品之中,是否共同融入彼此的精神之中,是否共同融入彼此的感受之中,是否在互相分享的状态中,传递出彼此的不同趣味、感受和多种经验直觉体验,是否呈现出一种"我—你"关系的状态。融入是一种忘我,是生命的一种本体境界,这是综合学科乃至所有学科教学值得追求的又一个教学审美的概念。

8. 整体有美感

美有时候是一个说不清楚的东西。美有时候体现为一种天才的创造。美更多的时候诉诸于直觉和形式,而难以用什么标准直接衡量。育美的教学活动本身所呈现出来的一种美感有时候是一种感觉。每个人都会有不同。如果上述方面都做到的话,那么学科教学所需要的一种育美体现和育美价值就可以看作是一种全面而有深度的开发和实现。在这个意义上,教学的美与美的教学、游戏的教学与教学的游戏、探究的教学和教学的探究等都可以看作是学科实现美感,教学在内容与形式关系上的有机统一。艺术教学的内容本身就是一种审美感受,而体育中健康与美本身也透视出学科所能够体现的美育价值,律动之美、音乐之美、绘画之美,甚至科学探究出来的规律之美,都毫无疑问地昭示出,科体艺教学乃至相关学科教学本质上就是一种美感教育,只有上升到一种美感教育,才是学科教学所具有的育美价值的深度开发。当我们用一个美感来描述课堂教学所呈现出来的状态的时候,应该是对前面八个方面的一种最综合的融通式的表达,当然,这是一种境界。这样一种整体上的美感应该是开放的,对于师生来说具有自由和解放的意味;这样一种整体上的美感应该是自然的,对于师生来说具有一种提升生命境界的功能;这样一种整体上的美感应该是享受的,作为一种克服"学业负担""功利主义"的外在化的教学价值异化来说,学科教学育美之道是崇高而优美、脱俗而超越的一种存在之境。

区域规划篇

▶ 第六章

打造中国美育名镇
——容桂街道育美品牌创建

食在广州,厨出凤城。2014年,顺德被联合国教科文组织授予"世界美食之都"称号。2016年4月至5月,《寻味顺德》在中央电视台播出,一幕幕令人垂涎的美食镜头,一个个尽显顺德情怀的故事……顺德美食的话题瞬间让全国沸腾。大家除了认识顺德美食的真味,更深入了解到顺德浓厚的历史人文内涵和地域文化特质。

作为顺德中心城区的一部分,容桂于2008年被中国品牌监测中心、新华社《中国名牌》杂志授予"中国品牌名镇"称号,2017年被中国烹饪协会授予"中华美食名镇"称号,这些称号既彰显了容桂的文化底蕴与时代活力,又体现了容桂人民对美好生活的孜孜追求。

着眼时代发展,顺应社会呼声,容桂街道借助得天独厚的品牌优势,求真务实,开拓创新,研究制定"育美容桂"品牌发展规划,大力挖掘"美育"潜能,整合"美育"资源,着力打造"中国美育名镇",充分发挥美育的化人功能,培养德智体美劳全面发展的社会主义建设者和接班人。

一、育美容桂品牌创建的战略背景

(一)育美容桂品牌创建的源起

容桂教育进入由"均衡"向"优质"发展的关键期。2009年,顺德区成为了"全国推进义务教育均衡发展先进地区"。① 在义务教育均衡化发展的大潮流中,容桂街道以"办好每一所学校、教好每一位学生、发展好每一位教师"为指导思想,大力发展素质教育,鼓励学校特色办学,基本实现了区域教育均衡可持续发展。但优质教育资源存在不足,与人民日益增长的美好生活需要之间的矛盾比较突出。根据《国家中长期教育改革和发展规划纲要(2010—2020年)》中关于"把提高质量作为教育改革发展的核心任务"的要求,容桂街道需要着眼于时代发展,立足于实际情况寻求教育"优质发展"之路。

容桂教育需要从"规范化"向"品牌化"发展推进。目前,容桂街道义务教育阶段学校100%达到广东省规范化学校标准;广东省规范化幼儿园有46所,通过率达100%。教育普及率高,幼儿园入园率100%,小升初升学率100%,初中适龄人口入学率100%,九年义务教育覆盖率100%。但与同类地区相比,容桂教育的品牌辨识度不高,品牌影响力不强。因此,容桂教育必须从"规范化"向"品牌化"方向推进,以适应城市发展、产业转型和市民生活对教育提出的新要求。

容桂教育需要从"经验型"向"理念型"发展转变。容桂街道于1987年实现了普及九年义务教育,1997年实现了普及高中教育,2002年通过了教育强镇的评估验收,2007年通过了"广东省教育强镇"复评,多次被评为"广东省尊师重教先进镇""顺德区教育工作先进镇"。近年来,容桂在教育改革发展进程中积累了丰富的工作经验,但因理论高度不够而缺乏一定的前瞻性和有力的引领。随着社会和时代的飞速发展,容桂教育改革必须从"经验型"向"理念型"方向转变,才能适应新时代的发展。

容桂教育需要从"传统管理"向"现代治理"升级。容桂人口基数大,常住人口57.3万;教育规模大,义务教育阶段学校31所,幼儿园52所,托儿所81所;教育体量大,在校中小学生人数超过4.7万,幼儿园1.4万,托儿所0.8万(以上数据截至2016年)。然而,乡镇基础的教育发展水平低,教育现代化程度"不充分"导致了镇级建制的教育管理部门对学校的"点管理"难以取得突破。因此,容桂教育管理需要主动从"传统管理"向"现代治理"升级。

容桂教育需要从"宏观公平"向"微观公平"进化。新世纪以来,容桂通过持续加大教育投入,不断完善辖区内各学校的硬件建设。同时,率先试点"积分入学"阳光招生,

---

① "顺德教育综合改革试验区"课题组.顺德区教育综合改革实验区成果汇编:顺德研究[M].广州:新世纪出版社,2017:1-2.

使"学区房""择校热"等宏观上的教育公平问题得以初步解决。随着择校热的降温,择师热、择班热的兴起,微观层面上的教育公平问题,引起了容桂的重点关注。优质教师资源的优化配置和增值扩大,系统而个性化的课程建设与普及等成为从教育过程中解决微观层面上教育公平的重要议题。

只有教育质量全面提高了,优质教育资源覆盖面切实扩大了,优质教育资源量可持续增长了,学生的健康成长与人生发展才能得到有效的保障,人民对优质教育资源的渴求与争夺才能得到缓解,教育品质、教育公平、教育民生才具有实际的意义。2015年09月15日,国务院办公厅颁布了《关于全面加强和改进学校美育工作的意见》(下文简称《意见》),明确了在全国范围内加强和改进学校美育工作的总体目标、指导思想和基本原则。容桂街道教育局基于对容桂教育改革发展瓶颈的分析,抓住机遇,围绕对《意见》的贯彻落实,提出了打造"中国美育名镇"的愿景,研究制定了《育美容桂品牌发展规划》,实践探索如何把"经济品牌名镇"打造成"教育品牌名镇",通过与华东师范大学教育学系在 U-S 合作机制下开展课程建设的方式寻找"育美容桂"品牌创建的路径。

(二)育美容桂品牌创建的基础

经调查研究发现,容桂的美育基因得天独厚,学校美育风生水起,品牌优势明显。

1. 美育基因得天独厚

其一,自然资源之美——容桂是一个典型的岭南水乡之镇。

容桂位于顺德区的东南部,由一个大岛(除中山市黄圃镇大岑村)、马冈村、大汕岛、顺风岛组成。① 区域内河涌密布,共有 11 条主干河涌,34 条支干河涌,总长 94.62 公里,途经全部 26 个社区(村)。其中,被称为"顺德最后一个村庄"的大汕岛,保留了完整的桑基鱼塘风貌——乘轮渡上岛,榕桑翠竹与河溪鱼塘相映成趣,老房屋上爬满藤蔓植物,门前躺卧的狗、慵懒的猫、刨食的鸡和摇着蒲扇的老人,水边爬行的螃蟹、路过的黄鸭、洗衣的大婶和背着渔网戴着草帽打着赤脚的黝黑汉子,岁月安详,生活宁静,处处都是一幅恬美的岭南水乡风景画。

---

① 截至 2020 年底,容桂街道面积 80 平方公里,下辖 23 个居委会,3 个村委会,常住人口 61.08 万人,其中户籍人口 25.11 万人。

早在清康熙年间,已有文人雅士举其景色尤俊者,评出容奇古八景和桂洲古八景。2000年容奇、桂洲合并后,容桂从现存的有一定历史文化底蕴的18个名胜古迹中评选出"容桂十景"——溪桥初步、长塘夜月、青霄远眺、文塔朝晖、容山书院、大凤来仪、榕树生桥、雨花甘露、白莲香远、胜海飞虹,均富有岭南水乡风情特色。

在向现代化城市转型的背景下,作为重点"三旧"改造活化项目,"容桂时光"包括德胜创意园、顺德渔人码头、柴油机1959以及新马路、旧马路、东堤路、工业路一带,按照"修旧如旧"的原则对建筑物注入新元素,在保留原有工业文化和贸易历史遗产风貌的基础上,打造成为了可以怀古寻味、舒展创意、休闲娱乐的新商业地标。而集旅游、购物、休闲、娱乐、餐饮于一体的容桂天佑城,则是佛山地区最成熟的超大型主题商业中心之一,尽显现代都市生活的时尚魅力。

近年来,在"城"的理念架构下,围绕促进人、城、文、产、商融合发展的目标,容桂不断改善城市生态环境,着力建设美丽绿色城市,总绿化面积达180万平方米,呈现出"城在林里,林在城中,半城绿树半城楼"的意境。加之水资源丰富,交通发达,物产丰饶,容桂已成为粤港澳大湾区城市群中宜居宜商宜游的魅力城市。辖区内花溪公园、狮山公园、东湖公园、山体公园、湿地公园、海傍公园、河滨公园、德胜河南岸公园、龙家围公园、伊之密体育公园以及各社区街心公园,绿树成荫,鸟语花香。

"育美容桂"品牌的创建,既契合了容桂的地域特质,又与容桂的城市转型不谋而合,体现了新时代容桂城市发展的价值追求。

其二,人文资源之美——容桂的历史底蕴深厚。

容桂是河网交错的水乡,虽没有雄伟壮观的名山大川,但世世代代的容桂人悉心经营这块土地,创造了不少景色幽雅、构造别致的古迹和富有艺术价值的文艺成果。直到今天,"树生桥""无叶井"景致之奇巧,"文塔""秀桥"工艺之精细,"真武庙""观音堂"传说之动人,仍吸引着四方游客;"容山书院""岑学吕故居""陈氏大宗祠""显龙堂""贞烈牌坊""吕相府""红泉古井"等众多的古构遗迹更显示出容桂深邃的历史人文底蕴。

容桂历史上41名文武进士,特别是南宋咸淳榜眼佘安裕和清乾隆武探花胡经纶,近代历史学家岑仲勉、粤剧艺术家马师曾、现代女作家草明、山水田园画家叶其嘉、龙舟雕刻技艺传承人梁明坤等文化领域的翘楚所贡献的艺术成果,足以体现历代容桂人的聪明才智,也彰显着容桂的文化艺术内涵。

重文明、兴教化、敢开拓、求进取、报乡梓的良好风范代代相传,为每一代容桂新人留下了丰富的精神财富。① 新世纪以来,容桂经常举办"文学创作比赛""草明工业文学奖""精神文明主题征文""新世纪诗歌朗诵""书画、摄影展览""文物、艺术藏品展""盆景、奇石展""集邮展""诗联雅集""文化采风""高峰论坛""专题研讨会""座谈会""演讲会""演唱会""文艺汇演""粤剧、戏曲、话剧、声乐、交响乐团表演"等文化活动,内容不断丰富,层次不断提升,群众的文化生活得以拓展,文艺业余爱好者得以深入生活,融入社会。

深厚的历史人文底蕴、浓郁的文化氛围、商人支持教育事业的优良传统和现代容桂人重文兴教的精神风尚,为"育美容桂"品牌创建提供了坚实的人文基础。

其三,现代工业设计之美——容桂是第一个中国品牌名镇。

作为海上丝绸之路的出发地之一,开阔的视野让容桂人更早地发现商机,加强与外界的商贸往来。清代时,容桂已经成为贸易频繁的商业重埠。随着改革开放的步伐不断加快,容桂现有中国驰名商标7个,广东省著名商标37个,广东省名牌产品29个。作为第一个中国品牌名镇,容桂让世人见证了品牌经济的活力。② 企业家们创造的一个个精彩故事也带给了容桂教育品牌创建许多启示。③

---

① 创办"永亨银号"的冯尧敬于1948年带头集资开办"马冈私立德兴小学校"并担任校董会主席;香港顺德联谊总会永远名誉会长、香港浩昌木厂董事长梁耀明捐资支持桂洲福利教育基金,举办容山义学,捐资容奇合建中学,捐资筹建顺德华侨中学,兴建南区幼儿园,兴建、扩建南区小学,捐建容山中学科学楼、教学楼,设立容山中学升大助学金至今;香港顺德联谊总会会长、世界顺德联谊总会副会长、香港英华证券有限公司董事何竹平捐资支持桂洲教育基金、顺德市教育基金,捐助顺德华侨中学、容山书院,捐资助建顺德体育中心等;还有被誉为"香港金王"的香港金银贸易场理事长胡汉辉,赞助并冠名胡锦超职业技术学校的胡锦超,赞助并冠名幸福陈占梅小学的陈占梅等大一批优秀侨商业人士都热爱桑梓,关心公益,多次回乡考察,捐款帮助家乡建设。

② 截止至2016年,容桂有各类企业及个体工商户超过3.2万家,其中登记在册企业17 160家,超亿元企业145家,超十亿元企业24家;有占地13.5平方公里的高新技术产业开发区,高新技术企业存量达205家;有国家级科技企业孵化器2个、国家级众创空间1个、省级众创空间2个、省级工程技术研究中心41家,各类科技服务机构超20家,以及中科院顺德基地、西安交大院士工作站等一批科研平台和研发中心;有海信科龙、德美化工、万和新电气、国盛科控、顺威股份、伊之密、科顺防水等7家上市公司,中国中药控股、鸿特精密、顾地科技、万成金属等4家控股区内上市公司以及小冰火人、三合股份和乐美智家等3家新三板挂牌企业。形成了以智能家电、信息电子、机械模具、化工涂料、医药保健及互联网应用为主的"5+1"支柱产业体系,着力发展新材料、生命健康等新兴产业。

③ 作为中国空调变频控制器标准的牵头制定者,中国冰箱空调能效等级标准的起草者,中国最大的白电产品制造企业之一,海信科龙秉承"技术立企,以人为本"的理念,始终把技术作为公司发展的第一推动力,坚持培养产品风格和品牌优势,提升人们的生活品质。中国燃气具发展战略的首倡者和推动者、国家火炬计划重点高新技术企业、住建部授予的国家住宅产业化基地、中国航天事业战略合作伙伴万和新电气,坚持以"自主创新,节能环保"为核心价值观,致力于传统清洁能源(燃气)与太阳能、空气能等新能源的高效利用,创造高品质的低碳生活。致力于让中国装备技术与世界同步的世界级企业伊之密,取"泉水"之意命名,寓意伊之密人灵动的生命活力,智慧和创新如"涌泉"般源源不断,以"上善若水"为发展理念,不懈地为客户创造新的价值和体验。定位于"百年企业,世界品牌"的世界级企业,格兰仕秉持"努力,让顾客感动"的理念,因"专业化、人性化、高品质"而成为所涉足家电制造领域的潮流引导者,实现高科技人文化,促进行业实现升级换代。

品牌充分体现工业设计之美,品牌也彰显了对美好生活的不懈追求。"育美容桂"品牌创建需要放眼世界,立足时代,提出自身的核心理念,追求教育的高品质。

其四,美育环境土壤肥沃。

(1) 容桂的美育基础设施比较齐全。容桂图书馆、文化艺术中心、美术馆、科技创新中心和各社区活动中心等美育基础设施比较齐全,且在这些阵地组织开展的书法、摄影、绘画、文学、灯谜、科技展等文艺活动也丰富多彩,为市民提供了非常多的高雅艺术体验、观摩、学习、交流机会。

(2) 容桂的文化基地建设已成体系。立足于加强青少年文艺素质培育的传统文化教育基地,实行自主申报、严格考核、优胜劣汰的运行机制,最新一批运作中的培训基地有:容山中学和振华小学的摄影、桂洲中学的文学、胡锦超职中的舞蹈、容桂外国语学校和文华中学的合唱、容桂小学的铜管乐、幸福小学的拉丁舞、高黎小学音乐快板、红旗小学和南环小学的书法、城西小学的水乡画、瑞英小学的音乐剧、容山小学和南区小学的曲艺、泰安小学的版画、容里小学的诗歌和书法、上佳市小学的灯谜、名门艺术培训中心的美术等。

(3) 容桂的社会美育工作氛围浓郁。成立于 2006 年的容桂合唱团,是顺德声乐合唱领域的佼佼者,多次参加全国、国际合唱比赛并勇夺多个奖项,被广东省音乐家协会、合唱委员会授予广东省 5A 级合唱团。成立于 2012 年的容桂公民教育委员会是广东省内首个镇级公民教育委员会,以打造新时期"容桂人精神,大公民教育"新机制为目标,重点开展民主法制、乡情民风、社会公德、职业道德、家庭美德等方面教育工作,在全社会开展慈善卖旗、企业参观、职业体验活动等综合主题体验日活动,并利用微博、微信公众号等新媒体,采用微电影、微行动等市民喜闻乐见新形式推广公民教育,不仅提升了市民素质,也拓宽了学校美育的途径。街道文化、体育、共青团、妇联等部门和文艺协会,经常组织艺术家、民间艺人、优秀文化艺术工作者进校园开展文艺志愿活动。

(4) 容桂的家庭美育工作基础扎实。一方面,容桂建立有完整的家长学校工作机制和完善的家长学校工作制度,家庭保健、科学育儿、青春健康、书香传家、科创实践、亲子游戏、关爱帮扶等家庭教育主题活动广泛开展。另一方面,借鉴香港社会组织工作的经验,容桂向社会工作服务机构购买服务,在所有的居委和村委设立社工站,为社区各家庭排忧解难,并多形式多渠道地组织开展亲子手工 DIY、亲子游戏、歌舞 PK、才艺展示等家庭美育活动。

(5) 容桂全民美育品牌影响力不俗。近年来,容桂街道组织开展了一系列区域内有较高影响力的全民美育活动,形成了一定的品牌效应。如:"容桂全民才艺大赛""时代精神容桂人""市民半程马拉松""社区诗歌雅集""年度篮球比赛""金杯羽毛球比赛""端午龙舟赛"等。这正是容桂政府主动承担起对容桂人进行审美教育、情操教育和心灵教育责任的集中体现。

2. 学校美育风生水起

其一,学校理念体现了美育的价值追求。办学理念是学校发展之魂,容桂有相当一部分学校在办学理念上体现了美的价值取向和对美的精神追求。如兴华中学的"生态立品,育美创新",容桂小学的"多元和韵,容美立人",泰安小学的"竹韵校园,书香育人",红旗小学的"墨香健舞,筑梦红旗",城西小学的"水墨丹韵,绘美人生",四基小学的"绳乐飞扬,棋乐融融",容山小学的"自然童道,校容人和",南区小学的"尚美启德,臻美育人",容里小学的"因应儿童天性,润泽美丽人生"等,均体现了学校教育对于美的追求。

其二,素质教育大力推进且效果明显。在容桂,从街道到学校,素质教育得到大力推进,文艺汇演、音乐节、美术节、科艺节、文化节以及各类文体艺展览、展演、义演、竞技等活动定期举办,各学校利用自己的特色优势开展如音乐剧表演、音乐快板展演、十佳歌手比赛、礼仪风采大赛、师生课间集体舞等主题活动,丰富了师生的校园生活,创新了美育的实践形式。且德、智、体、美、劳五育互相渗透程度高,学科教学与德育、体育、美育及综合实践教育相互渗透、相互支撑、相互融合已是常态,德育活动加入手抄报、绘画、摄影、文学等美育元素已成惯例,摄影、绘本、音乐剧与语文、数学、英语等学科的协同教学也多有探索。

其三,美术、音乐名师工作室引领美育科研及课程建设。容桂的名师工作室不单有语数英等主科名师带队,美术、音乐、体育、心理健康等学科也各有领军人物牵头,他们在课堂教学、课程建设、教育科研、教师培训、社会公益等方面默默耕耘,奉献着自己的光和热。

(三) 育美容桂品牌创建的意义

育美容桂品牌创建对于容桂教育改革发展和容桂城市转型升级,都具有非常重要的推动作用。

1. 育美容桂品牌创建响应了国家的美育政策

新中国成立后,美育被明确写进党和国家的教育方针。1999年6月13日,中共中央国务院发布《关于深化教育改革全面推进素质教育的决定》,提出美育对于促进学生全面发展具有"不可代替"的作用。2015年9月15日,国务院办公厅颁布《关于全面加强和改进学校美育工作的意见》,就全面加强和改进学校美育工作提出了明确要求和具体指引。2020年10月中办和国办联合印发《关于全面加强和改进新时代学校美育工作的意见》进一步明确新时代学校美育为什么做、做什么、怎么做,强化学校美育的育人功能,具有重要意义。

立足于中华文化立场,着眼于建设新时代美育工作大格局,容桂制定"育美容桂"品牌发展规划,强调要把培育和践行社会主义核心价值观融入学校美育全过程,根植于中华优秀传统文化的深厚土壤,汲取人类文明的优秀成果,培育具有容桂地方特色的美育品牌,立美育人,以文化人,引领学生树立正确的审美观念,陶冶高尚的道德情操,培育深厚的民族情感,激发想象力和创新意识,培养开阔的眼光和宽广的胸怀。

2. 育美容桂品牌创建顺应了容桂教育发展的趋势

育美容桂品牌创建是进一步推进素质教育的突破口。目前,素质教育的推进还存在一些问题,如:认识不到位,重应试轻素养、重少数轻全体、重比赛轻普及,应付、挤占、停上美育体育科技综合实践等术科课程的现象仍然存在;资源配置不达标,术科师资队伍仍然存在一定比例的缺额;缺乏统筹整合的协同推进机制。"育美容桂"品牌创建,进一步完善素质教育工作管理机制,逐步优化素质教育资源的整合与配置,确保各级各类学校开齐开足术科课程,努力构建中小幼相互衔接、课堂教学和课外活动相互结合、普及教育与专业教育相互促进、学校美育和社会美育与家庭美育相互联系的现代化"大美育"体系,是推进素质教育,提升教育现代化水平的重要突破口。

育美容桂品牌创建是进一步改善课堂教学的催化剂。科学领域的杰出人物都痴迷于科学的美,在科学研究时更是经常受到美的启发。杨振宁曾以"方程式是造物者的诗篇"来阐述科学与美的关系。学科教学与美有着密切的联系,融入了美的学科教学才是高效、高质、高品位的教学,才能更加吸引学生积极参与并启发学生主动学习的兴趣与潜力。教师只有从教育教学的本质上理解美育,从教育教学的境界中运用美育,从教育创新的趋势下改进美育,才能在课堂中渗透美育,才能将教学艺术中外显的美与内在的美进行融合,才能在课堂教学过程中增进师生情感交流、优化课堂教学秩序、提高课堂教学效率。

育美容桂品牌创建是新时代培养完美人格的阳光道。近年来,学校德育工作不断强化,尤其是对社会主义核心价值观的践行、公民教育基地及公民道德建设的推进、传统文化项目进校园、德育活动的优化、德育干部及德育教师的培养……但是，一些社会问题还是存在，比如青少年情感脆弱、男孩子娘娘腔、沉迷网络游戏、生活趣味不高等。问题就出在"情感、趣味、气质、胸襟"上，出在人文素养和审美观上。美育可以寓教于乐，避免简单说教，使学生更乐于接受并主动参与。"育美容桂"品牌创建，就是要围绕立德树人的根本任务，系统地开展大美育工作，帮助学生形成一两项艺术、体育、科技、综合实践方面的特长和爱好，培养学生健康向上的审美趣味、审美格调、审美理想，让每个学生都获得发现美、体验美、创造美的能力，在潜移默化中使学生形成高雅的气质、完善的人格、丰富的精神世界。

3. 育美容桂品牌创建契合了容桂社会发展的需要

育美容桂品牌创建是提升市民素养的需要。改革开放以来，容桂在工业化、商业化、现代化的进程中，城市面貌发生了翻天覆地的变化，成为工商企业遍地的南方小城，但人的城市化跟不上土地的城市化。与此同时，将经济财富作为人生的追求，不可避免地成为很多市民甚至新一代的人生观念；在工厂上班的工人，因枯燥的生产线工作而审美疲劳；智能化升级对传统企业人和职业工人造成的压力与恐慌……借助"育美容桂"品牌创建，通过学校美育，带动家庭美育，辐射社会美育，传承容桂精神，保持容桂文化的独特性、延续性、活力性，创新发展容桂的新文化、美文化、品文化，提升市民素质，构建和谐社会，是容桂长治久安和创新发展的必然选项。

育美容桂品牌创建是公共管理改革的需要。近年来，容桂经济和社会各项事业迅速发展，各种社会群体逐渐自组织化，利益多元化和权利分散化，基层诉求自由表达，社会机构注重参与公共事务决策和监督，对容桂的公共管理提出了具有挑战性的新要求。前期，容桂已实施了一系列公共管理的创新举措，如"深入基层对话民生"主题活动、成立全国首个镇级公共决策和事务咨询委员会、容桂总商会获评5A级社会组织、参照香港地区社会管理模式开展社工服务、社区（村）福利会开设爱心超市、"新容桂人"优秀异地务工人员评选、多元化帮困助学机制、成立容桂公民教育委员会等。"育美容桂"品牌创建，倡导对人的精神关怀，对人的价值关注，对人的发展支持，为公共管理事业的持续深入改革提供了人文价值引领。

育美容桂品牌创建是产业转型升级的需要。作为顺德传统的工业重镇，在很长一段时间内，容桂的企业在全球产业链中占据的是装配加工等简单生产环节，逐渐面临出口下滑、可用土地资源匮乏等问题。在人力成本不再具有相对优势、产业向轻资本转型的背景下，容桂产业必须高端化、特色化、创意化。要在日益激烈的竞争中取得优势,创新对于容桂来说尤为重要。美育课程和活动使学生思维的灵活性、流畅性、独特性得到发展,美育工作对于创新能力的培养和创造潜能的激发具有不可替代的作用。"育美容桂"品牌创建,有利于推动产业转型升级,不断提升经济、产业和城市发展水平,保持商业和人文的平衡共生。

二、育美容桂品牌创建的顶层设计

通过对教育发展的瓶颈分析,对国家美育政策的研读,容桂发现了"育美容桂"品牌创建之"机";通过对美育基因及优势条件的深度挖掘,找到了"育美容桂"品牌创建之"基";通过对"育美容桂"品牌创建的意义研究,坚定了打造"中国美育名镇"之"计"。在基地调研和理论探究的基础上,对"育美容桂"品牌创建进行了顶层设计。

(一) 指导思想

高举中国特色社会主义伟大旗帜,坚持社会主义办学方向,坚持马克思主义指导地位,弘扬社会主义核心价值观,全面贯彻党的教育方针和《国家中长期教育改革和发展规划纲要(2010—2020年)》《国务院关于全面加强和改进美育工作的意见》等决策部署,以"培养德智体美劳全面发展的社会主义建设者和接班人"为根本任务,坚持以人为本,求真务实,遵循教育规律,面向社会需求,优化结构布局,提升教育品质,加快教育现代化步伐,打造"中国美育名镇",办好市民满意的高质量发展的容桂教育。

(二) 发展目标

"育美容桂"品牌创建的发展目标是:立足优势,挖掘潜力,整合资源,高起点、高标准、高规格地开展"育美容桂"品牌创建工作,努力把容桂建设成为"中国品牌名镇"和"中国美育名镇"双项品牌第一镇。一方面,通过"育美容桂"的品牌创建,优化教育治理,开发育美课程,打造样板学校,提升教育品质,扩大优质教育资源的增量,提高优质教师资源的储量,推动容桂教育事业现代化发展,不断满足容桂市民创造美好生活对优质教育的需求。另一方面,通过"育美容桂"的品牌创建,充分挖掘并发挥美育的化人功能,倡导美善相谐,在情感、精神、气质、胸襟等方面潜移默化,营造和谐幸福的人文环境,化育崇德尚美的社会风气,为容桂市民素养提升、和谐社会构建、公共管理改革、城市转型升级凝聚力量,带来活力,保持容桂教育事业和社会人文的双赢。

（三）总体思路

学校层面,由点及面,走美育课程集群发展之路,按照"育美课程—办学特色—品牌学校"的路径逐层推进学校美育品牌创建,打造容桂教育"个性鲜明、各具特色、多元发展、优质均衡"的现代化学校新格局。街道层面,从加强组织建设、完善制度建设、加大投入力度、规范评价监督等方面不断完善学校美育健康发展的保障机制。通过政府购买服务扶持、学校品牌自我培育、社会力量多元参与等途径,全力扶持学校美育品牌创建,并通过学校美育影响辐射到家庭美育、社会美育,构建"学校主导、家庭支撑、社会参与"的大美育工作体系,推动整个容桂的美育品牌创建全面开展并取得实效,努力打造高质量、高水平、高品位的"中国美育名镇"。

（四）核心理念

为了强化理念引领,旗帜鲜明地开展品牌创建工作,容桂提出了"育美致善"的教育理念,并诚邀顾明远先生赐予墨宝"育美致善"。

"人之性"向善。[①] "人之道"择善。[②] "人之成"至善。[③]

美与善同义。性向善、人道择善、人成至善,即人性向善向美、人道择善择美、人成至善至美。《中庸》有载:"自诚明,谓之性;自明诚,谓之教。诚则明矣,明则诚矣。"（《中庸·第二十一章》）意思是说,真诚既是一种天性,也是一种教化。致善,就是真诚之心向善向美,真诚之行择善择美,真诚之达至善至美。

天大,地大,人亦大,故大象人形。每个人都是天地的中心、目的的核心、自由的主宰、价值的主体。育美,就是关于"人之真善美"的教化,是为了"人之真善美"的教化,是实现"人之真善美"的教化。

育美致善,就是指通过"育美容桂"品牌建设及系统性的具有"容桂"地方特色的大美育工作,整合、激活并有效利用容桂的"育美"元素与资源,弘扬"育美"理念与思想,

---

[①] 傅佩荣.傅佩荣的哲学课:先秦儒家哲学[M]北京:北京联合出版有限公司.2018:27("人之道"择善30,"人之成"至善32,同引自该书)《孟子·告子上》:"人性之善也,犹水之就下也。"就像水往低处流,人性向善是一种势能,是一种力量,是一种方向。

[②] 《中庸》:"诚者,天之道也;诚之者,人之道也……诚之者,择善而固执之者也。"人间之正道,就是真诚;人之正途,就是要在面对选择时,保持内心的真诚,坚守不渝地向着"善",执行"善"。

[③] 张世南（宋）《游宦纪闻》卷八:"其要在于择善修身,至于化成天下。"《易·恒》:"圣人久于其道,而天下化成。"《大学》:"大学之道,在明明德,在亲民,在止于至善。"人之大学,在于择善修身;人之化成,在于达到人与人之间适当关系的实现,即"善"的境界。

激发"育美"工作热情,打造"育美"教育品牌,提升"育美"化育功能,在容桂新一代心灵种下真善美的种子。

(五)品牌内涵

容者,包容,大气;桂者,桂冠,优秀。容桂人,内秀于心,外容于人。容桂就是一个响亮的品牌:是我国改革开放的前沿阵地,是国家简政放权试点区域,是第一个千亿大镇,是第一个"中国品牌名镇",获得过"中国书画艺术之乡""中国曲艺之乡""中国盆景名镇""中华美食名镇"等荣誉称号。基于此,容桂主张将"育美容桂"打造成一张具有区域影响力的教育名片,彰显"中国美育名镇"的时代特色。

"育美容桂"之"容",彰显的是其包容性。容自然美、艺术美、科学美、社会美等多种美育元素;容学校美育、家庭美育、社会美育等不同美育空间;容幼儿、中小学生、成人等多层次美育主体;容学校教育机构、文艺组织、家长委员会、容桂社会组织、容桂总商会、容桂企业等多类美育组织;容"时代精神容桂人""容桂好人""新容桂人"等各行各业各岗位的容桂精神代言人——其根本意义在于落实立德树人的根本任务,培养德智体美劳全面发展的容桂新一代。

"育美容桂"之"桂",彰显的是其特色性。桂花香远益清,恰是容桂的写照。近年来,容桂以打造对接广深创新走廊的城市客厅为城市发展的目标,建设包括城市建筑、绿化、水文、人文的和谐,打造幸福美丽宜业宜居新容桂。"育美容桂"品牌战略所生成的"育美"品牌形态就是要具有鲜明的"容桂"特色,丰富的"容桂"内涵,高位的"容桂"品质以及持续的"容桂"影响力。

(六)品牌系统

费孝通先生提出的"各美其美、美人之美、美美与共、天下大同"观点,洋溢着和谐与共生的生态智慧。[①] 基于这种生态美育的观念,容桂主张"学校美育、家庭美育、社会美育"三位一体,相合相生,进行系统构建。

1. 学校美育

各学校可立足校本实际找准切入点,从"育美校园、育美课堂、育美教师、育美活

---

① 1990年12月,日本著名社会学家中根千枝教授和乔健教授在东京召开"东亚社会研究国际研讨会",为费孝通80华诞贺寿。在就"人的研究在中国——个人的经历"主题进行演讲时,费老总结出了"各美其美,美人之美,美美与共,天下大同"的十六字"箴言"。

动、育美学生"五个方面下功夫,促成"一校一品、美美与共"的学校美育品牌格局。

(1) 以育美理念为引领,打造特色鲜明的育美校园。以"育美"理念为引领,坚持从学校和人的发展出发,围绕学校固有的特色和历史文化进行定位,明确学校发展目标,梳理学校办学理念,完善学校顶层设计;按照"主线与顶层理念相符,学校文化分主题、分区展现,符合美的标准,具有教育功能,凸显人性化"等几个原则,对校园环境进行系统美化,充分利用广播、电视、网络、教室、走廊、宣传栏和花草绿化等,营造格调高雅、富有美感、充满朝气的学校文化环境;逐步加强学校音乐室、美术室、艺术礼堂、体育场馆等功能场室场馆和"育美"厅廊景观建设;加强社会主义核心价值观的学习、践行与推广,培育独特的校园美育文化,实现学校从知识的加油站到精神港湾的角色转换。

(2) 以课程建设为基础,打造优质高效的育美课堂。进一步纠正长期忽视美育或把美育窄化为艺术课程的思想行为,制定课程建设指导意见,落实育美课程建设保障机制,加大品牌课程开发实践,建立课程建设评价与监测办法,形成各具特色的品牌课程建设新局面。在巩固课程建设成果的基础上,从课堂组织形式、氛围、效率和学生感受等角度开展课堂美育实验,将美育渗透到各学科教学。育美课堂,就是让师生身心愉悦的课堂,是审美化的课堂,也是培育审美素养的课堂。育美课堂的标准有:课堂内容的美、课堂形式的美、课堂氛围的美、课堂语言的美、课堂互动的美、课堂成效的美等。具体还需要从不同学科角度细化"育美课堂"标准,如语文课堂之美、数学课堂之美、艺术课堂之美等。

(3) 以专业发展为路径,培养德高艺精的育美教师。教师能否按照美的规律来塑造自身的人格形象,培养高尚的审美情趣以及提高自身的审美技能,是影响整个美育实践的关键所在。"育美教师"在具备专业知识和道德品质之外,还要有较高水平的审美素养,树立"育美"教育观念,担当"育美教师"角色。审美素养包括丰富的内心情感、美好的生活理想和持久的情感创造力,能够在具体教学活动中同学生进行广泛的情感交流,以情感的感染力影响学生及其学习过程,使教学活动真正成为令人愉悦的过程。对审美素养的追求要求学校把美育知识列入校本研修和教师继续教育的必修内容,通过举办教师"语言艺术、教学艺术、生活艺术、形象艺术"修炼及"经验交流、沙龙研讨、基本功比赛、育美论坛"等活动,组织教职工对美育知识进行全员性、普及性、提高性学习培训,提高教师的审美和人文素养,增强美育工作责任。

(4) 以校园生活为主题,广泛开展丰富的育美活动。容桂各中小学每年定期开展艺术节、读书节、科创节、文化节等大型校园活动，在此基础上，策划或优化学校的特色艺术项目，由街道教育局扶持成为精品项目，并对学校大型精品活动进行盘点、筛选、融合，举办街道层面的美育节，打造具有一定影响力的品牌项目。通过从学校到街道有目的、有计划、有组织的美育活动，让学生在实践、体验和创造中获得美育文化的感染、熏陶和浸润，外塑形象，内强素质，让美育文化与师生产生情感的共鸣，建立生命的链接，实现美育文化的"外在给与"和"内在生成"和谐融通，达到化育"个体人格"和谐一致的育人目的。

（5）以生命成长为核心，培育五全三好的育美学生。围绕美育品牌创建的终极目的，以生命成长为依托，培育五全三好的育美学生。五全，是指德、智、体、美、劳全面发展。三好，是指在家里做好孩子，在学校做好学生，在社会上做好公民。育美学生，即德、智、体、美、劳全面发展，聪慧而又美丽的好孩子、好学生、好公民。积极倡导美育，就是积极倡导教育回归生命成长本真。通过建设"学校美育活动平台""校企联动机制""美育创新活动基地"等项目，并根据学生的智能优势和兴趣爱好组建学生社团，开展适合学生生命成长的活动，打造高辨识度的容桂育美学生品牌。

育美校园是品牌创建的重要基础，具有鲜明的底蕴性、陶冶性和激励性，应发挥其理念导航、智慧引领、文化感染、环境陶冶的化人功能。育美课程是品牌创建的基本途径，育美课堂则是其表达形式，二者具有极强的过程性、实践性和审美性，要发挥其行动至上、探索开发、研究推广的品牌探路功能。育美教师是品牌创建的主要执行者，要发挥其大胆尝试、自主创新、交流协作的品牌创建主观能动性。育美活动是品牌创建的重要载体，要发挥其过程育人、实践育人、活动育人、氛围育人的育人功能。学生是品牌创建的最终接受体和主要参与者，要发挥其形象代言、协动参与、反馈助推、联接家庭、联动社会的品牌效应。这五者相互依托，相互促进，共同构成了学校美育的品牌系统，不能将其分割，而要以高度的全局观，理念导引，抓住主线，系统推进。

2. 家庭美育

以宣传教育为手段，以家庭情感为纽带，通过系统的家庭美育工作，培养和提升家庭成员发现美、欣赏美、创造美的能力。

（1）加强家庭美育宣传力度。充分运用各种媒体媒介，通过多种途径、多种形式，加大对家庭美育的宣传力度，引导全社会重视和支持家庭美育工作，营造良好的家庭美育氛围。面向广大家长定期宣传党的教育方针、相关法律法规和政策，传播科学的家庭美育理念、知识和方法，弘扬和传承好家风、好家训、好家教，引导家长转变观念，明确认识到家庭是孩子的第一个课堂,父母是孩子的第一任老师,教育孩子是父母或者其他监护人的法定职责;树立端正的育儿观、成才观、成人观,重视以身作则和言传身教,以自身健康的思想和良好的品行,影响和帮助孩子养成好思想、好品格、好习惯;用正确的思想、正确的方法、正确的行动,教育引导孩子逐渐形成正确的世界观、人生观、价值观。

(2)培育家庭美育先进工作典型。围绕"家庭美德"和"家风建设",结合"最美家庭""五好家庭""书香家庭"等特色文明家庭创建活动,树立先进模范家庭,宣传优秀家庭美育案例,以点带面,推进家庭美育工作的整体发展。重点培育家庭美育先进工作典型,建立有地方特色、有群体适应性的家庭美育指导方式方法及工作模式。

(3)加强家庭美育讲师队伍建设。组织优秀教师和优秀家长成立家庭美育讲师团,通过系统而专业的家庭教育工作培训,打造一支接地气、有能力、肯奉献的家庭教育讲师队伍。鼓励创新家庭美育指导方式,为广大家庭及家长提供多元化、常态化、公益性、针对性的指导服务。做好新一批讲师团的传、帮、带工作,保持队伍的延续性和旺盛的战斗力。积极发挥心声热线援助会、社工、义工、关工以及志愿者队伍在推进家庭美育工作中的特殊优势和积极作用,为家长提供更为便捷、更为个性化的指导服务。

(4)大力开发家庭美育服务产品。立足家庭美育热点难点问题,围绕亲子沟通、特殊家庭、儿童早期教育等重点内容,积极主动地开展社会调查和课题研究,形成有数据、有分析、有建议的调研报告,为家庭美育工作提供决策参考,推动家庭美育学科建设和科学研究。充分发挥科研效力,因地制宜,创新实践,坚持理论与实践相结合的原则,开发多种形式、适合不同年龄段少年儿童的家庭美育指导服务产品。

3. 社会美育

按照社会发展的趋向和美育的规律,主要通过美之引领、美之陶冶、美之化育,营造"育美容桂"之社会风尚、人际关系、文化氛围,塑造容桂人之文明、诚信、正义、包容、协作、创新的良好形象。

确立"育美容桂"标识系统。争取政府部门和社会力量的支持,打造凸显容桂人的从容大气形象和勇摘桂冠理想的"育美容桂"品牌标识。应用范围包括但不限于:容桂街道教育系统的师生服装,对外宣传的主色调及主物料等;容桂街道历史文化中的标志性元素,如水乡、建筑、民俗等。在标识系统设计过程中,可组织大规模活动,如邀请儿童以绘画形式绘出容桂之美,借标识系统征集活动向学生渗透美育;可采取面向全社会征集设计方案或邀请专业公司设计双向择优选用的方式,寻找最佳创意,凝聚最高共识，打造最美标识。

建设"育美容桂"文化环境。将"育美"理念融入容桂城市规划建设，对容桂景点建筑、公共厕所、休闲公园、干支道路等公共设施加以美化，统一风格，增加反映容桂历史文化和现代文明的标识、景观，实现容桂处处优美，时时赏美，人人尚美；加强文化艺术中心、图书馆、美术馆等公共场馆建设，并对其周边环境进行整体美化；规划建设美育博物馆，汇集展示容桂城市之美；通过举办一系列美育活动，在全街道营造"育美"的文化氛围。

评选"育美容桂"形象大使。举办师生语言艺术大赛、形象设计大赛、身心修养大赛；举办美育研讨沙龙、美育专题征文、师生及亲子读书会活动；评选"艺术家型"最美教师、最美家长、最美学生；开设博物馆、艺术馆课程，名师走校课程，家长辅教课程，社会义教课程；通过系列活动的举办，从中培育、评选、塑造容桂教育的形象代言人，使容桂美育品牌具象化，并通过让他们的故事广为传颂，让教育与人生统一起来，进一步倡导并支持教师、家长、学生主动创造并享受和谐、健康、雅致的美好人生，产生比单纯的美育知识传授更加明显的"育美容桂"品牌效应。

多元整合社会美育资源。依托图书馆、艺术创新园、文化艺术中心、科技创新中心等公共服务设施，有效整合各种教育机构、医疗卫生机构、高新技术企业等各类美育资源，广泛开展身心保健、科学育儿、青春健康、书香传家、亲子游戏、科技创新、社会实践等主题的社会美育活动，促进学校、家庭、社会不同空间美育工作的开展。完善支持、准入和监管评估机制，鼓励和支持有条件的社会团体或社会组织依法公益参与社会美育工作，不断增强社会美育工作力量。关心流动儿童、残疾儿童、单亲儿童、贫困儿童和特殊儿童，广泛开展适合困境儿童特点和需求的关爱帮扶，逐步培育形成完善的社会美育支持体系。

三、育美容桂品牌创建的课程路径

教育的品质在于课程。课程根植于学校文化，与教师专业发展、学生核心素养、课堂教学改革、教育方式转型息息相关，还能架起学校与家庭、社会的桥梁，是学校办学成果的集中体现。因此，基于"课程立品"的指导思想，容桂与华东师范大学教育学系签订了"教育战略发展项目合作协议"，借助其专业、人才及教育资源等方面的优势，通过"高校助推"的创建方式，制定学校课程建设指导意见，设立课程建设实验学校，盘活课程资源,推进课程建设,改进课程实施,通过课程建设来探索品牌创建的发展路径,用"课程建设"探路"品牌创建",用"课程之品"立"育美之牌",使"育美容桂"品牌发展规划真正落地。

(一) 指导思想

围绕立德树人的根本任务,聚焦提升学生的核心素养,遵循教育规律与学生成长规律,强化学校课程主体责任意识,激发教师课程改革创新热情,保护学生学习兴趣,构建有利于每个学生成长的"育美课程"体系,为培养"身体健美,心灵纯美,行为修美,求学笃美,与人和美,为事慧美"的"大美学生"奠定基础。

(二) 基本原则

科学性原则。学校课程建设要严格执行国家的课程标准,做好顶层设计,在理念的引领下推进课程建设工作,贯彻"由上而下"与"由下而上"相结合的思路。

服务性原则。学校课程建设要服务于学生的发展,服务于教师的发展,服务于学校的发展。学校课程建设要去掉功利思想。

主体性原则。课程建设坚持以学校为主体,以教师为主体的"双主体"原则。

开放性原则。学校在课程建设过程中,要善于吸收校外经验,共享区域学校课程资源,利用学区制平台,建设跨校课程。

多元性原则。学校在课程建设中既要加强面向全体的基础性课程建设,又要加强满足学生个性需要的选修课程建设。教师、学生、家长、社区都是重要的课程资源,学校要充分利用这些资源建设多元课程。

(三) 主要任务

培育课程文化。文化育人是通过文化的外在给予与文明化的内在生成方式,化育人"个体人格"的和谐一致。[①] 文化属性是学校的永恒特征,文化育人是最高层次的育人,[②]学校文化是学校课程的基础。各学校要在"育美容桂"品牌创建的规划指引下,自觉践行"育美致善"教育理念,围绕"育美"的主题,通过对校史校情、发展愿景、价值

[①] 李建国.文化育人的哲学省思[J].高等教育研究,2014(4).
[②] 项红专.中小学文化育人的路径构建[J].中国教育学刊,2015(12).

取向等方面进行多层面的磨合、共生、提炼与弘扬,进一步完善、丰富乃至重构学校顶层设计,加强学校文化建设,积极发挥学校文化"立美育人,以文化人"的教化功能,为课程建设奠定文化基础,凝聚精神力量。

完善课程体系。通过新一轮学校课程规划的制定,完善学校的基础性课程与拓展性课程体系。基础性课程是指国家(包括地方)课程标准规定的统一学习内容。拓展性课程是学校根据实际提供给学生必修或选修的学习内容,主要包括:学科拓展课程、体艺特长课程、实践活动课程。学校课程建设规划应有如下主要内容:课程背景与需求分析、课程理念与概念框架、课程目标与核心素养、课程内容与结构、课程实施与途径、课程评价与管理、课程保障与支持。

盘活课程资源。教师是学校课程建设的第一资源,学校要做好教师专业发展规划,在课程建设的过程中实现教师专业成长,课程建设实现从"消费"教师到"成就"教师的转变。家长是学校课程的重要资源,学校要合理引导家长参与校本课程建设。社区有丰富的课程资源,学校要根据实际与有关社会组织联合开发课程。学校在课程建设中要有"大教育"视野,从大局出发,打破学校界线,彼此共享课程资源,积极配合街道与学区的教师交流工作,让课程资源在校际间合理重组,实现课程资源效应最大化。此外,还要充分利用信息技术平台,构建网上课程资源库,建设智能课程,借鉴"颠倒课堂"与"慕课"经验开展基于"线上"的走课机制。

打造课程精品。按照"育美容桂"品牌创建的规划指引,强化"课程立品"意识,围绕"一校一品"目标,结合校本实际,充分调动各种课程资源,努力打造学校精品课程。精品课程要基于学校文化,贯彻办学理念,在落实国家课程标准的基础上,适合学校的自身特点,追求学校的教育价值,彰显学校的办学特色。在体艺特长方面支持学校开设足球课程、摄影课程、水乡画课程、版画课程、民乐课程、合唱课程、拉丁舞课程、跳绳课程、音乐剧课程、剪纸课程、音乐快板课程、陶艺课程等;在传统文化方面,支持学校开设书法课程、国学课程、诗歌课程、粤剧课程;在办学特色方面,支持学校开设心育课程、科创课程、实践体验课程、研学旅行课程;在国际化方面,支持学校开设国际理解教育课程。

改进课程实施。学校要按规定开齐、开足、开好基础性课程,并在不超过国家规定总课时基础上,根据各年级的实际开设拓展性课程,合理控制拓展性课程的总量,不增加师生的课程负担。在课时安排方式上,可采取灵活的方式,如长课、中课、短课、跨班课、跨年级课,鼓励学校开展全科教学的尝试。在课堂教学方式上,要变革传统灌输式为主的课堂教学方法,推进体现学科本质、促进学生自主学习的教学改革,营造民主平等、互动对话的课堂文化,引导和鼓励学生独立思考、主动探究与合作交流,运用所学知识分析和解决生活实际问题,鼓励探索由学生自主选择的走班教学。在学生作业方式上,精选作业内容,严格控制作业总量和作业时间,推广分层作业、个性化作业、选择性作业,适当控制书面作业,增加实践性作业,增强作业的针对性,提高作业的有效性,确保作业的多样性,合理使用各种批改形式,及时反馈学生作业情况。在课程评价方式上,要严格按照上级要求控制考试数量,对学生的评价不得唯学科分数,而应体现综合性、发展性、过程性。同时,还要有效地做好德育渗透和美育教化工作,加强中华民族传统文化、社会主义核心价值观和新时代审美观的教育,将课程实施与学校的主题教育活动结合起来,与传统节日结合起来,改传统的说教式教育为体验式教育,把全程育人、全员育人、全方位育人的要求落到实处。

开发地方美育课程。充分利用岭南水乡人文课程资源,开发并实施具有容桂特色的地方课程,为"中国美育名镇"提供品牌支撑。主要包括四个方面课程。一是岭南水乡风情画课程。聘请享誉国内外的著名画家叶其嘉先生(中国美术家协会会员,广东省美术家协会理事,佛山市美术家协会副主席,顺德区美术家协会主席)为导师,联合人民大学艺术学院开展"岭南水乡风情画"研修班,对容桂美术教师进行系统的定期集中培训,将他们培养成具有深厚传统笔墨功力,又能拓境求变的艺术人才。在此基础上,将中国传统美学精神与容桂地域风土人情有机融合,以"空间赋意"的方式建设水乡画卷、水乡文化博物馆、水乡文化长廊、胶印水乡画、岭南水乡雕塑、水乡笔墨舞广场等岭南水乡文化景观,整合"水乡诗社、水乡美食、水乡乐韵、水乡体育"等资源,结合"民风、民俗、民情、民生"等元素,开发适用于容桂中小学生的岭南水乡风情画系列课程,将其打造成为"人格教育、生活教育、乡土教育"的一张品牌名片。二是岭南水乡研学旅行课程。以"岭南水乡"为中心主题,以"容桂十景""容桂时光""大汕岛""科创中心"等历史文化古迹和岭南水乡景观为载体,以"小眼睛看容桂""美丽容桂行""容桂古迹寻踪"系列活动为推手,结合"龙舟赛""粤剧展演""粤曲欣赏""岭南水乡建筑考察""科技创新实践体验"等内容,建设一批高标准引领性的研学旅行教育基地,建立一套高效力创新性的研学旅行发展机制,开发一批高品位示范性的研学旅行课程。比如"水乡之桥"课程,除了介绍古桥的相关知识,还可设计"容桂桥梁"旅游路线,组织学生实地参观"花洲第一桥""洛阳桥""秀桥""树生桥""见龙桥""丁字桥"等容桂古桥,在参观考察的基础上开展"古桥绘制""废物利用古桥制作""古桥调研报告"等系列化的乡土课程活动,将容桂的水乡文化渗透其中。还可以结合大数据和现代科学技术,将"古桥"延伸到现代各式各样的桥,开展关于容桂桥梁的实践活动课程和科创探究课程,如参观考察"容奇大桥""德胜大桥""高赞大桥""容桂特大桥"等现代桥梁,探究现代桥梁的建筑工艺和审美特征。三是公民教育课程。在积极融入粤港澳大湾区一体化发展,打造对接广深创新走廊的城市客厅的大背景下,在中小学全面成立小公民教育基地,通过开展小公民教育示范校评选,推行一系列以"小手拉大手"为主题的公民教育课程,如主题日活动、乡情采风活动、职业体验活动、企业参观活动、慈善卖旗活动等系列活动课程,以及中小学生喜闻乐见的微电影、微讲台、微实践等小公民教育微课程。四是合唱课程。容桂合唱团原名顺德容桂金声合唱团,自2006年创建以来,先后在北京国际合唱节、法国(蓬丝)国际合唱节斩获金奖。合唱团负责人获评为广东省特级教师、广东省名师工作室主持人。借此优势,以合唱团为阵地,合唱团成员为骨干力量,通过定期集中训练、节目排演、课堂教学交流、课题研究等方式组织街道各学校在合唱方面有潜力的音乐教师提升合唱技能,并立足课堂,结合童诗童谣、唐诗宋词、传统粤剧等元素,开发合唱课程,唱出容桂韵律,唱出容桂文化,唱出容桂特色。

(四)实施策略

制定课程规划。学校课程规划是对学校未来几年的课程发展进行整体设计,既需要回答"培养什么样人"的问题,也要回答"怎样培养人的问题"。华东师范大学教育学系容桂街道学校课程建设项目团队,通过以下途径指导课程建设规划的制定。基地调研,主要从三个维度进行:一是走访机关和社会,调查研究地区政策方向、社会文化氛围和经济发展状况;二是深入到学校参观校园,了解校情,观察课堂,开展师生问卷调查;三是多层面地召开座谈会,从不同立场、不同角度分析容桂教育的现状、发展态势和利益诉求同时提出容桂教育发展所面临的压力与困难。学校问诊,主要着眼于三个方面问题:一是学校办学理念和顶层设计是否完善,及其对课程规划的利弊影响;二是学校教师队伍结构,及其在课程开发与建设中的能力因素;三是学生身心素质状况,学生及其家长对课程的喜好与期待。专家联席,专家团队采取大数据技术手段,对调研所掌握的信息进行理性分析,形成《容桂街道区域学校课程建设基线调研反馈与建议的报告》。并通过举行调研反馈报告会,重点围绕容桂课程建设的定位、概念、内容、发展机制、活动载体、制度保障以及区域层面的政策倾斜等方面问题,组织开展专家联席研讨。头脑风暴,主要是指导学校课程建设项目工作小组,通过先"做加法"后"做减法"的方式,对校本课程进行梳理,甄选龙头课程,并探讨其优势、弱势、机遇、挑战、实施策略及支撑系统,提炼出订单式自选课程建设名称,绘制学校课程建设体系框架图,制定学校课程建设规划方案。规划论证,对学校制定的课程建设规划方案,专家团队分组对其进行研究与审订,并通过召开课程规划集体论证会和学校座谈会的方式,分别研究解决学校课程建设规划方案中存在的共性问题和个性问题。规划发布,在专家团队的指导下,立足校本实际,研究制定学校的课程建设规划方案,并从"课程背景与需求、课程理念与目标、课程内容与结构、课程实施与评价、课程保障与支持"等几个方面,将规划方案面向社会公开发布。

实施课程建设。以落实人的核心素养为指向,全面推进课程建设规划的实施,为学生素质发展提供好课程、好教育、好环境。一是实施系统课程建设。按照课程建设规划,立足校本实际,有效整合资源,按照"内生、互动、发展"三个基本原则,大力开展系统性系列化的课程建设工作。二是推进精品课程建设。通过"五个一",即一个教学大纲、一套校本教材、一节示范课、一个微课视频和一篇个人成长反思,推进学校精品课程建设。三是开展配套课题研究。由华东师范大学教育学系向每所课程建设实验学校派出课改副校长,将课程建设规划分解为3~5个子课题。由学校组织成立相对稳定的教研团队,由教研组各认领一个子课题,开展配套课题研究。通过课题引领,结合特色课程联动开发、升级推广及互通共享策略,全方位推动课程建设规划的落实。同时,鼓励学校在子课题研究的基础上,积极申报市级、省级和国家级的各项课题,争取更大的发展平台。

开展评估验收。一是中期评估研讨。在课程建设中期,举办中期评估研讨活动,由各课程建设实验学校负责人就课程规划指导下的学校课程建设情况进行汇报,华东师范大学教育学系专家团队以"研讨"的形式进行联席指导。通过中期评估,指导学校进一步完善课程建设工作思路,加快推动全课程大融合,促进课程建设更加精品化,打造品牌课程,切切实实为提升学生核心素养提供优质而系统的育美课程。二是精品课程展示。在精品课程建设取得一定成效的前提下,举办精品课程展示活动,由各课程建设实验学校按"精品课程介绍、精品课展示、专家点评"的形式进行展示。通过精品课程展示活动,检验容山小学的容课程、南环小学的美善课程、瑞英小学的启悟课程、容桂小学的和韵课程、容里小学的润课程、容桂外国语学校的博雅课程等学校课程建设是否取得预期的效果。并给予专业指导,帮助学校进一步调整课程建设思路,完善工作机制,促进课程建设更加精品化、品牌化。三是终期第三方评估。在三年项目合作期满后,聘请第三方评估组,以"合作双方主体及相关负责人、育美课程的成果质量及影响力"为对象,通过"查阅资料、问卷调查、集中展示、现场座谈"等方式,对课程建设项目的实施过程、主要成果与成效、预期目的的达成度等进行评估,检验合作双方三年育美课程共建的主要成效,发现双方合作共建课程过程中的典型经验并探讨其推广辐射的可能性,评估双方合作过程中值得反思的问题及可拓展的空间。

四、育美容桂品牌创建的保障机制

通过课程建设这条路径,"育美容桂"品牌创建有了品位之基、品质之标、品牌之道。但"育美容桂"品牌创建是一项系统工程,具有整体性、过程性和不确定性。因此,需要在教育治理上给予机制保障与政策支持,需要在资源配置上给予持续投入与活力激发,也需要社会力量的广泛动员与多元参与。

(一) 教育治理升级

根据《国家中长期教育改革和发展规划纲要(2010-2020年)》关于"教育管理体制改革"的要求,按照"育美容桂"品牌规划的指引,组织成立容桂育美教育集团、东部教育联盟、西部教育联盟和高新园学区,通过集团化办学和学区制管理的改革,加快推进教育治理体系和治理能力现代化,引领和帮助容桂中小学走上自主发展、内涵发展、生态发展、特色发展和品牌发展的道路。

1. 学区版图,治理升级

针对"学校自我约束、自主发展的动力不足,缺乏先进的理念引领与有效的业务指导"的问题,在义务教育阶段学校全面推进跨学段、跨学校的学区"集团化办学和学区制管理"改革试点,组建1个教育集团、1个高新学区、2个教育联盟,初步绘就主体多元、形式多样、标杆引领、均衡发展的"集团化"办学新版图。

基于"育美容桂"品牌战略,由容桂城市中心办学基础好、师资与生源相对优质的7所小学及对口的2所初中,组建容桂育美教育集团,担当"育美容桂"品牌创建的开路先锋,探索集团化办学机制下的"育美"文化共生和"育美"课程共建,充分发挥它们的业务优势和品牌效应,构建高品位、有特色、品牌化的城市优质学校群。

基于可持续性发展的优势,由东部新城区内的8所中小学组建东部教育联盟,着力发挥其发展规模与空间优势,实现学区内公办学校与民办学校协同发展,重点打造新型开放课程。

基于深厚的历史人文积淀，由西部老城区 11 所中小学组建西部教育联盟，借助联盟共同体的联动效应，进一步提升原有课堂教学改革与特色课程建设的质量，重点打造岭南水乡系列课程。

基于校企合作优势，吸纳商企社会力量，整合国家级高新园区内 3 所小学，组建了高新园区学区，探索社会组织参与公办学校管理新模式，优化资源供给模式，提升教育服务功能，重点打造科创基地课程。

2. 学校抱团，发展共谋

管理机制方面，各学区实行理事会引领下的校长负责制。坚持以激发学校办学活力为目标，在集团联盟成立理事会，实行"理事会引领下的校长负责制"，保持各成员学校的独立法人地位，原党、政隶属关系及劳动人事隶属关系不变，各成员学校在教育行政部门的行政管理和集团联盟理事会的业务指导下相对独立地开展工作。成员学校校长都是集团联盟的理事，正、副理事长也主要由成员学校校长担任，充分发挥成员学校的集体智慧。

关系准则方面，致力于建立工作互联、发展共谋的关系。成员学校遵循"相互尊重、互利多赢、共同发展"的基本原则，通过"六联"工作策略（即资源联用、信息联通、教师联动、活动联合、特色联建、成果联享），在学校文化、教育教学、课程建设、师资队伍、对外交流及宣传等方面，群策群力，共同创设并维护优势互补、经验分享、成果共得的工作局面，实现学校抱团发展。

辐射方式方面，育美教育集团先行先试，并通过其辐射到高新园学区和东、西部教育联盟。各自制作形象标识（logo），以集团联盟学区的名义组织开展或参加各类大型活动，并在学校文化、教育教学、课程建设、课堂改革、教师交流、对外交流等工作上，朝着集思广益、协作共建、资源共享、成果共有、荣辱与共、初小一贯的方向发力，构建具有容桂特色的理念引领型的"集团化办学"和"学区制管理"教育治理新格局。

3. 集团运作，项目推进

制度保障方面，研究制定《章程》并遵照《章程》开展工作。为防止集团联盟学区空心化，避免理事会形同虚设，通过理事会民主研究制定《章程》，确立《章程》为一应相关制度的"基本法"。通过理事会依据《章程》开展工作，为集团联盟学区的项目共建和教育发展提供管理上的制度保障。

运行机制方面,在理事会下设立"一室三中心"四个职能部门。即办公室、学校管理研究中心、课程开发研究和教师发展中心、文化研究和对外交流中心,分别对接成员学校的办公室、校长室、教务处和德育处,承担起为集团化办学和学区制管理做协调、定方向、练内功、展形象的责任。通过部门工作,落实理事会决议,贯彻工作规划,完成集团联盟与成员学校的有机对接,实现学校抱团发展。

工作推进方面,主要通过"项目责任制"的方式来推进。即以小课题的形式,把集团联盟学区工作任务"项目化",确定责任主体,成立项目小组,并依此制订《年度项目责任制分解表》和《年度工作要点分解表》。依照分解表,以项目责任制的形式,按时间节点,推进育美理论研究、育美课程建设、育美名师及青蓝工程、教育教学质量提升工程、大教研及初小衔接、教育发展基金、对外交流宣传及展示活动等各项工作落实到位。

集团化办学和学区制管理改革,实行教育局既对"学校",又对"集团联盟学区"的"点面管理",将改变原来的单一学校封闭式管理,实现管理主体多元化、管理过程差异化、管理职能服务化,优化区域教育治理结构,促进区域教育治理能力的升级,为课程建设和品牌创建提供坚实的管理后盾与优良的政策环境。

(二) 资源优化配置

容桂街道教育局申请的"走校制:优化育美课程资源提升核心素养"课题研究,获批为顺德区基础教育科学"十三五"规划2016年度重点课题项目。该课题旨在通过"资源走校"制下育美课程共建和名师资源共享的研究与探索,在实践层面让优质教育资源流动起来、活跃起来、生长起来。

1. 名师走校,资源共享

通过强师工程,加快优秀教师资源内生增长。基于"教师本身就是最好的教育资源"的认识,围绕"促进教师专业成长,优化教师队伍建设,促进区域教育快速、优质和可持续发展"的目标,大力推进"容桂街道第二批名校(园)长、名教师工作室""容桂街道卓越教育人才培育工程""2020+家庭教育讲师团培养计划""特聘教研员工作机制"等一系列强师工程,主要通过名师课堂、名师教研、名师科研、名师论坛等策略,发挥名师、名校(园)长在教育情怀和专业技能上的示范辐射作用,为教师专业发展和素养提升搭建广阔的平台,形成区域名师"协同培养"机制,实现优秀教师资源内生增长。

通过名师走校,助推优秀教师资源增值再生。在教师交流工作上,采取"名师走教式"和"课程建设协作式"的方式,加大教师交流力度(确保每学年每所学校至少有一位名师走校），让一批优秀的学科教师带着自己的育美课程，走进兄弟学校，为更多的学生服务，让自己的价值得到增长。这种"名师走校"的形式，给名师们提供在新环境下新学生面前再出发、再生成、再发展的机会，避免因为人事关系调动而带来的名师"被强迫感、被支配感"及其他负面情绪的影响，有效地化解名师在工作调动后"消极怠工"及"水土不服"等方面的问题。

通过青蓝工程，扩充优秀教师资源后备力量。在强师工程和名师走校的基础上，以课程建设为抓手，组织开展一系列"新教师亮相课、教坛新秀评比、师徒对接、课堂教学改革研讨、优秀课例展示、中青年教师比武、教师专业成长交流会、育美论坛"等"青蓝工程"活动，带动青年教师专业发展，推动课堂教学及其评价体系的改革。一方面培养后备名师，盘活教师队伍，另一方面推动学校的课程建设，促进学校教育教学质量的整体提升，助力学校美育品牌打造。

2. 学生走班，课程共有

倡导打破班级限制，实施"学生走班"，进一步推进素质教育发展，让"育美容桂"品牌创建和课程建设的成果惠及每一个学生。

学校要加快校本课程建设。按照"国家课程校本化，校本课程系统化，精品课程品牌化"的思路，加快推进学校课程建设，使书法、阅读、习作、诗歌、速算、口语交际、合唱、舞蹈、田径、绘画等国家课程校本化进一步趋于成熟，使水乡画、撕贴画、版画、摄影、陶艺、花艺、剪纸、十字绣、手风琴、铜管乐、曲艺、粤剧、快板、棋类、球类、太极拳、健美操、拉丁舞、跳绳、击剑、微电影、科技模型等校本课程进一步系列化。

学生可自主选择兴趣课程。学校每周至少要安排一次全校性的社团活动，将课程建设与社团活动结合起来，让学生可以根据自己的个性爱好与实际需要，在学期初选择适合自己感兴趣的社团课程，按时到指定场地或教室参加社团课程学习活动。学校还可以根据实际情况，充分发挥学生学习成长的主体作用，与教师共同创生课程，使学校课程更加丰富多彩。

学校既要根据教师本身资源和特长开设足够的社团课程，也要按照国家课程标准及其实施方案规划好特色课程的课时安排与实施时间，还要做好全过程的调配、指导与管理，为"学生走班"提供精心的教育指导和服务，实现"课程资源效能"最大化，为孩子的个性发展与健康成长，提供更为丰富而生态的课程育人环境。

3. 初小一贯，成果共得

在"集团化办学和学区制管理"的改革进程中，各成员学校既要做到资源共享，更要实现成果共有。不但要同阶段学校成果共有,还要初小一贯,实现成果跨阶段共有。

一方面,小学阶段学校向初中学校输出成果。小学的教育教学质量提高,对口招生的初中学校必然受益。小学阶段特色课程培养的人才,到了初中依然可以发挥力量。项目优势要进一步巩固和发挥,好的模式要大力宣传推广。另一方面,初中学校的教改反哺小学教育教学。初中的教改成果包括课程新理念、课改新思维、课堂新模式等均可分享给小学,为小学深度推进课改教改工作提供新思想、新理念、新元素。

集团联盟学区内的初中与生源小学全方位加强沟通与协作,通过"育美文化交流共生""育美课程协作共建""育美品牌联动共享"机制,打通小、初之间的衔接瓶颈,在德育、美育、课程、课堂、家校等诸方面做好初小衔接工作,形成优势互补、经验分享、成果共得的工作局面,为"育美容桂"品牌创建聚成九年一贯制教育合力。

(三) 社会力量参与

教育现代化的落脚点是释放学校办学活力。容桂总商会、青年商会、慈善会、福利会及餐饮、足球、篮球、文学、艺术等各类协会既有雄厚的资金、完善的运作章程、丰富的教育资源,又有支持学校、参与办学、助推教育发展的强烈诉求,且前期通过捐资助学等方式在支持学校发展和特色建设上作了一定的贡献。基于此,大胆实施"开放办学"的发展策略,鼓励并引导社会力量依法公益参与教育事业,释放学校办学活力,打组合拳,增强合作,集聚力量,借梯登高。

1. 学校美育,公益参与

文化共建,助推学校美育去界共融。鼓励并支持学校打破机制壁垒与资源屏障的制约,"开门办学"引资源,"去界互通"融文化,"拆墙共享"新时代。

课程冠名,助推学校特色品牌创建。学校要主动出击,争取企业支持,通过"课程冠名"的方式,实施学校美育课程企业冠名和捐资助学,借助企业力量助推素质教育发展。

绿苗行动,助推容桂足球"走出去"。围绕"校企携手,共圆中国足球梦"的目标,通过"绿苗行动",实行29家企业与29所中小学校一对一足球签约,鼓励企业在人力、财力、物力上对学校足球队提供支持,并通过广泛参加各级各类足球比赛,联合举办系列足球联赛等途径,推动"校园足球"活动开展,在"校园足球引进来"的基础上实现"容桂足球走出去"。

2. 学校管理,依法参与

针对"教育面向社会的开放程度不够,社会力量、资源融入学校的途径与方式过于狭窄和单一,学校、师生也没有真正走出学校的围墙融入社会"的问题,在前期调研和可行性研究的基础上,创新开展社会组织参与义务教育阶段公办学校管理改革。

制定工作方案。根据《国家中长期教育改革和发展规划纲要(2010—2020年)》第十三章"建设现代学校制度"第三十八条"推进政校分开、管办分离"关于"适应中国国情和时代要求,建设依法办学、自主管理、民主监督、社会参与的现代学校制度,构建政府、学校、社会之间新型关系"和第十四章"办学体制改革"第四十二条"深化办学体制改革"关于"坚持教育公益性原则,健全政府主导、社会参与、办学主体多元、办学形式多样、充满生机活力的办学体制……深化公办学校办学体制改革,积极鼓励行业、企业等社会力量参与公办学校办学"的要求①,按照"管理主体多元化,管理过程差异化,管理职能服务化"的思路,研究制定《容桂街道社会组织参与义务教育阶段公办学校管理试行方案》,对改革目标、基本条件、申办程序、基本职责等作出指引。

在高黎小学试点。出于稳妥考虑,先期在校企合作基础好且位于高新技术企业集中区的高黎小学开展试点,与容桂总商会签订《参与管理协议书》。在不改变学校的公办性质和校长法人地位的前提下,开展社会组织参与义务教育阶段公办学校管理的改革。主要依据管理协议和学校章程,加强学校与社会多元主体之间的沟通联系,引入社会资源和社会智慧指导学校教育教学改革及特色办学,提高办学效益,推动学校高质量发展;引入企业管理机制激励师德师风建设,促进教师专业成长,增强教育教学活力;引入社会实践活动和科创体验教育等方面资源,搭建学生素质拓展平台,促进学生全面发展。

推广到高新园学区三校。在总结高黎小学试点工作经验的基础上,继续与容桂总商会签订协议书,将社会组织参与公办学校管理的模式推广到高新园学区三所学校,深入探索适合容桂实际的"政府主导、社会参与,办学主体多元、办学形式多样"的区域教育治理体制,从而构建政府、学校、社会之间的新型关系,助推学校教育教学改革和特色品牌发展。

成立容桂总商会教育管理委员会。研究制定《容桂总商会教育管理委员会章程

---

① 中华人民共和国教育部.国家中长期教育改革和发展规划纲要(2010－2020年)[EB/OL]. http://www.moe.gov.cn/srcsite/A01/s7048/201007/t20100729_171904.html.

（草案）》，明确"容桂总商会教育管理委员会机构设置"，发扬优秀企业"勇于承担社会责任"的精神，充分发挥容桂总商会社会、经济资源优势，建立依法依规公益参与学校管理制度及机制，进一步构建政府办学为主导、全社会积极参与的教育体制，增强教育活力，促进区域教育科学、协调、可持续发展。

3. 教育发展，广泛参与

荣誉理事形式。在育美教育集团，顺乎集团发展需要，根据实际情况，通过聘请对教育事业有重大贡献的企事业单位与社会人士担任集团荣誉理事的方式，让荣誉理事参加集团重大会议与重大活动，为集团发展提出建议，对集团工作给予指导。荣誉理事主要承担的义务有：利用自身优势，积极为集团发展吸纳更多的社会资源，搭建平台，拓展空间，提升集团社会影响力。同时，也有审议集团教育发展基金开支计划，监督其使用过程，并参与其使用效率的评估等相关权利。

教育基地形式。充分发挥容桂企业家群体诚信、低调、务实，且热衷于公益事业，有着支持教育的优良传统，利用企业文化、高新技术、智能创造等现代美育要素，整合商业圈群、社会组织、文艺团体、志愿人士等社会美育资源，在科技创新中心和海信科龙、万和、伊之密、格兰仕、恒基、德美等大型高新技术企业广泛建立企业美育实践体验基地，开设生产线、成品仓、成果展、企业文化及发展历史等参观考察专线，实物模拟、电子虚拟、智能交互等科创体验教室，创新形式，有效连接，增进互动，通过实物、照片、视频、操作等各种方式，全视角、全方位、全感官地开展青少年美育实践体验活动，让容桂新一代从小接触高科技、感受高科技、学习高科技，从而激发其对生活、对未来、对广阔世界的美好向往。

家校和美学院形式。基于贯彻落实习近平总书记系列重要讲话精神特别是关于"注重家庭、注重家教、注重家风"的重要指示，全面执行国家《关于加强家庭教育工作的指导意见》和广东省《关于指导推进家庭教育五年规划（2016—2020）》的要求，推动"十三五"时期容桂街道家庭教育工作创新发展，提升家长素质，促进少年儿童健康成长和全面发展的目的，容桂制定了《容桂街道关于加强家庭教育工作指导意见》和《容桂家校和美学院示范试点基地工作方案》，成立容桂家校和美学院，在街道各中小学设立容桂家校和美学院分院，在各社区、村设立容桂家校和美学院社区工作站，在育美教育集团、东部教育联盟和西部教育联盟区域内设立6个示范试点工作基地，全面推进街道家庭教育工作，推动家庭美育创新发展。

小结

　　容桂教育,育美致善。围绕"立德树人"的根本任务,容桂以"育美致善"理念为引领,以"育美容桂"品牌创建为驱动,以"育美课程"建设为路径,以"教育治理升级、资源优化配置、社会力量参与"为保障,加强与华东师范大学教育学系关于教育战略发展项目的合作,系统构建项目引领机制、跨校联动机制、成果导向机制,持续深入开展育美课题研究,着力打造育美特色品牌,并通过"育美容桂"品牌创建推进办学模式创新、人才培养模式创新、师资培养机制创新、学业评价机制创新,把容桂建设成为"中国美育名镇",为容桂教育现代化提速、增效、强质,不断提升容桂的教育品质品位及品牌影响力,以满足市民创造美好生活对优质教育的需求,为下一代的健康成长和全面发展奠定美好人生基础。

▶ 第七章

建设区域美育高地
—— 育美教育集团课程改革

2016年,为推动街道教育优质均衡发展,容桂教育局全面实施教育综合改革,集团化办学是改革重要内容之一。同年5月,因国家及地方"全面加强和改进学校美育工作"的号召,容桂育美教育集团应势而生。

育美集团由容桂城区中部相对优质的两所初中(文华中学、兴华中学)和七所小学(上佳市小学、南环小学、振华小学、海尾小学、容山小学、容桂小学、瑞英小学)组成,强强联合,具有得天独厚的优势。

地理位置优越。九所成员校大多处于容桂中心城区,既有比较悠久的历史传承——如近百年历史的容桂小学、传统文化底蕴深厚的容山小学等,又与容桂政治、经济、文化、艺术中心地段接轨,无论是教育者还是受教育者,都能享有这种天时地利人和。

学校文化各具特色。文华担当,责行天下;兴华生态,美育生命;上佳武术,意气风发;南环臻善,礼仪规范;振华摄影,远近闻名;海尾雅韵,"读"占鳌头;容山有容,文化传承;容桂多元,唱响顺德;瑞英启悟,童心飞扬。

师资力量较强。集团拥有业务能力较强的管理队伍和教学队伍。理事会成员中,有广东省名校长一名,顺德区名校长两名,高水平的管理层决定了集团先进、科学的顶层设计方向。另外,集团还拥有广东省特级教师、广东省名师工作室主持人、南粤优秀教师、区级以上骨干教师和学科带头人多名,为抱团发展提供了坚实的技术保障。

素质教育基础较好。九所成员校均着力于学生的综合素质培养,或艺术教育独树一帜,或体育项目人才济济,或德育工作百花齐放,学生多方面的特长得以培养和发挥,全面实施美育课程有着广泛而良好的基础。

因此,集团在街道教育综合改革进程中的位置举足轻重,她必需也必须为其他联盟起示范引领作用。在容桂教育局制定了"建设中国美育第一镇"的品牌战略并发布育美行动宣言之后,集团被正式命名为"容桂育美教育集团"。育美集团,因美而生,因美而立。她担负着全新而神圣的使命——服务于容桂的育美品牌,建设区域美育高地。

与全国各地正方兴未艾的名校型集团化办学不同的是,名校型集团是基于名校经验的集团,以名校为龙头,薄弱学校成为"子体",是一种横向的输出与均衡,主要是拓展教育的硬实力。而育美集团是一个非法人性质的松散型、纯公办学校集团,是基于美育理念的主题型集团,是一种纵向的共建与提升,主要是发展教育的软实力。她以理念为引领,以课程为载体,来实现集团化办学目标。于是,从"育美"出发,集团提出了"人美源育"的办学理念。这种理念认为:教育可以让原本就美好的人生更美好。人美,孩子更美,育美集团坚持"尊重一个孩子,就是保护一种美丽"的教育观念。集团教育以提升"人美"为使命,这种提升源于自我教育,源于家庭教育,源于学校教育,源于社会教育。

两年多来,育美集团将"人美源育"这一办学理念贯穿于集团的课程改革之中,以培养"六美学子"为课程目标,重新构建基于育美理念的课程体系,发挥"人多势众""资源丰富"的优势,通过多元化的课程目标达成策略为集团所有学生提供更优质的课程内容。成员校从学校实际出发,努力实现国家课程校本化,校本课程系统化,特色课程精品化,通过课程改革实现"育大美之人"的培养目标,为孩子奠定"身体健美,心灵纯美,行为修美,求学笃美,与人和美,为事慧美"的美丽人生基础,为区域美育工作树标杆,立品牌。

一、以培养"六美学子"为课程目标

纵观国内办学质量优秀的教育集团,无不是以课程为媒介,来实现集团化办学理念,达成价值目标。基于立德树人的教育根本任务,结合我国学生发展核心素养的三个领域,育美集团将培养"身体健美,心灵纯美,行为修美,求学笃美,与人和美,为事慧美"的"六美"学子作为课程的价值内涵。

身体健美——以体质发展为基础。人的素质,主要包括身体素质、文化素质、心理素质和品德素质等。学生群体身体素质的强弱,直接关系到国力强弱和民族兴衰。中小学生正处在生长发育的旺盛时期,因此,集团将"身体健美"摆在六美素养的第一位,将培养身体健康的学子作为课程目标的基础,要求各成员校落实体育课程,在课程中增强学生体质,促进智力发展,培养学生高尚的思想品德和坚强的意志品质,为美好人生打下良好的基础。

心灵纯美——以人格追求为核心。心灵美是人的精神世界的美,它集中体现了现代文明对人的要求,是真、善、美的统一,知、意、情的统一,是人的教养、仪表与态度等的集中表现。集团各成员校通过整合丰富多彩的德育课程,将品德培养融合在课程中,培养学子们至真至纯的美好品质。

行为修美——以内外兼修为手段。美好的品质,是为"内秀于心,外修于行"。行为美是心灵美的外在表现,它注重的是人在社会人际关系交往中体现伦理意义的内容,它是个人综合素养的集中体现。育美课程和育美活动以关注学生为中心,注重培养学生的行为习惯和艺术素养,注重美育与生命完善、生活美化的联系,追求生命的丰富、丰满、多彩、幸福,追求人生的趣味化、情趣化、审美化。

求学笃美——以学会学习为途径。中国学生发展核心素养明确指出,学生需具备"学会学习"的能力,"能正确认识和理解学习的价值,具有积极的学习态度和浓厚的学习兴趣;能养成良好的学习习惯,掌握适合自身的学习方法;能自主学习,具有终身学习的意识和能力等"。[①] 育美课程以"求学笃美"的终身学习习惯为培养目标,打破书本知识的界限,将课内与课外相连接,鼓励学生走出课堂,不再将传统课堂作为学生唯一的学习载体,而是使学生成为全方位的终身的学习者。学校多渠道整合课程资源,为学生学习技能的培养提供丰富多元的途径。

与人和美——以身心和谐为指向。"美学之父"席勒说"正是通过美,人们才可以走向自由"。这个自由,所指的是内容的和谐,是真、善、美的和谐统一而产生出来的浑然合一、交融无界的一种境界。因此,"与人和美"是育美课程的达成目标之一。与人和美,重在强调能处理好自我与他人、自我与社会的关系,养成现代公民所必须遵守和履行的道德准则和行为规范,增强社会责任感,懂得与他人与社会和谐相处。

为事慧美——以生命成长为宗旨。在美学家张竞生看来,"要实现人生的美,每个

---

① 林崇德.构建中国化的学生发展核心素养[J].北京师范大学学报(社会科学版),2017(01):66-73.

社会成员都应承担责任,都要首先确立'美的人生观'"。① 生命成长是育美课程的核心目标,育美学子,应当具有美的理念,美的人生观,在成长中历练出智慧的处事方法,最终成为以美立足社会的人。育美课程,应培养学生自尊自律、热心公益和志愿服务、具有团队意识和互助精神、对自我和他人负责、明辨是非、维护社会公平正义、热爱并尊重自然等等美好的理念及智慧的处事态度。

好的课程,归根结底都是为培养美好的学生而服务。近三年,育美集团紧紧围绕培养"六美"学子这一课程目标,将"六美"素养有效、准确地渗透到各学段各学科的课程以及学校的活动当中。通过课程内容及课程方式的改革,促进学生体质发展,健身怡情;丰富学校的文化精神生活,激起学生的情绪体验,提升学生的趣味和情操;促进学生智力发展,扩大和加深他们对客观世界的认识,树立美好的人生观和世界观。

二、构建基于美育理念的课程体系

围绕美育课程培养目标,集团课程在设计理念、内容建构和课程开发等方面进行全方位改革,重新构建基于美育理念的课程体系。

(一) 指向培养"六美"学子的课程设计理念

"六美"目标决定课程的根本价值取向。致力于"与人和美""行为修美""校容人和"的教育理想,容山小学提出了"容课程"的概念。"容课程"是一种服务全体,彰显个性,开放多元的悦纳课程。容课程的核心就是悦纳,在这种悦纳中,实现自我的和美,他我的和美,师生的和美,教学的和美,这也是"校容人和"的容教育办学理念的基本内涵。容课程旨在还原孩子原本的成长空间,让课程合乎童道,让教育回归孩子的现实生活,使孩子在"长"的过程中达到"成"的目标,体验生命成长中的健康和快乐。课程承担着把学生培养成什么样的人的使命,而"六美"学子的培养目标为容课程育人理念的实现指明了方向。

"六美"目标促进课程与学科的整合。以培养全面发展的"六美"学子为导向,容桂小学"和韵课程"依托学校已有的特色项目,包括心理健康教育、艺术教育、英语特色教育等,深化这些项目的教育内涵,整合韵美的要素,力求国家课程校本化,促进基础型

---

① 段圣玉.张竞生美学思想的当代价值探析[J].中国美学研究,2015(02):155-161.

课程、拓展型课程和探究型课程的整合,促进学校课程之间、学科之间的整合。丰富的课程给学生提供多样的选择机会,赋予学生更多参与、思考和创新的权利,在课程的参与中达成"身体健美""心灵纯美""求学笃美"……整合之后的和韵课程,将知识传授转向培养能力和素养,着力造就"求学笃美""为事慧美"的珍贵品质,实现学生的全面发展。

"六美"目标促成课程边界的突破。瑞英小学"启悟课程"围绕"觉悟自我,体悟文化,明悟社会"的育人目标与路径,有效地执行国家课程,整合地方课程,开发校本特色课程,融合了学校的学科教学、社团活动、文化熏陶、环境影响等多种元素,形成了面向全体学生的全面发展、面向个体学生的个性发展的全方位立体课程体系。启悟课程以音乐剧课程为突破口,将音乐、语文、美术、心理健康等课程深度融合,打破已有的学科划分,突破界限分明的学段设置,形成较为完整的知识体系,培育学生综合素养。传统的教学是严格按照不同学科、年级的设置来开展课程的,这种教学方式割裂了知识之间的系统和连贯性,不利于学生对知识的全面把握。[1] 启悟课程音乐剧的无边界设计形成较为完整的艺术课程体系,这种设计使课程更具系统性和连贯性,更加符合育美课程培养"六美学子"的内在需要。

"六美"目标系统融合育人资源。南环小学"美善课程"提出要将"美的个人体验"与"善的社会达成"相互平衡,彼此协调。具体而言,小学阶段的"美善"教育,就是让孩子领略美的情趣、感受善的熏陶,让课程成为传承"美善"价值的载体,由此,儿童学习的过程也就成为一个臻美、臻善的过程,让师生在对"美善"的追求中不断成长、不断完善、达到与自我、与他人、与世界的"相谐"。美善课程提出"善的社会达成",即书本与生活紧密联系,多渠道整合课程资源,为学生成长提供课堂之外的拓展资源和社会实践机会,加强德育课程内容与社会、自然的联系,形成真正意义上的社会大课堂。美善课程系统地融合育人资源,为培养"与人和美""行为修美""为事慧美"的育美学子提供了广阔的空间。

(二) 聚焦生本化的育美课程开发

集团各成员校站在为每一个孩子美好人生奠基的高度,把现在的学习与将来的成

---

[1] 洪伟,韩巧玲,郭志滨,陈纲,蒲丽芳.指向学生核心素养发展的课程建构与变革——基于史家教育集团课程建设的研究[J].中国教育学刊,2017(12):29-33.

人成才结合起来,把已有的课程与学生的年龄特点、愿望需求、独特个性结合起来,不断开发适合学生发展的课程。我们在育美理念的指引下,利用现有资源,请华东师大教育学系专家参与指导,通过多种途径来进行校本课程的开发:选用资源,变资源为课程(如"容课程");挖掘内涵,变活动为课程(如"和韵课程""启悟课程");关注需求,变问题为课程(如"美善课程"之"礼仪课程")。而决定该课程是否进入校本课程体系的标准就是:是否满足学生的需要,是否促进孩子的发展。①

课程开发满足学生的需要。任何一种课程的开发,首先必须考虑的是是否满足学生的发展需求。南环小学的教师在教学中发现孩子们普遍存在"不懂礼貌,做事不计后果,自私任性,不善于和同伴合作"的现象,显然这与学生的品质发展和行为发展是背道而驰的。于是学校从课题研究入手,逐步开发了系统的礼仪校本课程。低年级课程主要突出日常行为、具体做法;中年级课程在强调行为习惯养成的同时,突出了情感体验;高年级课程则以"知"为重点,不仅扩充礼仪知识,还要基于文化背景和社会生活来理解礼仪,基于"美"和"德"来理解礼仪,并且朝向基于"知、情、行"、指导儿童逐步形成现代公民的文明意识方向努力。自从南环小学开展礼仪课程以来,学生的文明素养得到了很大的提高。在2018年2月开展文明礼仪习惯的问卷调查中,经过数据对比,教师们欣喜地发现,学生在学校的文明礼仪习惯方面有了可喜的进步。其中,向别人借东西方面有27%的受访学生有改变;在上课预备铃响后认真候课方面有12%的受访学生有进步;在排队喝水方面有39.25%的受访学生有进步;在向外宾问好方面有25.85%的学生有进步;在主动帮教师提东西方面有26.05%的受访学生有进步。可见,文明礼仪课程的开展成效显著。南环小学的礼仪课程从学生的发展需要出发,使学生了解、掌握并使用社会常规礼仪,使自己更好地融入社会生活中,让自己处处受到欢迎,得到尊重,使自己的社会生活充满快乐,从而培养积极健康的人生态度。

课程开发促进学生的发展。真正好的教育,应该帮助每一个人在原来的基点上有更好的发展,促使他的潜能,特别是他的特长得到充分的发挥和张扬。容桂小学的和韵课程将"人与自我的和谐——省——悟之韵""人与社会的和谐——群——谐之韵""人与自然的和谐——物——灵之韵"融合为三大板块,致力于在孩子们的心里种下真善美的种子,通过给学生创造一个健康、多元、美好的环境,让学生在美好的世界里快

---

① 汤海燕,王燕.让学生在多元课程中实现生命成长——常州市觅渡教育集团冠英校区课程创新与特色建构[J].江苏教育研究,2013(22):57-60.

乐美好地成长。和韵课程回归儿童生活世界,促进儿童多方位发展,并赋予其生活意义和生命价值,是基础教育课程改革的价值取向。在进行校本课程的开发时,育美课程始终着眼于学生个性的全面发展,为每一个孩子创造成功发展的机会。

课程应该为学生而开发,应该努力激发每一名学生发展潜能、发挥特长、张扬个性并努力成为"六美"学子。今天,我们的育美课程实施成效正在被越来越多学生的真实成长所印证。蔡元培先生曾说:"知教育者,与其守成法,毋宁尚自然;与其求划一,毋宁展个性。"①育美集团通过多元化、个性化、综合性课程建构,正在把"为学生美好人生奠基"慢慢地由可能变为现实。在育美校园里,越来越多不同个性特点的学生把精力、智慧、意志充分地投入到丰富多彩的学习与活动中,在成长中收获精神和品格的美好。

(三)体验美丽生命成长的多元课程建构

"人美源育"是育美集团的核心理念。因此,育美课程应该是学生体验生命成长的丰富经历,是奠定学生美好人生的平台。每一个学生都是特定的课程载体,即使是那些心理特殊或成绩不尽如人意的孩子,他们身上的潜质可能也是我们无法估量的。因此,育美课程应该具备丰富多元的内容,让学生在自由的选择中成长,更好地发现自己的灵性,培养自己的特长,体验到更多的成功与快乐,拥有美好人生的基石。

学科内容系统化。课程是学校教育的核心要素,也是提升教育品质的重要载体。在学校层面上对课程加以统整,既是学校履行课程自主权的必然要求,也是学校履行教育教学职能,实现办学追求,践行教育理念的集中表现。② 集团各成员校通过选择、改编、补充、整合、拓展等方式,对国家课程进行加工和创造,使之更加适合学生的需要。例如:语文学科,应着重培养学生热爱和运用语文的能力,以符合终身学习和发展的要求。于是,南环小学美善课程根据孩子年龄特点,系统规划语文课程。一、二年级开设"情境化词语教学"课程,在一定的情境中进行词语教学,挖掘一切可利用的教学资源,使词语教学形象化。情境包括图片情境、动漫情境、语言情境、教学中师生双边活动情境、生活体验情境等,这样的词语教学符合一、二年级学生的学习特点。三年级开设"文本重组"课程,教师针对一定的教学目标,在相应的教学策略指导下为传递

---

① 蔡元培.新教育与旧教育之歧点[J].新青年,1918(5):52-53.
② 汤海燕,王燕.让学生在多元课程中实现生命成长——常州市觅渡教育集团冠英校区课程创新与特色建构[J].江苏教育研究,2013(22):57-60.

教学内容、突出教学重点而优化后的教学内容的组合形式和形态,有利于学生整体把握文章内容,提高学生的阅读能力。四年级开设"图片媒介运用及其功能"课程,恰当地运用图片、音乐创设课堂的"诗意美",优化课堂教学结构,达到图画、课文内容、学生解读文本三者的有机结合。

学生活动序列化。学生实践活动是学校课程的重要内容,也是锻炼学生各项能力、提升学生意志品质、思想境界等综合素养的有效途径,活动对于学生的发展和成长意义重大。对于每个学生来说,在六年的小学经历中,活动不应该是散乱的、散点式分布的,而应该是有序的、有组织的完整体系。[①] 瑞英小学启悟课程以音乐剧课程串联起学校"小木棉"文学社、舞蹈社团、合唱团、阳光体育、美术制作等多种实践活动课程,建立起"血肉相连"的联系。建构序列化的活动,要促进的不仅仅是学科知识间的联系,还是知识与生活、知识与世界间的联系,尤其重要的是促进心灵的对话和人的相互关联。教育不是生产流水线上的产品,而是师生间心灵深处的相遇、相激、相融,教育是唤醒的艺术,是对学生生命成长的细致观察、呵护,音乐剧课程巧妙地跨界在各学科之间,使得各学科及各种实践活动课程互补、整合,促进生命的整体发展。不仅是学科间产生化学作用,人与人之间也有深刻的相互关联作用。音乐剧课程实践活动使得教师之间密切合作,突破以往的学科界限,大家共同设计、参与课程,就好比是各科医学专家参与的"集体会诊",大家一起出谋划策,并肩作战。音乐剧课程活动序列化,不仅让学生体验到生命成长的美好,也让教师达到专业素养提升的美好境界。

校本课程多样化。容山小学容课程的设置主要是对国家课程进行校本化的改造和重构,在层次化实施国家课程的基础上融入学校的"容文化",依据学校自身的办学理念和发展目标,整合学校资源优势,根据所开设课程的门类构建出一套适合学生发展的有机统一、富有特色的课程——容课程。容课程由悦纳全体的基础性课程(国家课程)和悦纳多元的拓展性课程(校本课程)组成。基础性课程包含五个课程领域,分别是:道德与修养,语言与交往,科学与创造,健康与运动,艺术与审美。拓展性课程即"+课程",包含基于学校、学科、教师、家长的拓展性课程,简称"学校+、学科+、教师+、家长+"课程。"学校+"课程包括"有容容山""国学校园","学科+"包括高年级数学实验课程、低年级数学绘本课程、陶艺,"教师+"是供学生选修的社团课程,"家

[①] 汤海燕,王燕.让学生在多元课程中实现生命成长——常州市觅渡教育集团冠英校区课程创新与特色建构[J].江苏教育研究,2013(22):57-60.

长＋"是指家长开设的各类主题课程,包括外出实践活动、亲子课程、家长专题活动等。拓展性课程以学校和教师为主体,开发可供学生选择的、多样化的课程。这样,在"有容"理念统领下,多样化的容课程给每一个孩子更多的选择权和自由度,让每一个孩子的个性和特长都得到发展。

三、多元化的课程目标达成策略

大课程观认为:学校教育的一切活动都是课程活动,好课程是好教育的重要基础。为此,在集团课程改革进程中,我们针对自身的实际实施了多元化的课程目标达成策略。我们与华东师范大学教育学系建立合作关系,寻求高位引领;和杭州凯旋集团签订课程合作意向书,实现跨区域沟通交流;建立课程改革体制,推动教师走校与共享课程的实施;多方挖掘课程资源,为课程提供丰富的内容和资源保障;着力打造名师工程,建设队伍高地;以智能大教研为抓手,助推课程改革向纵深发展;举办以课程为载体的集团化办学高峰论坛、广佛肇校际基础教育论坛,扩大集团课程影响力,从而得到更多的帮助和发展。

(一)寻求高位引领

为改变集团化办学改革存在"智力"短板的现状,育美集团与华东师范大学教育学系建立了基于项目的合作关系。这种"租脑"发展的战略,实现了集团的高起点发展,并形成了基于容桂实践的 U－S 合作模式:基于学校的点合作,以项目形式就成员学校教育综合改革的难点、热点进行精准扶持;基于集团的合作,以顾问形式就区域教育的战略、策略进行品牌扶持。我们确定了以课程建设为中心的集团化办学思路,专家团队在课程理念政策、国内优质课程案例、课程专业学术平台、课程改革最新成果等方面为集团及各成员校提供高端资源服务。

两年半的时间里,育美集团借助"U－S 合作"机制,在专家团队的指导下,通过专题调研、学校问诊、专家会议、头脑风暴、规划论证等,四所实验学校制定了具有学校特色的育美课程规划,形成了"容桂街道区域学校课程建设基线调研反馈与建议"的报告和《好课程,好人生——华东师范大学教育学系实验学校课程规划》方案,在 2017 年 5 月容桂育美教育集团周年庆典上正式发布课程规划。2018 年 12 月,在容桂街道课程建设实验学校精品课程展示活动中,集团四所成员校惊艳亮相,所汇报的精品课程得到专家团队的高度肯定。各成员学校以先进的具有学校特色的理念建设课程,形成了一校一品、百花齐放的各美其美局面。

(二) 跨区域专业交流

为更好地向国内先进教育地区学习集团化办学经验,建立集团发展共同体,搭建跨区域的基于集团层面的专业交流平台,共同探讨集团办学的策略,2016年,育美教育与杭州凯旋教育集团举行了合作签约仪式。自此,育美集团与杭州凯旋教育集团的合作交流拉开了序幕。按照协议,重点合作内容有:开展集团文化的交流,重新审视集团化办学的价值与独特内涵,进一步规范集团化办学行为,推动教育治理体系与治理能力的现代化;开展集团课程建设的交流,共同探讨并推进课程开发、课程管理、课程评估、课程推广等方面工作,提升课程质量,形成课程品牌;开展集团教师培养的交流,并在条件成熟时搭建以促进青年骨干教师为主的各种平台,为教师专业成长提供更大的空间。

在近三年的时间里,育美集团和杭州凯旋集团多次交流互访,互相深入学校、深入课堂,了解集团共享课程、共建课程和精品课程的实施状况,交流集团教师队伍建设的经验,探讨集团化办学模式与策略的改革。跨区域的专业交流学习,进一步提升了育美集团的文化品位和办学效益。

(三) 完善课程改革体制

设立课程管理岗位。根据集团的《章程》规定,理事会下设"集团学校管理研究中心""集团课程开发研究和教师发展中心"和"集团文化研究和对外交流中心"。三中心分别由一名理事长或副理事长负责。课程中心由欧阳琳副理事长负责管理,由各成员校教务主任担任正副主任和成员。在副理事长的直接领导下,课程中心致力于提升集团课程建设领导力,规划集团课程精品项目,助推共享课程发展,深化课程、课堂改革;参与街道"教师走校"重点课题研究,形成名师效应;通过分层分类设计教师专业发展研训项目,如成员校教师全员培训、骨干教师培训、青蓝工程等,促进教师专业化水平提高;推广成员校的相关经验与成果,发挥了管理的最大效能。

成立学科教学研究组。随着集团课程改革的深入,成员校的教学工作如何把握新课程的内涵,贯彻新课程的理念,如何适应集团化办学的需要,都是亟需解决的问题。基于此,集团课程中心成立了语文、数学、英语、综合四个学科教学研究组,以充分发挥集团的理念引领作用和教师的集体智慧,增强成员校之间的交流和研讨,扩大优质资源辐射面,促进课程改革均衡发展。教研组成员从成员校的教务主任、名师、学科带头人、教学骨干中选出,设立组长、副组长和组员。组长全面承担相应学科教研活动的组织实施;副组长协助组长做好学科教研组活动;相应学段各成员校分别设组员 1 名,负责该学科教研活动的联络工作。集团相关课程教研活动安排在该学科有优势资源的成员校举行。学科教学研究组还负责统筹安排教学质量监测、优质课比赛、青年教师培训、弱势班科质量帮扶等活动,以更好地解决集团化办学课程改革进程中遇到的重点、难点问题。

建立教师交流制度。为推动集团教育资源的整合和优质教育品牌的扩张,集团对各成员校教师情况进行了全面的摸底,并在各成员校的大力配合下,建立《育美教育集团教师交流制度》,采取"调动式、名师工作室协作式、学科名师走教式、集团课程建设协作式"等形式,加大教师交流力度,促进教师专业发展水平的提升。仅 2017 学年,集团成员校内教师调动式交流 7 人,名师工作室协作式交流 9 人,学科名师走教式交流 7 人,集团课程建设协作式交流 12 人。学科名师走校,是集团重点工作之一,也是街道教育局《走校制:优化育美课程资源提升核心素养》课题研究的重点试点项目。我们通过名师走校交流实现优质资源共享,让名师走出自己的校门,带着自己的独特风格、精品课程和专业优势,跨校走动起来,让更多的学生享受到更加多元的优质教育。

(四)多方挖掘课程资源

育美集团作为全国罕见的主题型办学集团,无论是集团管理模式还是课程建设实施等,都没有较为完整的、可借鉴的先例。于是,在近三年的实践中,育美集团从自身实际出发,结合区域改革优势,努力挖掘一切可利用的资源,为课程改革的顺利实施提供丰富的内容和技术支持。

确定课改实验学校。2016 年,集团与华东师范大学教育学系开展教育战略发展项目合作,开展了系统的课程建设工作。华东师范大学专家团队先后到集团成员校容桂小学、瑞英小学、容山小学、南环小学,按照参观校园、课堂观察、校情介绍、座谈会、问卷调查五个环节,开展全面细致的课程调研活动。通过调研,专家组对实验学校的基本校情和发展需求,特别是教育教学和课程建设方面的情况,有了比较全面而清晰的掌握。同年 5 月,容桂街道华东师范大学教育学系实验学校揭牌仪式顺利举行,集团成员校容桂小学、容山小学、瑞英小学、南环小学，正式成为华东师范大学教育学系的实验学校。集团四所实验学校，整理出各校校本课程体系，绘制各具特色的课程建设体系框架图，与专家团队一起就课程规划方案进行论证，推进课程建设规划方案的进一步完善。至此，集团四所课改实验学校基本上完成了课程建设规划，并初步形成了富有学校特色的课程建设体系——容桂小学的和韵课程、瑞英小学的启悟课程、容山小学的容课程、南环小学的美善课程。四所实验学校，在课程改革中试点先行，成为推进集团课改的排头兵。

建立集团共享课程。育美集团各成员校均有较好的课程实施基础，有各自的特色课程。本着求同存异、美美与共的目标追求，集团将各个成员校特有的优质校本课程，通过教师走教和网络远程教学的形式，形成集团共享课程。教师走教，即区域共享课程的教师跨校上课，送教上门，教师根据学生情况与课程特点，自主确定大班授课、小组合作、社团体验或比赛等教学方式。容桂小学的合唱课程、乒乓球课程，容山小学的数学绘本课程，瑞英小学的音乐剧课程，南环小学的礼仪课程，振华小学的摄影课程，上佳市小学的武术课程，海尾小学的篮球课程等特色课程都已走出学校，走进集团各成员校，惠及到更多的学生。网络教学，即充分利用现代信息技术，开展智能大教研活动，打破时空壁垒，拓展网络学习空间，建设集团共享课程网络资源库。目前，以上佳市小学陈文英老师的语文工作室，容山小学张丽雪老师的数学工作室，南环小学罗巨明老师的英语工作室为平台的网络大教研活动定期定主题开展，集团教师的课程观和课堂教学能力都得到大幅度提升。经过两年多的探索，我们发现，集团共享课程使学校之间的交流更加频繁广泛，内容更为丰富，形式也更为多样。这样的资源深度共享，提升了教师的课程和教学领导力，开阔了教师的眼界；同时，也满足了学生多样化的学习需求，让学生享受到了更个性化的教育。更重要的是，通过共享课程建设，可以更好地实现"教育过程公平"，实现学生自主学习，这是教育现代化的一项重要指标。

丰富课程成果展示形式。育美集团丰富的课程，旨在为孩子提供多元化的选择，让每一个孩子得到个性化的发展，体验生命成长的美好。课程改革的成果呈现，形式也是多样化的。如精品课程展示，2018年12月17日，容桂街道课程建设实验学校举行精品课程展示研讨活动。集团四所实验学校分别汇报了和韵课程体系中的班级合唱课程、美善课程体系中的文明礼仪课程、容课程体系中的"有容容山"课程和启悟课程体系中的音乐剧课程。华东师大专家团队对所展示的精品课程给予高度评价，他们认为，育美课程能结合本校实际，从孩子的需要出发培养美好的品质，高尚的情操，审美的态度,科学的精神。又如,集团育美才艺之星大赛。参赛学生覆盖所有成员校,比赛分现场绘画、硬笔书法、软笔书法、器乐、声乐、舞蹈和语言七个类别进行。舞蹈类节目构思新颖,形式活泼,表演细腻;声乐类比赛,孩子们以对音准、节奏和韵律的准确把握,演绎了不同风格的歌曲;语言类比赛,不论是讲故事还是演讲,孩子们都能绘声绘色、声情并茂;器乐类比赛,钢琴曲、古筝乐、旋律优美、引人入胜;现场绘画类比赛,孩子们用丰富的颜色、饱满的画面、个性的构思,绘出一幅幅特色鲜明的"容桂美景";两类书法比赛,孩子们个个屏气凝神,全神贯注,写出的楷书工整沉稳,写出的隶书优雅大方。育美才艺之星评选,为学生提供了艺术修养和审美能力交流与提升的平台,弘扬了育美的精神,充分展示了育美课程改革所取得的成果。

设立课改奖励基金。在"开放引领,创新驱动"发展理念的指引下,集团积极"走出去",大胆"引进来",深度"促融合",把企业、家长等各类教育资源汇集成集团建设的外部支持力量,为集团课程改革及成员校优化办学提供更多的发展"红利"。一是成立"集团教育发展基金"。经集团理事会动员,由德怡电子、海信科龙、广意医疗养生、艾诗凯奇智能、湛江皓盛等企业及个人自愿捐款成立了第一批集团教育发展基金,按照《容桂育美教育集团教育发展基金管理办法》,用于奖励对集团有突出贡献的课改工作团队、成员校教师和优秀学生,支持集团重大项目,促进集团发展。二是实施"校企合作提质工程"。充分发挥"校企合作"的优良传统,以企业冠名的形式,集团成员校分别与村田电器、亚润文化、大快活餐饮、必达保安、甘稻夫、顺威精密、容山商场、业胜家宝、SKG等企业建立友情赞助关系,助推学校特色课程建设,促进学校教育内涵发展。此外,集团每年一次的"育美杯"篮球赛,也是由热心企业全资赞助。

密切家校合作。办好学校需要家长的支持与参与,办好集团更需要家长的理解与助力。我们通过成立"容桂育美教育集团成员校长委员会联席会议"的平台与家长牵手前行。家委联席会由各成员校推荐有较强组织能力和社会影响力的家长代表,共18名成员组成,设2名轮值主席和3名责任副主席,承担联席会的日常管理工作。家委联席会依据"联席会章程"推进各项工作,参加集团重大决策,参与集团重要活动。如集团心理健康特色课程——兴华中学"亲子活动"、首届"集团大型亲子运动会"等,都以家长力量为主体圆满举行。特色课程的开放、亲子活动的成功开展,不仅让所有家长进一步融入到育美集团这个大家庭,也让家长了解并参与到集团的课程建设中,为集团两所初中学校的小初衔接工作提供了一条便捷有效的渠道。

（五）打造名师队伍

教师是集团的第一资源，是集团发展的根本源动力。集团在推进课程建设和大教研体系建设的同时，通过实施"名师工程""青蓝工程"，促进教师专业发展，用课程成就名师，以名师引领队伍，促进集团教师队伍结构进一步优化。同时通过名师来助推课程改革，实现课程改革。

育美名师工程。 为了拓展教师发展空间，铸造专家型、学者型名师，进一步增强集团的核心竞争力，由集团课程开发研究和教师发展中心牵头，制定并发布了《容桂育美教育集团名师工程建设方案》，从育美名师的标准、评选的程序、名师的责任、名师的考评、名师的待遇等方面做出了规范指引。并按照方案，在民主推荐与综合考核的基础上，产生了集团第一届"育美名师"，共计13人，颁发名师证书，调动并充分发挥他们在主持或服务于学校和集团的重点教研任务、培养青年骨干教师、提升教育教学质量、宣传教育教学成果等方面的专业引领与素质辐射作用。

集团青蓝工程。 通过育美名师与青蓝工程学员签订师徒结对协议书的形式，发挥育美名师传、帮、带的作用，挖掘优秀青年教师的发展潜力，以课程改革为内容，以课堂教学为阵地，以课题研究为策略，以集中培训为推手（如组织名师和徒弟赴厦门开展了为期3天的集中培训），形成"师徒学习共同体"，在同伴互助中实现共同成长，让集团育美教育情怀与教育智慧得以传承、再生与弘扬。

专题研讨会与名师大讲堂。 一是以同课异构的形式，分语文、数学、英语三个学科组织开展"集团课堂教学专题研讨会"，进行课堂教学展示，并以当堂教学展示课为案例，围绕学科课程内容和课堂教学模式创新，展开讨论研究；二是以名师引领的形式，开展育美名师大讲堂（小学语文专场、小学数学专场、小学英语专场）活动，特邀省内外知名教育专家和集团的名师同台献课，一起为育美集团全体教师奉上精彩的建构式生态示范课，并在现场进行了面对面的教学分享活动。通过集团大教研的活动，推动了集团课堂教学模式的创新改革，促进了集团教师水平的整体提升。

（六）构建智能大教研体系

2018年初，在街道教育局大力支持下，集团各成员校均已完成录播室建设。集团规划构建基于录播系统的智能大教研一体化体系，实现多校实时互动课堂、实时互动教研、实时初小衔接、名师课堂共享、优质课例共享、师徒无缝对接等资源智能化共建共享，为进一步推进集团课程改革、提升集团教育教学质量插上腾飞的翅膀。

建设管理平台。集团课程中心加强建设集团智能大教研管理平台,统筹管理集团成员校及各教研组的智能大教研工作,使之成为集团大教研工作的窗口,集团教师教学教研的园地和交流沟通的桥梁,立足教师,引领教师,服务教师。

制订工作计划。集团课程中心、学科教育研究组及各成员校教务处,按学年、学期制订切实可行的智能大教研工作计划,并按照工作计划推进智能大教研工作及具体活动。各成员校结合两级工作计划,制定符合学校实际和教师实际的智能大教研工作制度,建立常规化的运行机制,形成制度化的工作氛围。

定期开展活动。集团充分发挥育美名师的专业引领作用,定期组织集团各成员校及各教研组教师开展网上集体备课、网络公开课、网络评课、专题研讨、解惑答疑、课题研究等智能大教研活动,探索课堂教学和教研工作的新手段、新途径、新方法,努力提高课堂教学和教研工作的效率。

建立资源共享机制。集团教师主动、及时地把自己拥有的教案、课件、试卷、习题、录像、案例、论文、反思、总结等实用型的教学教研资源,上传到"育美课堂360云盘",实现集团资源无缝连接和无限共享。

总结经验成果。课程中心定期开展优秀教案、优秀课件、优秀题库、优秀案例、优秀论文等类型的评比,以评促建,以评促管,以评促享,及时总结集团大教研工作的经验,归纳并巩固集团大教研工作的成果,不断促进集团智能大教研工作朝更高水平方向发展。

集团智能大教研的开展,抓住课堂教学这一课程改革的核心环节,积极有效地开展日常教学工作,推进课程改革,打造集团智能大教研"学习共同体",在广泛、及时而有效的沟通交流、资源共享和集体探究中,更新教育教学理念,转变课堂教学和教研工作的方式,拓展课堂教学和教研工作的空间,提升课堂教学和教研工作的效率使得教师专业成长不断取得新突破、新提升、新收获。

(七)以课程为载体扩大影响力

在近三年的课程改革实践中,集团立足自身优势,发挥理事会引领作用,多元整合教育资源,并借助华东师范大学教育学系的专业指导,大力推进集团教育规划和课程建设,充分体现了集团化办学的优势效益。以课程为载体,育美集团多次或举办或承办或协办各类教育论坛,总结和推广育美集团课程改革的经验与成果,进一步提升集团的凝聚力和影响力。

协办全国集团化办学高峰论坛。2018年5月10日,由华东师范大学主办,容桂街道教育局承办,育美集团协办的全国集团化办学高峰论坛在容桂街道文化艺术中心举行。集团理事长刘伦斌作《开放创新办集团,戮力育美担使命》的主题报告,向来自全国各地的专家学者及同行汇报育美集团管理体制改革、集团课程建设、教师专业发展、学生素质培养等方面的工作经验,阐述了其对集团化办学与区域教育现代化、新时代教育集团的发展等问题的深度思考。育美集团以课程改革为突破口,深化集团文化引领力和凝聚力,实现"人美源育"的集团化办学价值追求,所取得的成果令人瞩目。

举办广佛肇校际基础教育论坛。近三年,集团举办了五届广佛肇校际基础教育主题论坛,集团成员校多位教师代表,围绕"育美集团课程建设""教师素养与学生发展"等主题登台发言,讲述自己的教育故事,分享自己的人生体悟。集团成员校校长代表围绕"学校育美特色课程建设""新时代怎样做校长"等主题展开深入的经验分享与专题研讨。集团理事长刘伦斌每次都在论坛上总结发言,围绕集团文化引领、学校课程建设、校长领导力等主题,他引经据典,以其教育界睿智达人的真知灼见和深厚情怀,指导并激励集团教师抓住课程改革这一契机,主动思考、深入研究、及时总结、分享提高,助推个人思想理论和业务素质的不断提高,实现集团化办学的最大效益。

小结

三年的育美课程改革之路,是创新实践之路,是多元融合之路,是开放发展之路。在集团、成员校和广大师生的共同努力下,各成员校的教育教学质量全面提升:容桂小学获评"广东省中小学心理健康教育特色学校""佛山市第一批优秀传统文化艺术传承学校""顺德区第一批素质教育特色学校";瑞英小学获评"全国国际象棋特色学校""中华优秀传统文化教育特色学校""全国少先队活动实验学校""广东省红领巾示范校创建活动先进单位""广东省少年儿童科学教育体验活动实验学校""第十六届全国青少年体育舞蹈锦标赛精神文明奖""广东省青少年校园足球推广学校""广东省中小学生健美啦啦操联赛最佳团队";上佳市小学获评"第十届全国新世纪小学数学研究与应用基地教学设计与课堂展示活动网络教研先进学校""第三届广东省青少年科技七巧板创意制竞赛优秀组织单位""顺德区儿童教诗歌育优秀学校""全国传统武术比赛优秀组织奖""广东省少年儿童科学教育体验活动实验学校""第八届广东省'小小科学家'比赛示范学校""佛山市第三届'岭南新声'小主持人比赛优秀组织奖";容山小学获评"全国中小学科学教育'小小科学家'体验活动示范学校""佛山市第一批优秀传统文化艺术传承学校""顺德区非物质文化遗产传承基地""顺德区学生游泳技能普及优秀单位";兴华中学获评"广东省中小学心理健康教育特色学校""佛山市武术示范学校""顺德区第一批文明校园""顺德区武术网点学校"……文华中学、兴华中学、容山小学、瑞英小学、容桂小学、南环小学先后获评"顺德区先进学校"。在2016、2017顺德区中小学办学绩效评估中,容山小学、南环小学、容桂小学、瑞英小学均被评为A类学校。集团教师和学生参加各级各类竞赛,获奖无数,硕果累累。育美课程改革,秉持"人美源育"的核心理念,所有成员校同心协力建设区域美育高地,为容桂街道"打造美育第一镇"探路前行,彰显了容桂教育综合改革的缤纷活力。

展望未来,我们将继续在容桂街道教育局的正确领导下,遵照集团章程,发扬集团精神,发挥集体智慧,以共同愿景为奋斗方向,以资源引进、共享、整合为支撑,以人才、机制、制度为保障,以文化价值、课程建设、初小衔接为竞争力,通过有序、有力、有效的工作开展,进一步巩固"集思广益、协作共建、资源共享、成果共有"的工作局面,努力把集团建设成为人民满意、社会认可的优质学区和品牌集团,为容桂"育美品牌"探路,为容桂"产业振兴"献力,为顺德"综合改革"立言。

实践案例篇

第八章

诗歌课程育美

——容桂东部教育联盟容里小学"润课程"案例

"国势之强由于人,人材之成出于学。"①教育强国是中华民族伟大复兴的基础工程,立德树人是基础教育的根本任务。为响应国家提出的立德树人,弘扬中华美育精神的号召,落实容桂教育局"育美容桂"的品牌战略,容里小学以诗歌课程为引领,启动了"润课程"的建设。

一、润课程的基础

(一)润课程文化基础

1. 书院文化的传承

容里小学始建于1936年,原名容里书院,是容桂三大书院之一。中国传统书院教育,以研究和传播中华传统文化为责任,教人格物、致知、正心、诚意、修身,进而齐家、治国、平天下之道。书院文化以"讲学明道"为理念,教学内容全面,教学方式灵活,满足了当时社会文化发展和人才培养的需要。容里书院自创办伊始,传承了书院文化优秀传统,坚守"传道、授业、解惑"的职责,教人求知,教人求真,启人善思,启人养德,培

---

① 出自清代,张之洞的《创设储才学堂折》:"窃维国势之强由于人,人材之成出于学。方今时局孔亟,事事需材,若不广为培养,材何自来?"

养了不少德才兼备之人才。

2. 人文文化的积淀

容里小学以"以生为本,造福桑梓"为办学宗旨,全面推进素质教育。几十年来,学校全体教师怀着高尚的教育情怀,以课堂为阵地,校内外结合,以师生共创、家校共创为策略,培养学生的道德品质、实践能力和创新精神。营造了师生、家校之间融洽、和美的氛围,塑造了容里小学和谐、共创、求美的良好人文文化。从容里小学毕业的多名学子,受到母校人文氛围的耳濡目染,大多选择了教师职业,毕业后毅然加入到了母校的教师队伍。

(二)润课程的课程理念

面对教育的飞速发展变化,如何引领学校在已有基础上办出公平且有质量的教育,使学校不断发展?容里小学的教师们一直在深入地思考。

2001年,教育部印发的《基础教育课程改革纲要(试行)》(以下称《纲要》)决定了当今学校教育教学改革方向。《纲要》指出课程建设是学校发展的必经之路,是提升综合办学能力的一项重要工作。前教育部副部长陈小娅在《努力成长为新时代的人民教育家》一文中曾提到:"一定要把学校的一切工作都变为教育的机会和手段,让教师的一言一行,让学校的一砖一石、一草一木、一角一景都体现着教育。"[1]容里小学秉持着"无处不课程、无事不课程、无时不课程"的大课程观,选择了润课程建设来践行自己的教育理想。为何选择润课程?如何解读润课程?

学校的发展在本质上说是文化内涵的发展。学校文化是凝聚和激励着学校全体成员的巨大精神力量,是贯穿学校所有工作的"灵魂",是学校发展的强大动力。容里小学提炼出"因应儿童天性,润泽美丽人生"这一润课程理念,是对学校已有书院文化和人文文化的传承,更是对学校办学理念、办学价值观、办学精神以及校风、校训、教风、学风的高度概括。诠释如下。

"润"字,许慎《说文解字》释义:"水曰润下。从水,闰声。"其意为雨水下流,滋润万物。此为"润"作为动词的基本意涵——滋润。[2] 此外,"润"还有作为名词的多种意

---

[1] 陈小娅.校长要努力成为新时代的人民教育家[J].教育前沿(综合版),2007(06):8-9.
[2] 其义例如《孟子·告子上》所谓"日夜之所息,雨露之所润",杜甫诗《春夜喜雨》谓"随风潜入夜,润物细无声";"润"字作为动词,另有解为修饰、扶助的意涵,其义例如《礼记·大学》谓"富润屋,德润身,心广体胖,故君子必诚其意",又如《论语·宪问》谓"东里子产润色之"。"润"字另有作为形容词的引申意涵,意为温润、湿润、顺滑,其义例如《礼记·聘义》论玉之德,谓"温润而泽,仁也",《荀子·劝学篇》谓"玉在山而草木润,渊生珠而崖不枯"。

涵，解为水气、恩惠、利益等，如常见词汇润气、恩润、利润、润余等等。总之，"润"字具有多词性和多层次、多维度的深广意涵。"润"字的意涵作为课程建设理念的体现，具有高度的概括性。它既深富中国传统文化意涵，又与传统育人及现代教育理念多有契合汇通之处，同时也与容里小学的历史文化及办学旨趣相符。具体可以作如下诠释。

首先，"润"的理念符合教育的原理与目标达成。作为学校育人的目标依归，学校是要培养讲道德，讲文明，守法纪、会学习、会生活、有理想、有审美情趣的全面发展的人，也即是中国传统文化所倡导的陶冶温润如玉的"美"君子人格；作为当前课改过程中课程内容的整合原则，课程建设中各学科不是孤立的、毫无联系的，学科之间是相互渗透，相互影响的。课程建设务必力求各课程模块与内容做到润融如一、完美统一；作为育人的方法指引，学校教育过程应该以自然和谐的方式，言传身教、循循善诱、润物无声，让学生于不知不觉中在品行、胸怀、学识、气质等方面多维度和美发展，为生命成长奠基；教学过程中应因人而异、循序渐进。作为教育评价与管理的艺术，学校应该追求圆润无间，在美好的环境中，最大限度调动师生积极性，激发团体活力，助成课程建设及教学改革。"润"的文化体现在课程建设的所有环节。

其次，"润"的理念符合当前国家及容桂教育的发展倡导。国家《关于全面深化课程改革落实立德树人根本任务的意见》中，大力提倡优秀传统文化的继承和弘扬，高度重视在学校教育中立德树人，发展能力，培养审美情趣。容里小学教师们认为学校育人的过程，本应该润泽人性本有的善端，使之不断向善成长。学校育人要充分展现人的天性与禀赋，达到"成德"与"成才"的统一，利己、利人、利群的统一，如水润无隙，和美相融。这无疑与国家的立德树人要求高度契合。2016 年 1 月，容桂教育局顺应国家教育发展形势，提出"中国美育第一镇"的发展理念。容桂教育局指导各学校用"美育"培养师生情操，提升师生审美能力，促进师生发展。"润"的理念关注了每一位师生的发展，让他们找到自己恰当的位置，这是和谐美；"润"的理念关注课程对学生潜移默化的影响，学生通过课程体会到知识美、理想美、语言美、智慧美；"润"的理念关注教师的教学方法与评价，以生为本，遵循规律，培养健康的学生，这就是人格美……"润"课程、"润"教育与"润"文化建设落到实处，美育自在其中，育美自然达成。

最后，"润"的理念也契合容里小学的历史文化及办学宗旨。容里小学前身叫容里书院。书院作为中国传统的重要教育机构，发挥着学术研究、讲学授课、文化传承、社会教化等多重功用。当今教育的开展，既强调教学与研究的有机结合，也重视学校与社会的协调联动，培养符合时代要求的接班人。"润"的理念与书院文化的宗旨一脉相承。"润"课程的目标与容里小学为了"多彩童年,美丽人生",助成学生"多元发展"的既有办学思想一致。在学校过往的办学历程中,都有摸索以"润"为原则,营造学校与社会的融合,校园师生的融合,现实与发展的融合的尝试。容里小学办学始终"关注每一位师生的健康成长",力求如雨水润物般公平、均衡、入微。

(三) 润课程的课程体系

润课程理念下的润课程目标就是发展学生核心素养。所谓"核心素养",是指学生应具备的适应终身发展和社会发展需要的必备品格和关键能力,突出强调个人修养、社会关爱、家国情怀,更加注重自主发展、合作参与、创新实践。[①] 中国学生发展的核心素养以科学性、时代性和民族性为基本原则,分为文化基础、自主发展及社会参与三个方面,综合表现为具有一定人文底蕴和科学精神,初步学会学习和健康生活,有责任担当和实践创新意识等六大素养。[②]

依据义务教育国家课程标准及容桂街道教育局课程建设指导意见,容里小学润课程由基础课程及拓展课程两部分组成。课程体系架构、模块、内容及其相应目标分解如下:

1. 基础课程

包括语文、数学、英语、品德、科学、综合实践、音乐、美术、体育、信息技术等教育行政部门明确规定开设的国家课程和地方课程。整体目标为:严格执行课程计划,保质保量开设基础课程,按照国家制定的各学科课标要求,确保素质教育基本要求的达成。

2. 拓展课程

主要从"礼、文、理、艺、健"五个维度,对学校自主探索开设的课程进行整合,并尝试与基础课程贯通。五个模块具体内容如下。

(1) 润德"礼"课程。小学阶段是学生道德品质发展的奠基时期。小学德育目标是:培养学生初步具有爱祖国、爱人民、爱劳动、爱科学、爱社会主义的思想感情和良好品德;遵守社会公德的意识和养成文明行为习惯;培养良好的意志、品格和活泼开朗的性格;具备自己管理自己、帮助别人、为集体服务和辨别是非的能力,为使他们知书达礼,成为德、智、体、美、劳全面发展的社会主义事业的建设者和接班人打下初步的思

---

① 中华人民共和国教育部.教育部关于全面深化课程改革落实立德树人根本任务的意见[EB/OL].http://old.moe.gov.cn/publicfiles/business/htmlfiles/moe/s7054/201404/167226.html.
② 核心素养研究课题组.中国学生发展核心素养[J].中国教育学刊,2016(10):1-3.

想品德基础。① 容里小学将道德与法治(道德与生活)、传统文化、微电影、少先队活动课程等进行整合，运用学生喜闻乐见的形式，从学生日常学习、生活细节入手，将德育落实在课堂中、活动中、生活中，树立学生正确的世界观、人生观，培养学生良好的审美能力，健全的人格。

(2) 润雅"文"课程。语文课程标准指出"九年义务教育阶段的语文课程，必须面向全体学生，使学生获得基本的语文素养。语文课程应培育学生热爱祖国语文的思想感情，指导学生正确地理解和运用祖国语文，丰富语言的积累，培养语感，发展思维，使他们具有适应实际需要的识字写字能力、阅读能力、写作能力、口语交际能力。语文课程还应重视提高学生的品德修养和审美情趣，使他们逐步形成良好的个性和健全的人格，促进德、智、体、美、劳的和谐发展。"②英语课程标准也说"英语课程特别强调要关注每个学生的情感，激发他们学习英语的兴趣，帮助他们建立学习的成就感和自信心，使他们在学习过程中发展综合语言运用能力，提高人文素养，增强实践能力，培养创新精神。"③润雅课程正是基于课标的要求，将语文、英语、阅读、诗歌、朗诵等课程进行整合；通过知识的学习与积累，口语交际、阅读写作的训练，营造书香校园，培养学生博学广识，会听能说，会与人交往，气质儒雅。

(3) 润智"理"课程。此课程主要是偏重于自然科学学科。自然科学教育对于小学生的学习和认知具有很重要的引导作用。对于小学生而言，他们对生活的这个世界有很强烈的好奇心，自然科学的教育能够不断揭开他们的好奇心，让他们对世界有不断深入的认识，同时提高他们的创造力和审美能力，另外也能够培养他们渴望认知世界的心理，养成积极乐观的态度。润智课程正是基于这种认识，将数学、科学、信息技术、综合实践等进行整合，结合最新的科学发展现状，科技成果，让学生认识世界，跟上科学发展步伐。培养学生探究、实践、创新的科学意识和科学精神。

(4) 润美"艺"课程。小学教育培养的目标是人的德、智、体、美、劳全面发展。美育的主要组成部分是艺术教育。艺术教育以其丰富多彩的内容，生动活泼，寓教于乐的形式，对小学生的道德情操培养，艺术素养形成，创造美的能力发展起着不可替代的作用。艺术教育，能使审美能力的培养与智力的培养熔为一炉，促进学生鉴赏美、创造

---

① 中华人民共和国教育部制定.义务教育思想品德课程标准(2011版)[M].北京：北京师范大学出版社,2012.
② 中华人民共和国教育部制定.义务教育语文课程标准(2011版)[M].北京：北京师范大学出版社,2012.
③ 中华人民共和国教育部制定.义务教育英语课程标准(2011版)[M].北京：北京师范大学出版社,2012.

美。当然,这种目的只能在潜移默化中达到。润美课程建设将美术、音乐、舞蹈、书法等艺术课程进行整合,目标就是为了培养学生基本的艺术能力,让学生接受艺术美的熏陶,培养积极高尚的美的追求和审美情趣。

(5) 润体"健"课程。国家对小学阶段教育培养目标要求中指出,要初步养成学生锻炼身体和讲究卫生的习惯,具有健康的身体。具有较广泛的兴趣和健康的爱美的情趣。学生初步学会生活自理,会使用简单的劳动工具,养成爱劳动的习惯。学校将体育、心理健康、劳动、安全卫生、环保等课程进行整合,构建"大健康"课程,目标就是促进学生身体、心理健康成长,使学生有基本的体育运动、劳动、安全卫生、环保知识,以"美"的身心,为今后的生活、工作奠定好基础。

此外,学校还有自主探索组织的社团活动及实践活动,如:版画社团、舞蹈社团、合唱社团、手工编织社团、毽球社团、武术社团等24个社团,还有体育节、艺术节、读书节等实践活动,亦纳入此处广义的拓展课程范围之内,进行统合与编排。结合以上所述,将润课程体系架构表解如下。

表8-1 容里小学润课程体系结构表

课程理念	课程模块	课程性质	涉	及	科	目	备注
润课程	润德"礼"课程	基础课程	《道德与法治》	《品德与社会》			必修
		拓展课程	德育实践	微电影	文明礼仪		选修
			传统文化	少先队活动			
	润雅"文"课程	基础课程	语文	英语			必修
		拓展课程	阅读	经典电影	诗歌		选修
			朗诵	传统文化	读书节		
	润智"理"课程	基础课程	数学	综合实践	计算机	科学	必修
		拓展课程	趣味数学	科学探秘			选修
			创客	科学制作	机器人		
	润美"艺"课程	基础课程	美术	音乐			必修
		拓展课程	版画制作	书法			选修
			舞蹈	手工编织	艺术节	管乐	
	润体"健"课程	基础课程	体育	心理健康			必修
		拓展课程	体育节	足球	安全卫生		选修
			毽球	篮球	体育节	武术	

润课程将基本理念与核心素养要求融合,再拓展发挥出润课程基本维度与模块,

最后列出具体整合课程与项目。同时,又回顾观照外围发散与内核理念的关联,并做相应调整,以求内外通贯协调。我们制作润课程简要图解如下体现。

图8-1 润课程体系结构图

为了落实润课程,实现学校课程改革与建设理念,突出特色、树立品牌、打造精品、以点带面,容里小学确定重点推进诗歌课程建设,以诗歌课程引领其他课程的建设。

诗是文学中的文学。歌德说:"诗是成熟的理性。"在艺术领域中,诗无所不在。中华诗歌创作源远流长,涌现了无数经典名篇。吟出"明月别枝惊鹊,清风半夜鸣蝉",诗歌的形象美浮现眼前;"空山新雨后,天气晚来秋。明月松间照,清泉石上流",诗歌的意境美跃入脑海;"小时候,乡愁是一枚小小的邮票。我在这头,母亲在那头。……";诗歌的情感美溢满胸怀……诗美是艺术美的最高体现。诗歌的美也不时出现在非文学艺术的领域中,在科学著作的精美片段中散发出智慧光彩,甚而在人的生活状态、工作状态中也都有诗的踪影。诗歌伴随人的一生。学校诗歌教学是美育不能忽视的重要内容。诗歌教学也是落实容桂街道"美育"品牌的重要手段之一。小学语文教材内容有不少诗歌,六年级语文上册还编排有专门的诗歌学习单元"叩响诗歌的大门"。

容里小学是一所具有浓厚文学底蕴、充满文学气息的学校,学校的小铃铛文学社自2011年成立以来,培养了一大批热爱阅读、热爱写作的"小作家""小诗人",曾获得顺德区"优秀文学社"的称号。学校有一批热爱写作、热爱诗歌的教师。学校特别重视文学建设,指出"诗歌对于提升一个人的核心素养具有重要的作用,容里小学要办有品质的教育,可以在诗歌教学方面先做大胆的研究,鼓励教师们放开手脚去实践"。《诗教的"启迪"》一文中说:"诗教"与当今时代的价值取向、审美风范息息相关,其核心内容是强调将人格的塑造与审美联系起来,讲究"身入""心入""情入",如春风化雨,润物无声。① 2015 年 12 月,容里小学成为容桂传统文化培训基地,学校在原有的"小铃铛文学社"基础上,成立"小铃铛诗社",重点开展诗歌课程教学。基于在诗歌方面的良好基础,学校确定将"诗歌课程"优先打造成精品课程,做出影响力,起到以点带面的辐射、引领作用。

二、润课程的育美实践:以诗歌课程为例

(一) 诗歌课程目标

最新 2018 年版《义务教育语文课程标准》总目标指出:"在语文学习中,培养爱国主义感情,社会主义道德品质,逐步形成积极的人生态度和正确的价值观,提高文化品位和审美情趣。认识中华文化的丰厚博大,吸收民族文化智慧,关心当代文化生活,尊重多样文化,吸取人类优秀文化的营养。"② 容里小学诗歌课程在语文课程标准的统领下,基于自身的良好基础,以课程整合为思路,确定学校的诗歌课程目标。具体如下。

1. 诗歌课程总目标

(1) 学生在诗歌诵读中,理解诗歌内容,体会诗歌意境,能发挥想象,体悟诗人表达的情感。

(2) 以儿童诗创作为主,教会学生初步的诗歌创作、诗歌欣赏的方法。

(3) 通过诗歌的教学与创作,激发学生的美好童心,发挥学生的创造潜能,培养学生高尚的审美情趣,使学生受到美的熏陶。达到以"诗"育美目的。

(4) 通过诗歌文化教育,帮助学生进一步了解、体验诗歌的魅力,培养学生主动传承和弘扬中华优秀传统文化的意识;引导学生构建社会主义核心价值体系,提升民族自信,振奋民族精神。

---

① 李山.诗教的"启迪"[EB/OL].人民日报,2017-08-01. http://opinion.people.com.cn/n1/2017/0801/c1003-29440224.html.
② 义务教育语文课程标准(2018 版)[EB/OL].https://hudong.moe.gov.cn.

2. 分年段目标

一、二年级：诵读儿歌、童谣、浅近的古诗，获得初步的情感体验，感受语言的优美；背诵优秀诗文50篇(段)。

三、四年级：诵读优秀诗文，注意在诵读过程中，领悟内容，体验情感；逐步在诵读中能表达情感；背诵优秀诗文50篇(段)。

五、六年级：阅读诗歌，理解诗意，想象诗歌意境，体会诗人情感；诵读诗文，注意通过诗文的声调、节奏等体味作品的内容和情感；背诵优秀诗文50篇(段)。

（二）诗歌课程内容

诗歌课程内容的确定以遵循《义务教育语文课程标准》要求和学理依据为原则，由浅入深，由简到繁，逐层深入。内容以学语文课本诗歌内容为基本要求，拓展积累《义务教育语文课程标准》推荐的优秀诗文背诵篇目。语文课本中有不少诗歌内容，但是远远不能满足诗歌教学的需要。学校根据学生的实际，以儿童诗为侧重点，精选中外诗歌名篇，还有师生中的一些优秀作品。分级编写学校诗歌课程校本教材：一至三年级为《推开诗意的窗子》，四至六年级为《走进童诗的大门》。同时选用顺德区儿童诗歌教育联盟编写的《儿童诗歌创作与欣赏》也作为学校诗歌校本教材。编写三本诗歌课程学材：《一棵想飞的树》《铃儿响叮当，童诗飞扬——学生诗歌作品集》和儿童诗集《童心稚语》。诗歌校本教材和学材的编写是语文课本儿童诗内容的必要补充，丰富了诗歌教学内容，为学生提供了更多的载体去学习诗歌基本知识，培养审美情趣，满足了学生学习的需要。诗歌课程内容结构如下图。

图8-2 诗歌课程内容结构图

（三）诗歌课程的实践路径

在学校润课程体系下，诗歌课程的实施突出整合的思路。以语文课堂为主阵地，以专题活动和社团为辅助，多种形式保证诗歌课程的落实。

1. 构建学校诗歌课程管理模式

为理顺诗歌课程的脉络，不对当前各学科教学造成负面影响，学校构建了诗歌课程管理架构。具体是：学校校长亲自把控学校整个课程的建设工作，教导处协同诗歌工作室负责人主持规划、实施诗歌课程，各科任教师按照学校课程计划，具体落实诗歌课程。形成"校长室——教导处、诗歌工作室——科任教师"的三级课程管理网络。在课程实施中充分发挥诗歌工作室负责人的名师引领作用，提升各任课教师的诗歌教学水平，并且加强成果评价，把绩与酬结合起来，充分调动教师的积极性。构成坚强有力的诗歌教学师资队伍。

2. 多形式保证诗歌教学时间

当今小学诗歌教学融合于语文教学中，篇幅相对少或缺系统性（部编版小学语文教材，明显增加了诗歌在教材中的比例）。首先，容里小学诗歌教学以语文课堂为主阵地，并通过课程整合，每周单列出一节课作为诗歌专题教学，落实到学校课程表中，对全校学生开展诗歌教学。其次，成立学校"小铃铛诗社"和各班级诗社，吸收对诗歌学习有兴趣的学生加以专门辅导。学校"小铃铛诗社"由诗歌工作室教师负责，每周上两次课，每次课时为一小时。第三，整合教学时间，聘请省市区各级作协的诗歌创作名家对全校学生开展诗歌专题讲座，抓住名人效应，激发同学的爱诗热情；或举办各级诗歌沙龙活动，让学生在诗歌交流中，激发学习热情，感悟美的意境。第四，创建诗歌网络教学平台，将诗歌课堂延伸到学校之外，既拓展了诗歌学习的空间，又保证了诗歌学习的时间。

3. 创新诗歌课堂形式

诗歌教学主要是通过诵读的形式，使学生理解诗的意境，受到美的熏陶。它的课堂形式应是多样灵动的。容里小学根据诗歌教学和学生的特点，尝试着创新多形式的诗歌课堂：

（1）改进传统的课堂教学。传统课堂教学一直是教师站在讲台讲，学生整齐地坐在下面听；教师是深入浅出，循循善诱，学生是云里雾里，半推半就。课堂效果不甚理想。诗歌课堂应该是灵动的，它可以是学生围坐在一起，教师也在学生中坐着，大家一起读诗品诗；它可以是走上舞台，教师领着学生，边读边舞；它也可以是踏上草地，学生围站成各种队形，边诵边跳。

（2）打造信息时代的网络课堂。为了更好地跟学生、家长互动，更好地开展诗歌教学，教师把诗歌课堂延伸到课外、校外，开通诗歌教学微信公众号并设置学校网站诗歌专栏，利用微信公众号和专栏不定期推出师生的原创诗文，也有名家名诗的赏析，更好地结合家校的力量，探讨诗歌教学，展示学校诗歌教学的成效，增加教师跟家长、学

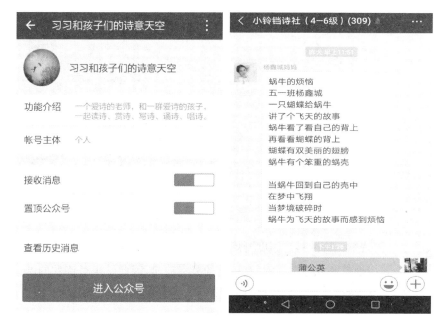

图8-3 学生的网络诗歌课堂

生的互动合作。

（3）搭建原创诗歌创作与朗诵表演舞台，丰富诗歌课堂的表现形式。诗歌课堂不仅只在课室和练习簿上。诗歌课堂是丰富多彩的，有声有色的。容里小学的诗歌教学，不断丰富诗歌课堂的形式，为学生搭建表演的平台，让他们朗诵自己的诗歌、唱出自己的诗歌、表演自己的诗歌、画出自己的诗歌。在"润物细无声"的课堂形式中，学生通过诗歌的内容美、声音的魅力美、舞台的背景美、着装的服饰美、表演的动作美，体会诗歌的语言美、意韵美、诗人合一的境界美，从而得到美的熏陶。

[视频案例] 童诗网络辅导课

诵诗歌。小学生朗诵诗歌，就如雨露滋润草木，可以丰富语言积累，提高感悟能力，提高审美情趣，提高文学素养。

画诗歌。就是学生将写的诗歌配上图画。学生天生有想象的翅膀，将诗歌与绘画结合起来，达成润融如一。让学生的翅膀翱翔起来，孩子对诗歌的理解，对美的追求尽展眼前。

唱诗歌。教师们除了指导学生欣赏诗歌和创作诗歌以外，还巧妙地将诗歌跟音乐相结合，把师生创作的童诗改编成歌词，请本校的音乐教师谱曲，创作出一批优美的儿歌，让学生去传唱。这样唱诗歌，在引导学生创造美、传播美的同时，更是在圆润无间中激发了学生对诗歌的热爱。

[视频案例] 诗歌朗诵《窗外》《印象佛山》

图 8-4 学生的手绘原创诗集

[视频案例]诗歌唱诵《等待》

演诗歌。诗歌具有高度凝炼的语言,能形象地表达作者丰富的思想和感情,集中地反映社会生活,并有一定的节奏韵律,因此学生对诗歌的阅读理解有一定的难度。教师们创新出演诗歌的方式,将抽象的文字符号变成了形象直观、趣味横生的表演,在声形言表的润融如一中,提升学生的诗歌素养,深受学生的喜欢。

4. 开展诗歌课堂教学探索,以研促教

要教好诗,教师首先要能写好诗,要引领学生悟诗美,教师首先要心有大美。容里小学任教诗歌课程的教师以学校诗歌工作室为阵地,不断探索诗歌教学的最佳方法。教师们每学期都集中几次磨课,上漂流课、示范课,举行同课异构等活动,并以学校"小铃铛诗社"为实验基地,进行诗歌欣赏、诗歌创作课堂教学的改革尝试。进而以点带面,带领全校诗歌教学教师在各班进行诗歌课堂教学的实践。如诗歌示范课"声音的味道"就是教师们课堂探索的一个足迹。(见附录 8-1)

5. 狠抓校园诗歌文化建设,营造一个"诗意校园"

校园的一草一木、一砖一墙,都是无声的老师,无时无刻不发挥着育人的作用。学校创造优良的育人环境,在绿化、净化的基础上积极为学生营造积极向上、富有教育性的"诗意校园"环境,为学生创造浓郁的文化氛围,能很好地达到环境育人的目的。学校在教学楼各个显眼处悬挂着学生创作的优秀诗作,在黑板上、橱窗里定期配上学生创作的优秀作品,各班级的黑板报上也总能见到学生的诗作及名家诗作欣赏,做到诗歌无处不在,无时不在,既激发了发表作品的同学的积极性和自豪感,更是给其他同学一个榜样,达到"春雨润物细无声"的效果。

6. 开展丰富多彩的诗歌活动,促进诗歌氛围的形成

丰富多彩的诗歌活动,氛围浓烈,形式活泼,易于激发热情,是学生乐于接受的学习形式。学校开展了诗歌创作比赛、诗歌朗诵交流、诗歌表演、诗歌传唱等活动,各活动做到持之以恒、井然有序、丰富多彩,做到有计划、有目标、有措施、有预期成果。学校还结合各种节日以及特定的纪念日,或者配合顺德作家协会的"诗歌节",广东省小学生"诗歌节"来开展本校的诗歌活动,营造了浓厚的节日气氛。

(四)诗歌课程的评价策略

2018年《义务教育语文课程标准》(最新修订版)指出:语文课程评价具有检查、诊断、反馈、激励、甄别和选拔等多种功能,其目的是为了考察学生实现课程目标的程度,检验和改进学生的学习和教师的教学,改善课程设计,完善教学过程。应发挥语文课程评价的多种功能,尤其应注意发挥其诊断、反馈和激励的功能,有效地促进学生的发展。要恰当运用多种评价方式,注重评价主体的多元与互动,突出课程评价的整体性和综合性。

容里小学按照课程标准要求,紧扣诗歌课程的目标,制定如下诗歌课程评价方案。确定对学生采取多元激励评价的原则,评价方式采用知识评价、能力评价、过程评价相结合,学业成绩与成长记录相结合。采用学校、教师、家长、学生多方面参与评价相结合的方式。以"星级"评价为最终呈现方式。学校每学期在每班评选出10%学业优秀的学生给予奖励。"星级"评价具体如下表。

表8-2 容里小学诗歌课程学生评价表

学生姓名:_____ 班级:_____

星级	阅读积淀	创作表达	教师评价	学生自评	家长评价	学校总评
一星级	能读通读顺诗作。	想象独特。				
二星级	能读通读顺诗作,基本读懂诗作含义。	想象独特,语句通顺,无错别字。				
三星级	在读通读顺的基础上,能读出诗的节奏,读懂诗作的含义。	想象独特,语句通顺,无错别字,诗意较完整,有一点韵味和意趣。				
四星级	能读出诗的韵味和节奏,能对诗作进行一定的鉴赏。	想象独特,文辞通达,诗意完整,韵味和意趣较浓。				
五星级	能读出诗的韵味和节奏,字正腔圆,能对诗作进行鉴赏评析。	想象独特,构思巧妙,文辞通达,诗意完整,具有浓郁韵味和意趣。				

（五）诗歌课程总结与反思

1. 诗歌课程成果，校园谐美的鲜花

容里小学的诗歌课程，从最初的单薄走向厚重，从起步的生涩走向绚烂。学生通过经典古诗文和充满童稚的现代儿童诗的学习与创作，从中汲取了精神的玉露甘泉，心灵得到了润泽，唤起了对真、善、美的热爱，领悟了人生的真谛，养成高尚的品德。书院文化的传统得以彰显。诗歌课程还开拓了学生的知识面，培养了学生对诗歌的兴趣爱好，陶冶了学生的情操和审美情趣。诗歌就像春天满树的鲜花，灿烂耀眼，令看见它们的人赏心悦目，爱不释手。教师们的诗歌课堂，就像繁华锦簇的花园，又像繁星闪烁的星空，带领学生感受无限的美，洗涤蒙尘的心灵。教师自身也获得"美"的熏陶。三年时间，容里小学诗歌课程从无到有，从生涩的面世到现在已经有一定的区域影响力。成为了容里校园最谐美的鲜花。

通过全体师生的努力，容里小学在诗歌课程方面取得了丰硕的成果。学校诗歌课程的校本教材：一至三年级的《推开诗意的窗子》，四至六年级的《走进童诗的大门》顺利完成。诗歌课程学材《一棵想飞的树》《铃儿响叮当，童诗飞扬——学生诗歌作品集》和儿童诗集《童心稚语》顺利出版。至此，容里小学在小学语文课本诗歌内容和《义务教育语文课程标准》推荐诵读优秀诗文的基础上，大大丰富了学生学习诗歌的内容，并且形成系统性，满足了学生学习诗歌的需求。

容里小学师生的诗歌作品被各媒体平台选用发表。如：廖宇娥老师、廖宇芬老师

图 8-5 学校编写的诗歌校本教材、学材

创作的诗歌多次在顺德作协运营的微信平台发表;李乾慧、吴慧妍等同学的诗歌在《少儿国学》杂志发表;孙博等同学的诗歌在佛山市禅城区作协的诗刊《天狼星》上发表;曾昭钦同学的诗作《星之蕊》和梁嘉豪同学的诗作《童年》在全国知名杂志《延河》发表;丁羽琪同学的诗歌《天文望远镜》、周声媚同学的诗歌《牵牛花》在《广东第二课堂》发表;潘倩怡同学的作品《回忆》在《少年诗刊》发表……

三年时间,容里小学在诗歌课程方面获得诸多集体荣誉。如:学校被顺德作家协会评为"书香校园",授予顺德"诗歌创作基地"称号;在第一届顺德小学生诗歌节中,学校被评为"优秀诗歌创作学校";在2016年、2017年顺德"农商行杯"首届诗歌创作大赛中,学校连续被评为"优秀组织学校";在2017年广东省小学生诗歌节活动中,学校获评为2017年广东省小学生诗歌节"诗歌教育示范学校"。

2018年1月11日,佛山电视台"南瓜社"教育品牌的名师微课堂记者慕名来到容里小学,对学校的诗歌办学特色进行采访。电台记者通过采访学校领导、深入诗歌课堂、访问学生、观摩诗歌教学等形式,了解容里小学打造诗歌特色课程、打造名师、打造小诗人等方面的理念与实施举措。通过佛山电视台的屏幕,容里小学的诗歌课程广为人知,作为特色课程的建设,起到榜样的作用。

[视频] 媒体拍摄诗歌教学微课

另外,作为容里小学诗歌课程的创新之处,诗歌课程除了指导学生欣赏诗歌和创作诗歌以外,还巧妙地将诗歌跟音乐相结合,把师生创作的童诗改编成歌词,请本校的音乐教师谱曲,创作出一批优美的儿歌,让学生去传唱。这样,在引导学生创造美、传播美的同时,更是极大地激发了学生对诗歌的热爱。在第一届顺德小学生诗歌节颁奖典礼上,有一个节目是原创儿歌表演唱,容里小学有两名小歌手分别演唱了由五(1)班黄蕊同学的作品《稻草人》和五(2)班曾昭钦同学的作品《淘气包》改编成的儿歌。两名小歌手童稚的声音演唱充满童稚的诗歌,给台下听众带来耳目一新的美感,得到大家的一致赞许。这些儿歌还被收入了QQ音乐库,被更多的小朋友传唱和喜爱。还有一年级(3)班的赖诗茵同学演唱原创诗歌改编歌曲《让伞》,在全国《花开童年》小歌手电视展演,获得优秀小歌手奖。一曲《让伞》还使得赖诗茵同学在央视CCTV《非常6+1》节目地方选拔中,获得了"优秀选手"荣誉,直接晋级决赛……

[视频] 原创儿歌《我为祖国画幅画》

三年的诗歌课程建设,不仅提高了学生的诗歌赏析能力和创作能力,还通过欣赏诗歌、创作童诗、传唱原创儿歌等活动,大力落实了学生的品德教育与文明行为规范工作,帮助学生构建了道德认知和促进了良好文明行为的养成;促进了学生个体自我价值的生成与发展,使之做到"发于点滴、行于心田、融于交流、从于道德";学校和美之人文文化得以发扬。走进容里小学,随处可见学生朝气蓬勃,举止彬彬有礼,善于阅读,大胆交流。学校期望学生彰显的"优雅大气、个性鲜明、视野开阔"气质得到很好地体现。

2. 诗歌课程的反思,播撒谐美的育美种子

三年的诗歌课程建设中,容里小学在不断地总结反思,提升课程建设的能力。

(1) 学校要培育适合课程生根发芽的土壤。学校的办学思想决定了课程的体系,校长的办学理念决定着课程的发展。容里小学按照党的十九大提出的"让每个孩子享有公平有质量的教育"精神,本着"立德树人",加强"美育"教育的思想,将发展学生核心素养,多元发展,全面发展,办有品质的学校作为办学追求,"润"课程才得以实施,诗歌课程作为一个重要载体才得以落地、生根、发芽、开花,并结出诱人的果实。

(2) 诗歌科任教师的专业程度决定着课程达到的高度。负责课程开发的教师,特别是领头教师,必须有较高水平的诗歌欣赏和创作的功底,要有大量的阅读积累,尤其是童诗的积累。必须保持一颗童心,真正热爱童诗,有自身的文学修养为基础,才谈得上去建设小学诗歌课程。容里小学诗歌课程的教师热爱诗歌,执着于童诗创作,作品数量很多,起着引领容里小学诗歌课程建设的领头羊作用。另外,要培养一支优秀的教师团队,学校要搭建诗歌教学的研究平台,以"走出去、请进来"等各种方式,经常开展校内外的诗歌鉴赏和创作的讲座,将名家、名师的影响力辐射到全体任课教师,形成全校读诗爱诗写诗的诗意氛围。

(3) 要重构、丰富课程的内容。语文课本的诗歌内容还不能满足学生的学习需要。容里小学按照《义务教育语文课程标准》要求,在整合语文课本诗歌内容的基础上,根据不同学段,学生不同基础,集中力量编写了适合学校校情、学情的校本教材和学材,并形成教材体系,完全满足了学生的学习要求,为诗歌课程达成目标提供了有力保障。

(4) 要丰富课程的组织形式。诗歌课堂不只限制于教室,它可以在舞台,在公园;还可以通过微信公众号、网站专栏、家校结合、参加比赛、专题活动等,以画、演、唱、诵、写等形式,引导学生读诗,写诗,给予学生一个乐于展示自己特长的平台,将诗的种子播撒在学生的心田,引领他们追求真善美,让他们在美中自由地成长,在成长绽放美。

三、润课程建设的总结与反思

容里小学通过"润雅"——诗歌课程建设的经验总结,再结合"润美"——书法课

程、"润德"——文明礼仪课程等课程的总结与反思,促使教师们不断延伸思考学校润课程的建设发展之路。

(一) 润课程建设的经验

1. 课程建设是实现教育目标的必由之路

国家新课程标准在分析现行课程存在问题时提到"中国现行的课程结构,存在着较严重的不足。首先,在学校课程中学科课程占据绝对主导地位,而经验课程则微乎其微;分科课程占据绝对主导地位,而综合课程则微乎其微;必修课程占据绝对主导地位,而选修课程则微乎其微;国家课程备受关注,地方课程和校本课程得不到实质性的开发。课程类型的单一使得在注重发挥一种或几种课程类型价值的同时,忽视或放弃了其他课程类型在学生发展方面所具有的价值,学生在这种单一课程的'滋养'下,其片面发展在所难免。从而直接影响了学生的身心健康和全面发展。"[1]容里小学润课程突出以"整合"的思路开展课程建设,既兼顾了国家课程和地方课程的要求,又结合了地方特色和学校的校情,丰富了课程内容,贴近了师生生活实际,能弥补现行课程结构的不足,能很好地体现学校办学思想,实现促进学生的多元发展、全面发展的目标。

2. 课程建设的着眼点是教学生活化

所谓教学的生活化,是指将教学活动置于现实的生活背景之中,从而激发学生作为生活主体参与活动的强烈愿望,让他们在生活中学习,在学习中更好地生活,从而获得有活力的知识,并使其情操得到真正的陶冶。如"雨露滋润百草",如"春雨润物无声"。润课程建设是将校内课堂延伸至校外,结合学校自身资源、社区资源、周围环境等,拓宽学生学习空间,使学生将所学知识结合于自身经验与生活,获得直接的学习体验与实践。它弥补了学科课程的不足,使学生兴趣得到满足,特长得到发展。从而实现学生核心素养提升的目标。就像诗歌课程,通过网络课堂拓展了教学时间和空间,将教师、学生、家长结合起来了,将学校、家庭、社会结合起来了。生活即是诗歌课堂。

3. 课程开发应注重内生性

或许有些人认为,课程建设就是另开炉灶,搞一套新东西,然后请外面的专家进来帮忙开发校本课程。由于学校内部没有可以支撑课程建设的力量,当专家撤离后,往往课程就无法进行下去。容里小学的润课程建设,是以发展学生核心素养为目标,紧

---

[1] 朱慕菊,教育部基础教育司.走进新课程:与课程实施者对话[M].北京:北京师范大学出版社,2002.

紧依托国家课程和地方课程，再结合校本情况，以整合的思路来建设的。学校的课程开发是经过教师们的反复斟酌，根据学校优势确定的。课程建设的主要力量是学校的一线教师，他们对建设的课程本身有一定的认识，有进一步深化与拓展的探究意愿。这种内在动力是课程建设不断前进的保障。教师们在课程建设中不断提升自己的专业素养，反过来又促进国家课程的教学质量。这是内生性发展的，良性循环的，这也是现行国家课程标准的需要。

4. 课程建设改变教师的课程观

长期以来，教师们根深蒂固的课程观念，就是按照国家和地方课程的设置，依据教材，按部就班地教学。至于学校进行课程建设，大家起初都持疑惑的态度，认为课程建设是国家的事，一所基层学校没有能力去开发课程。随着容里小学润课程的逐步推进，教师们对国家课程政策有了更深入的认识，通过对当前课程与学生发展需要的剖析，教师们课程观的格局有了很大提升。教师们对课程建设有了更深入的了解，他们逐渐认同和接受课程建设主张，对课程建设的必要性有了比较清楚的认识。教师们课程观的改变，同时也激发了他们的专业潜能，给课程建设的实施带来强大动力。

5. 课程建设改变教师的教学观

课程建设逐步推进，最明显的变化是教师教学观念的变化。以前教师们唯教材是从，不敢逾越教材半步。课程建设使教师们认识到教材可以二次开发，认识到教教材与用教材教的区别，认识到可以结合自身的优势实现教材校本化，教师即教材。课程建设使教师们认识到课堂是民主的课堂，课堂是师生和谐互动的课堂，课堂是智慧的课堂。课堂教学中师生的潜力得到极大释放。师生互动和谐而又有实效，智慧的火花在课堂闪耀。教师在课堂上找到职业的自信，师生在课堂都得到一种美的享受。

(二) 润课程建设的反思

课程建设过程中，教师们也深刻认识到一些自身不足需要努力改进，否则将严重制约课程建设的推进。

(1) 充分发掘课程资源，促进课程建设。课程建设是一个复杂、长期的过程。容里小学在润课程建设过程中缺乏与课程建设配套的资源，制约了课程建设的开展。首先，教师们进行课程开发工作量极大，为保证固有工作的质量，投入课程建设的精力极其有限，这是目前课程建设遇到的最大障碍。其次，教师专业上的结构性失衡。当前小学教师的专业结构主要集中在语文、数学、英语这三门学科，而其他学科的专业教师较少,有些甚至没有。师资力量的结构性失衡严重制约着课程建设的开展。最后,教育主管部门的导向制约课程建设。不可否认,当前教育管理体制下,学校工作还是以考试成绩为核心的。这使得各学校还是要把主要力量放在应考上,从而无法集中更多的精力投入课程的建设中。学校需要充分发掘课程资源,促进课程建设的发展。

(2)强化课程培训的实践性,促进课程建设。有效的教师培训是课程建设成功实施的保证。多数参加课程建设的教师感到,目前的高层次的课程培训机会太少,培训的理论性、通识性较强,对于提升教师的理论意识较为有效,但是在具体的实践中,教师缺少明确的指引,工作过程中常陷入茫然的境地。教师们更加期望与学科相结合、与具体的课堂教学实例相结合,多开展操作性和可模仿性强的案例分析式培训、实操式培训。

(3)改进评价制度与方法,促进课程建设。课程建设包含目标、内容、实施和评价等环节,有一个完整的"课程链"。其中评价对课程落实尤为重要。要落实课程建设的各项措施,就必然要有与之相配合的评价制度与方法的改革。社会与上级教育行政部门如何评价学校,学校如何评价教师,教师如何评价学生,都从一定程度上制约着课程建设的推进。要使课程建设落地生根,必须先解决"评价方式和方法"这一课程土壤的问题。

(4)加强信息化手段的运用,促进课程建设。信息化技术的发展,为课程建设带来很多资源。但是,由于学校当前还是以"考试成绩"为核心工作,信息化教育手段的建设比较滞后,不能适应课程建设的需要。课程建设需要校园网络管理系统,校园多媒体授课系统,课堂教学辅助管理系统等的支撑,还需要教师信息化手段使用能力的支撑。建议学校的课程建设,在顺应时代发展趋势下,优先完善学校信息化网络,满足课程建设的需要;同时大力培养能熟练使用信息化工具的教师。

小结

容里小学润课程建设,已经形成了特色,有了完善的体系,并且已经打造成了有一定区域影响力的课程。通过诗歌课程以点带面作用的发挥,唤醒了学生的美好童心,发挥了创造潜能,培养了学生的审美情趣,使学生受到了美的熏陶,达到了以"诗"育美目的,同时还传承了中华优秀传统文化,弘扬了民族精神和道德理念。学校已经被评为"顺德区义务教育阶段第一批素质教育特色项目学校"。

为实现"顺应儿童天性,着眼学生核心素养的培养,着眼儿童终身的发展,培养有一定人文素养的孩子"之教育追求,容里小学课程建设会继续在"五个维度"上努力开发,打造更多像诗歌课程一样的特色课程,开发更多的校本课程,满足学生全面发展的需要,润泽学生"美丽"人生。容里小学的课程建设,希望实现三个增值:

学生增值——知识积累丰富,学习能力提高,热情大方、雅言雅行养成,责任意识增强;

教师增值——教学理念更新,教学艺术娴熟,师德修养、综合素质有较大提高;

学校增值——校园文化形成厚德博学、诚实大气之风,教学质量提高,社会信誉度提升。

呵护多彩童年,润泽美丽人生,着眼学生核心素养,办出有品质的教育,任重而道远。容里小学教师"将上下而求索",永不停步!

附录 8-1 容里小学诗歌欣赏与创作教学实录《声音的味道》

声音的味道

容里小学　廖宇娥

一、学习目标

1. 初步感知儿童诗陌生化的语言特点

2. 对儿童诗写作感兴趣

二、重点难点:抽象变具象

三、学习过程

(一)感受诗歌语言的奇特

师:咱们中国是一个诗的国度,每个读书人的肚子里,没有几首诗歌,是很对不住中国这个称号的。你有吗?

生:很多。

师:谁来背一首。

生:背《将进酒》。(略)

师:太了不起了,你是非常中国了。下面我们开始上课。

师:我们来玩一个小游戏,我让大家猜一猜——

(投影出示)

<blockquote>
饥时,嚼一点
渴时,嚼一点
</blockquote>

(投影出示《母亲的嘱咐》)一起读——

母亲的嘱咐
——王宜振

临走的时候
把母亲水灵灵的嘱咐
掐一段 放在阳光下
晒干 装进小小的
旅行袋

饥时 嚼一点
渴时 嚼一点
一小段晒干的
话儿 嚼它
需要我一生的
时间

师：知道是什么了吗？
生：母亲的嘱咐。
师："嘱咐"一词熟悉吗？
生：熟悉,是长辈对晚辈的吩咐。
师："嚼"字熟悉吗？
生：熟悉。
师：是的,嚼口香糖,嚼苹果,包括嚼舌头,我们都很熟悉,但"嚼嘱咐",熟悉吗？
生：(纷纷摇头)不熟悉。
师：两个非常熟悉的词,由于搭配的问题,变得新奇、陌生和好玩,这就是诗歌的一个特点,在这首诗里,类似这样的词句还有好多,看谁能找到。请大家用自己喜欢的方式读读这首诗,找一找这些熟悉而陌生的词句。

(学生自读,圈划,举手)

师："嘱咐"是看不见摸不着的,但在这首诗里,"嘱咐"可以看,可以吃。这样的语言,很新鲜,很奇特,要是没有这样的语言,诗歌就不像诗歌,变成我们讲空话了。那么这些新鲜的、奇特的语言,想要表达什么感情呢？大家再自由地读一读。

师：把你的体会,用朗读表示出来。

(学生发言)

师：妈妈的嘱咐,像长长的丝线,跟着你到这到那。体会得真好。大家发现了没有,这首诗仿佛也是个故事,我们用记故事一样的方法来记一记。

师：我来问你来答。临走的时候,把母亲水灵灵的嘱咐,怎样？
生：掐一段 放在阳光下
   晒干 装进小小的

旅行袋

师：干什么用？

生：饥时 嚼一点

　　　渴时 嚼一点

师：能用多长时间？

生：一小段晒干的

　　　话儿 嚼它

　　　需要我一生的

　　　时间

师：同桌之间互相你问我答一下。

(同桌一起背诗)

(二)强化诗歌语言的奇特

师：嚼完了《母亲的嘱咐》，我们再尝尝《声音的味道》。投影出示——

声音的味道

——王宜振

你的声音

从电话里传来

有风的味道

有雨的味道

有甜的味道

有酸的味道

有冰淇淋的味道

有巧克力的味道

有果酱面包的味道

有蛋黄饼干的味道

师：自由读诗，评诗。

师：这简直是声音的魔术，你读着读着，联想到了谁的声音？

生：我想到了姥姥告诉我，要来看我。

师：你姥姥是哪里的？

生：东北的。

师：多少时间没见过了？

生：一年多了。我小时候是姥姥养大的。

师：你想念姥姥了，这个声音太珍贵了。谁还想说——

生：我想到这个声音是爸爸在外地打来祝我生日快乐的！

师：你和爸爸多久没见面了？

生：半年多了。

师：每逢生日想爸爸,虽然过的是你的生日,也没忘和爸爸同乐。孝顺! 还有人想说吗?

师：如果我告诉你这首诗还没写完,接下来会怎样写? 剧透一下,接下来的魔术变得更大了,不光是嘴巴,其他器官也上场了,比如鼻子、眼睛、耳朵统统上场。

生：声音红了。

师：你开眼了。

生：声音水灵灵了。

师：眼是开了,但是抄袭人家《母亲的嘱咐》。想知道诗人是怎样写的吗?

生：想!

师：(投影出示——)

    嚼着嚼着
    把日子嚼甜了
    把生活嚼香了
    把月牙儿嚼成弯弯的香蕉了
    把天上的小雨
    嚼成五颜六色的彩虹了

师：日子甜,是谁的功劳? (生答：舌头)生活香呢? (生答：鼻子)香蕉和彩虹呢? (生答：眼睛)。你看,五官总动员,中国好声音。作者想表达什么呢?

生：对这个声音强烈的喜爱,思念和眷恋。

师：好成熟啊,而且一步到位,一次说尽,让别人无话可说。

(全场笑)

师：(投影出示两首诗)发现了没有,这两首诗有哪些相似之处?

生：声音和嘱咐,本来是无形无踪的,在诗人的笔下,变得有形,有色,有味。

师：真好,这把本来看不见、摸不着的语言啦,声音啦,想法啦,当成看得见、摸得着、闻得到的东西来写,把没有的当成有的,用一个什么词来概括一下。你说——

生：无中生有。

师：好! 请你到黑板上将这四个字写下来。这就是我们今天学到的写诗方法,一起说——

生：(集体)无中生有!

师：我还得告诉大家,这两首诗,出自著名诗人王宜振先生之手。王老师写了好多好多儿童诗,今天读到的,只是他的冰山一角,课后大家去找找王老师写的诗。

(三) 加深体会诗歌语言的奇特

师：下面,我们休息一下,请个歌星来唱首歌。大家说好不好?

生：好!

师：请周杰伦同学为我们唱一首《菊花台》。

(视频出示,学生一起唱)

菊花残 满地伤

你的笑容已泛黄

花落人断肠

我心事静静淌

北风乱 夜未央

你的影子剪不断

徒留我孤单

在湖面 成双

师：周杰伦同学唱的这首歌，也用到了"无中生有"的方法。谁能找一找？

生：笑容黄，心事淌，北风乱，影子剪不断。

师：看来，我们都会无中生有了。是吗？

生：是。

师：我来考考大家，是真懂还是假会。我们用"无中生有"来说诗吧。

（四）用"无中生有"说诗句

师：先玩简单点的，我们以"梦"为题，我说第一句，请你接着我的诗说一句，明白游戏规则了吗？

梦是风铃

叮当叮当

听出来了没有？我这句诗里有看到的，哪里？（生答：风铃），还有听到的，哪里？（生答：叮当叮当）好的，接下来，轮到你来说了。

生：梦是小溪，哗啦哗啦

师：开门大吉。谁接着说——

生：梦是小鸟，叽叽喳喳

师：不错，继往开来，继续接力——

生：梦是阳光，阳光——

师：阳光发不了声。换一个。

生：梦是草莓，酸酸甜甜

师：酸酸甜甜不是声音，是味道。这个说法也可以，梦是多元的。包括刚才的阳光，比如梦是阳光，明明亮亮，其实也不错。但我这里有要求，第一句是看到，第二句是听到。所以，只好说抱歉了。谁有看到的，听到的梦——

生：梦是秋蝉，知了知了

生：梦是春雨，嘀答嘀答

师：很好啦，我们把刚才的诗句串起来念一下，就是一首不错的诗了。接下来，我请大家以时间为题，用"无中生有"的方法，来写一首诗。

（学生写作）

师：下面我们来交流一下。谁愿意和大家分享。很好，我们请这三位同学做代表。

生一：
时间是牛排的味道
时间是青草的味道
时间是野花的味道
时间是香的

时间是野马奔跑的声音
时间是雨点嘀答的声音
时间多么美妙

师：说说，你喜欢时间吗？

生一：喜欢。

师：何止喜欢，你是疯狂地热爱啊，在你的诗里面，时间要多美就有多美，前一段有味道，后一段有声音。每一句诗不是可尝就是可听。而且读起来，琅琅上口。想过将来做什么吗？

生一：没有。

师：当诗人去！（全场笑）有请第二位。

生二：你好，我为你读诗，题目是《时间》。

时间是小溪
在记忆的海洋里流淌
时间是花香
在花的王国自由发香
时间是流星
划过淡淡的 无边的忧伤

师：大家来评评，写得如何。

生：很好，时间能流淌，就写活了；时间还闻得到；时间还像流星，能看到它。

师：确实不错的，将看不到的时间，变为能看到的流水、流星，变为能闻的花香。而且还对时间的稍纵即逝，表达忧伤。

生：你好，我是李江山，我为你读《时间》。

时间是白马
他总是在飞快地奔跑
我也在追着他——
慢慢地 我追不上他

时间是流水
他总能从缝隙中穿过
我伸手抓他——

哗啦啦 他已经溜走了

(全场热烈的掌声)

师：好评如潮啊，我再说，显得特别多余。但还是想说两句，首先祝贺你确实写得好，时间如流水，你珍时爱时的感情，洋溢在字里行间；其次，我提个小小建议，写诗要简洁，能少用字就少用。比如，"时间是白马"后，"他总是在飞快地奔跑"一句，把"他"字去掉，读一读。有没有影响诗句的意思？（生答：没有），那这个"他"就是多余的。同学们，这节课就要说再见了，我提议，咱们用对诗句的方式来结课吧。好不好？（生答：好）。我出上句：上课的时间是乌龟，爬得很慢很慢。你们对下句。

生：下课的时间是小鸟，飞得很快很快。

师：真好，再来一句。上课的时间，是80岁的老人，走得很慢很慢；

生：下课的时间，是8岁的小孩，跑得好快好快。

师：上课的时间是中药，很苦很苦。

生：下课的时间是蜂蜜，很甜很甜。

师：那就吃蜂蜜去吧，下课！

【简评】 廖老师的诗歌课堂是灵动的课堂。这节课中，廖老师唤起学生美好的童心，激发了学生学习的主动性，创造潜能，学诗、悟诗、写诗，以诗育美，让学生发现了美、感悟了美、表达了美，培养了学生高尚的审美情趣，使学生受到美的熏陶以及尊敬长辈，珍惜时间的教育。美在课堂中无处不在，就像春天的雨露滋润着大地。美育在学生身上闪耀灿烂的鲜花。廖老师的课堂为诗歌教学的同事作了很好的示范，为大家的诗歌教学提供了重要参考。

其次，以课题研究促进诗歌教学的探究。学校以诗歌工作室负责人为课题主持人，成立了"诗歌教学对儿童核心素养的影响的研究"课题组。诗歌课题研究的逐步推进，促进了教师对诗歌教学的系统化研究探索。

第三，搭建教师诗歌课堂交流提升的平台，取长补短，提升诗歌教学水平。在诗歌课程建设过程中，容里小学经常邀请顺德区及佛山市的诗歌作家到学校讲学。学校教师也经常受邀参加兄弟学校的诗歌课堂交流，诗歌协会的诗歌课堂观摩。各种交流，有效地促进了学校诗歌教学水平的提高。三年来，先后有多位诗歌教学的名师来容里小学授课交流，还有肇庆、云浮、中山等地方的兄弟学校与容里小学进行童诗教学交流活动。

▶ 第九章

数学课程育美
——容桂育美教育集团容山小学"容课程"案例

世界怎么了、我们怎么办？这是整个世界都在思考的问题。中国基于中国文化提出的"共建人类命运共同体"的中国智慧和共建"一带一路"的中国方案，为全球治理提供了一个良方。人类命运共同体理念是对五千年中华优秀传统文化的弘扬创新，包含着博大精深的中国文化。中国文化的核心内容之一就是"和合"。"和合"文化源远流长，始终贯穿在中国文化发展史上各个时代、各家各派之中，成为了中国文化的精髓和被普遍认同的人文精神，孕育了中华民族一代又一代的文化之美，历久而弥新。

一个国家、一个民族的强盛，总是以文化兴盛为支撑，中华优秀传统文化是中华民族的突出优势，是我们最深厚的文化软实力，中华民族伟大复兴需要以中华文化发展繁荣为条件。我们的后一代能否真正成为中国优秀传统文化的捍卫者、传承者？能否成为"共建人类命运共同体"这一中国意志的推动者、执行者？这是我们现在面临的问题，这也是现代教育给我们的严峻考验。想解决这些问题，主要靠学校教育，主要靠学校课程。如何在中国文化的指导下，扎根中国大地进行课程改革？基于这样的思考，我们进行了"容课程"的探索，并在过程中创建了容课程的精品课程——数学绘本课程。

一、容课程的基础

（一）容课程的文化基础

学校文化既是学校教育价值理念的体现,也为学校课程建设指明方向。创建于1960年的容山小学,根据容桂街道的地域名、学校的校名,结合中华民族传统"和合"文化与容桂的地域文化,经过认真思考、反复论证,最终提炼出了自己的校园特色文化——容文化。

1."容文化"的价值内涵

（1）"容文化"弘扬"有容德乃大,山高人为峰"的精神。教育有容,人才为峰。教育的德性在于心中有人、有教师、有学生,让孩子站在课程中央。校园容人,容事;课堂容长,容短;学习容快,容慢……学校有容,生命至上。校园包容童性,教育合乎童道。

（2）"容文化"提出"容人,容事,容天下"的校训。这种文化训导师生要养大自己的胸怀——心里能装下每一个人;放大自己的格局——心里能装下所有的事;扩大自己的视野——心里能装下一个世界。"容人"才能"容事","容事"才能"容天下",因此"容人"是前提。在"容人"的理念里只有"不同"的人,没有"不好"的人。"容人"就是要求我们包容有个性的人、有差异的人、有缺点的人、有意见的人。

（3）"容文化"倡导"校容人和"的教育关系。"校容人和"是容山小学"容教育"的核心理念,其基本观点就是:学校教育是容人、容事、容天下的全悦纳教育,就能构建良好的人际关系和心身关系,实现教师和学生的和谐发展。在教育关系中,"容"与"和"互为因果,彼此包容就能彼此和谐,相互和谐就一定能相互包容。

2."容文化"的价值特征

（1）"容文化"遵循儿童成长规律。孩子的成长是有规律的,我们要遵循孩子成长的规律,合乎童道,顺乎自然,因此,容山小学提出了"自然童道"的校本教育理念。"自然",就是顺乎自然规律,顺乎生命成长的一般规律;"童道",就是合乎儿童年龄阶段的认知规律,合乎儿童这个生命时期的特殊性。容山小学的教育理念最核心的内容就是儿童,从儿童出发,基于儿童,为了儿童,发展儿童,快乐儿童,让儿童站在学校的中央,站在课程的中央。"容文化"尊重孩子的成长规律,"容文化"引领下的容课程提出了"培养待人宽容、做事从容、思想包容的有容学子"的课程目标,这三项目标分别对应国家提出的"合作交往、学习品质、社会参与"的核心素养内容,紧紧贴合了"自然童道"的校本教育理念。

（2）"容文化"激发儿童内在潜力。儿童是具有自然生长能力的，但这种能力的发展需要经历漫长的过程，因此需要我们给予更多的呵护。儿童是具有发展潜力的，每一个儿童都是一个独立的世界，每一个儿童都有自己内在的潜力，他们可能是音乐家，可能是画家，可能是建筑师……他们潜力无限，但这种潜力需要我们激发。没有合适的环境、正确的教育方式，这种潜力也许就被埋没在萌芽的状态中了。我们的教育要尊重儿童的天赋，保存儿童的天赋，让每一个儿童都自然而然地生长。或许，并不是所有的儿童都具有"方仲永"的天赋，但我们可以做到的是绝不像"方仲永"般浪费了天赋。校园有容，儿童中央，"容文化"致力于使用正确的教育方式，创造合适的环境，保护孩子的童心，尊重孩子的天赋，激发他们的发展潜力。

（3）"容文化"悦纳多元学习方式。现代社会要求我们有高质量的学习方式，即在一定时间内学得更多、更快、更好。尤其对于小学生来说，好奇心、探究心是本性的表达，如果此时给予他们的知识获得方式是单一的，那么就容易把好奇心、探究心扼杀在萌芽之中。"容文化"引领下的"容课程"通过多元化方式让儿童更好地获得知识，如变被动式学习为主动参与式学习、变接受式学习为探究结合式学习、变机械模仿式学习为创造性的学习等。

学习方式的多元化也必然指向学习内容的多元化。只有在丰富的课程当中才可以实现人文素养和科学素养的统一与融合，才可以奠定更好的发展基础。所以，"容文化"引领下的容课程不仅重视国家课程的教学，也注重校本课程的开发；不仅通过共同的国家课程为学生搭建好共同知识与能力的基石，同时也用更加丰富的课程进一步提升学生的素养与能力，注重道德与品性的养成。容课程为学生提供了一个全面而广博的课程体系，强调均衡，全面广博，给学生提供全面的思维训练，实现创造力的培养，适应儿童发展的多元化需求。

（4）"容文化"满怀容人至美的激情。"容文化"下的育美课堂是让师生身心愉悦的课堂，是审美化的课堂，也是培育审美素养的课堂。育美课堂充满了课堂内容的美、课堂形式的美、课堂氛围的美、课堂语言的美、课堂成效的美。

"容文化"下的育美教师在具备专业知识和道德品质之外，还拥有较高水平的审美素养，包括丰富的内心情感、美好的生活理想和持久的情感创造力，能够在具体教学活动中同学生进行广泛的情感交流，以情感的感染力影响学生及其学习过程，使教学活动真正成为令人愉悦的过程。

"容文化"中的"容"是指包容,有容的课程培养出身心和谐的人,培养出师生和韵的生态。容课程用"有容"的教育胸怀拥抱孩子,用"有容"的校本课程滋润童年。"容文化"让"容"走进校园,走进师生,走进课本,走进校园生活的方方面面:立"有容"文化标识与景观,开发"有容"文化"产品",创建"有容"活动,让师生享受校本文化大餐。

百川之度,有容为美。容山小学的"容文化"向师生敞开博大的胸怀,以"容"育人,以"容"化人,以"容"成人,满怀容人至美的激情。

综上所述,容文化的人文精神是学校课程建设的重要基础。

培养待人宽容、做事从容、思想包容的"三容"儿童

图 9-1 容文化的育人目标

(二) 容课程的课程理念

在校本"容文化"理念引领下开发出来的容课程体系以"有容人乃大"作为核心理念。就是说,学校要建设容课程,才能把人培养成"大人"。

1. 容课程是"容人容己"的课程

这种课程是一种个性课程——课程让学生保持童性,让教师发展个性。这种课程是一种多元课程——课程的核心就是悦纳,在这种悦纳中,实现自我的和美,他我的和美,师生的和美,教学的和美。容课程建设的价值就是促进师生的成长,使人人得到尊重,个个得到发展。容课程为师生成长营造了一种"有容"的课程生态,一种包容、理解、接受的教育情怀。有了这种生态与情怀,容课程就能实现"人课合一",呈现"大音希声,大象无形"的无言之美,达到课程建设与师生发展的高度统一。

2. 容课程是"悦人悦己"的课程

这种课程是一种有感情的课程,课程让他人喜悦,让自己喜悦。这种课程是一种有温度的课程,课程温暖自己,温暖他人。这种课程以多元化的特色满足学生的多元成长,实现"片片绿,粒粒香";以童性化的校本课程激发孩子兴趣,实现"好课程,好教育"。容课程在改革过程中探索"容教育"之道,寻获"容教育"之果,达到悦人与悦己的高度和谐。

3. 容课程是培养"大人"的课程

容课程认为"大人"就是"待人宽容,做事从容,思想包容"的人。为此建立起了容课程的素养体系。该体系包括三大方面,十五项要求。基于"待人宽容"的"合作交往"素养包含五容:容人之长,容人之短,容人之功,容人之过,容人之性。基于"做事从容"的"学习品质"素养强调五不:不惧困难,不怕质疑,不急求成,不随大流,不生胆怯。基于"思想包容"的"社会参与"素养注重五点:尊重,博学,创新,存异,共生。容课程的三容培养目标诠释了新时代"有格局的学生"的内涵,让学生通过各种课程的学习,夯实学科基础,实现自主发展,培养社会参与,最终实现"容人容事容天下,容知容行容自我"。

(三)容课程的课程体系

容课程主要是对国家课程进行校本化的改造和重构,在层次化实施国家课程的基础上融入学校的"容文化",依据学校自身的办学理念和发展目标,整合学校资源优势,根据所开设课程的门类构建而成,是一套适合学生发展的有机统一、富有特色的课程。

容课程由两大版块组成:悦纳全体的基础性课程;悦纳多元的拓展性课程。

1. 悦纳全体的基础性课程

悦纳全体的基础性课程包含五个课程领域,分别是:道德与修养,语言与交往,科学与创造,健康与运动,艺术与审美。每个领域没有轻重之分,保证学生能够得到全面的发展。五个领域涵盖了国家基础课程和地方课程,如:道德与修养领域中的"品德与社会、班队",语言与交往领域中的"语文、英语、阅读",科学与创造领域中的"数学、信息技术、科学、综合实践",健康与运动领域中的"心理健康、体育",艺术与审美领域

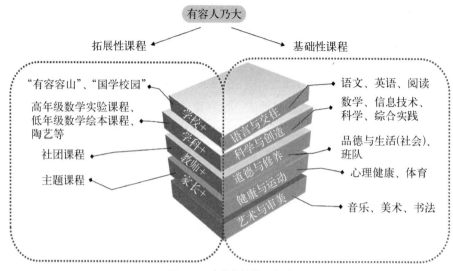

图 9-2　容课程结构示意图

中的"音乐、美术、书法"。

2. 悦纳多元的拓展性课程

"容文化"之"容"体现在它最知人之"温饱",最通人之"性情",最懂人之"需要",以"宰相肚里能撑船"的美德呵护身边每个人之个性,这是一种多元性悦纳。

悦纳多元的拓展性课程又称为"+课程"。包含基于学校、学科、教师、家长的拓展性课程,简称"学校+、学科+、教师+、家长+"课程。其中,"学校+、学科+、家长+"为必修课程,"教师+"为选修课程。

容课程认为,核心素养的提升是在各种课程的综合性学习中实现的。容课程的各种课程在培养学生核心素养方面虽各有侧重,但都把提升学生的核心素养作为己任。特拉赫柏(Terra Hebe)提出"悦纳万物之美",他相信世界万物皆是共生互补的,美来自生命万物。容山小学的核心素养就是"容",培养有容之人,让学生通过各种课程的学习,夯实学科基础,实现自主发展,培养社会参与,获得发现美、体验美、创造美的能力,让每个学生的情感、精神、气质、胸襟等得到潜移默化的影响,形成高雅的气质、完善的人格、丰富的精神世界,最终实现"容人容事容天下,容知容行容自我"。

二、容课程的育美实践:以数学绘本课程为例

针对日常教学中出现的问题、国家对数学课程的要求、国外数学教育者的经验、学

校容课程的要求,容山小学的数学教师进行了积极的探索,他们希望找到一个媒介,创建一个课程,这个课程需要具有以下的功能:第一,它与国家基础课程息息相关,是一种有益的拓展和补充;第二,它能与学校容课程紧密联系,打造高效课堂;第三,它能激发学生爱上数学,能促进学生数学概念的发展;第四,它能实现传统抽象数学与现实生活的融合,能让数学课堂丰富具象起来。

基于这样的思考,在广泛调研的基础上,容山小学的低年数学科组确定了"数学绘本课程"作为科组"一科一拓展"的内容。在这个课程中,教师用绘本和故事将孩子柔软、没有负担地引入数学世界,并在这些小小心田撒下"万物皆数"的种子,让他们永葆对数学的好奇与浪漫想象。

(一)数学绘本课程介绍

1. 数学绘本课程的界定

数学绘本是一种根据儿童的心理特点、个性特征和理解能力,结合丰富生动的故事情境,融入实用的数学知识和数学概念的作品。数学绘本具有以下三个特点:有趣味,以童真、童趣的画面和文字吸引着孩子;有数学味,用文学故事的外衣紧紧包裹着有趣的数学知识;有工具性,能补充数学教材的不足,行使教材的教育教学作用。数学绘本是对国家现行数学教材的一种有力补充,为孩子们提供了更加丰富多元的数学课程内容。数学绘本恰当地利用童趣化的故事,同时使用语言和视觉图像来呈现学生难以理解的数学概念,创设出比较直观形象的情景,在学生的具体形象思维和思想方法之间架起了一座桥梁,让学生在经历的过程中逐步感悟,用来进行实际教学将有助于学生在日常生活中使用数学技巧。数学绘本是培养数学核心素养的需要,是培养数学思想方法的途径,是培养学生学习数学的兴趣的有效媒介。

数学绘本课程是容山小学基于"容教育"理念,在容课程的引领下,以皮亚杰儿童心理发展理论等心理学知识为支撑,以"数学绘本"为载体,以新的视角构建基于数学绘本的小学低年级课堂教学网架,通过课内外活动平台的搭建,有效激发学生学习数学的兴趣,发展学生的数学综合能力。数学绘本课程是用绘本的形式来让学生学习数学,是对国家数学课程的有效拓展,是容小教师基于国家课程要求、根据校本课程理念指引、结合个人认知制定的师本课程,是以儿童需要为本的生本课程。数学绘本课程面向小学一、二、三年级的孩子,以数学绘本为载体,融故事、操作、写绘于一体,激发孩子学习数学的兴趣,增长孩子的数学经验,发展孩子的数学思维。

2. 数学绘本课程的特点

（1）与生活紧密联系。数学绘本以故事来包装数学概念,绘本故事的内容来源于生活,教师和学生一起学习与探索,帮助学生把零散的知识经验结构化。同时,数学绘本作为学生生活实践与数学课程内容之间的桥梁,又能提供孩子在生活中运用数学概念的场景与机会,让学生将课堂上学到的数学知识运用到具体的生活实践中去。绘本《我家漂亮的尺子》以人身体里的数学现象为中心展开,用孩子的角度来看待测量,介绍了一个小女孩一家在日常生活中用手、脚、胳膊等身体部位来测量长度,让学生明白原来每个人都是一把尺子。在《数学绘本》系列丛书中,通过不同事物大小比较、用身体测量、辨认货币、看时间、认识时间概念的独特性等主题加深孩子们对测量概念和测量工具的理解。通过这些绘本,孩子们会兴趣盎然地发现数学竟然离我们那么近,近到存在于生活的点点滴滴中。

[视频案例] 灰姑娘的烦恼

（2）化繁为简。数学的美在于简,简在语言,简在思想方法,也简在基本原理。如果说到数学最大的魅力,那一定是化繁为简,它是数学的本质、数学的灵魂。数学绘本,就能化繁为简,就能将复杂的问题简单化。《保罗大叔分披萨》主要讲的是分数的知识,故事中的保罗大叔借助分数,创造了可以变大变小的披萨。二年级的学生通过保罗大叔分披萨的故事,很好地理解了分数的相关知识点,使复杂的分数变得简单易懂,这就是绘本的魅力。

[视频案例] 保罗大叔分披萨

（3）好玩有趣。数学绘本图文并茂,贴近儿童,通过丰富多彩、妙趣横生的数学故事讲解数学知识,帮助孩子们发现和了解藏在生活中的数学,理解数学的基本概念,促使儿童积极参与学习活动,主动探索数学知识,激发他们积极思考和探索数学的原理,从此爱上数学。《好玩的数学绘本》系列涉及到数与运算、时间与测量、图形与几何、统计与图表、规律与逻辑等数学知识,每一册都是一个独立的绘本故事,由故事引发出数学知识点,吸引孩子自主参与到数学知识的了解和运用中来,培养孩子对数学学习的兴趣,开发数学思维。

（4）直观形象。《生动的几何》是一套将几何知识巧妙融入有趣故事的数学绘本,共有15个充满趣味的故事,有许多生动形象的主人公：爱探险的线段三兄弟、四边王国里最特别的红色正方形、本领高强的圆形……跟随着这些主人公,孩子们可以学到小学阶段有关图形与几何、综合与实践的所有知识。当孩子要学习"三角形"的时候,让他跟随魔法三兄弟一起踏上探险之旅吧；当孩子试着计算"周长"时,给他讲讲王子造宫殿的故事吧；当孩子对"重量"感到好奇时,跟着妖精小豆豆去一趟集市就全都明白啦……枯燥简单的图形特征通过绘本阅读教学变得直观形象而有趣。

[视频案例] 马良的神奇画笔

(二) 数学绘本课程目标

围绕《小学数学课程标准》，结合容教育的要求和绘本课程的特点，我们确定了数学绘本课程的目标。目标从知识与技能、数学思考、解决问题、情感与态度、数学绘本课程五个方面详细阐述了容山小学数学绘本课程在对学生数学发展方面所期望达到的程度。

表9-1 数学绘本课程的目标

内　容	目　标
知识与技能	① 经历从日常生活中抽象出数的过程，认识万以内的数、小数、简单的分数和常见的量；了解四则运算的意义，掌握必要的运算（包括估算）技能。 ② 经历直观认识简单几何体和平面图形的过程，了解简单几何体和平面图形，感受平移、旋转、对称现象，能初步描述物体的相对位置，获得初步的测量（包括估测）、识图、作图等技能。 ③ 对数据的收集、整理、描述和分析过程有所体验，掌握一些简单的数据处理技能；初步感受不确定现象。 ④ 掌握数学绘本中所传达的数学知识。
数学思考	① 能运用生活经验，对有关的数字信息作出解释，并初步学会用具体的数描述现实世界中的简单现象。 ② 在对简单物体和图形的形状、大小、位置关系、运动的探索过程中，发展空间观念。 ③ 在教师的帮助下，初步学会选择有用信息进行简单的归纳与类比。 ④ 在解决问题过程中，能进行简单的、有条理的思考。 ⑤ 在数学绘本中以任务驱动，以完成任务为目标导向去猜测、探索。
解决问题	① 能在教师指导下，从日常生活中发现并提出简单的数学问题。 ② 了解同一问题可以有不同的解决办法。 ③ 有与同伴合作解决问题的体验。 ④ 初步学会表达解决问题的大致过程和结果。 ⑤ 在数学故事当中调动多种感官，融入故事，在故事中进行观察、实验、猜想、验证，清晰地表达自己的想法，在操作与交流中获得基本的数学思想和方法。
情感与态度	① 在他人的鼓励与帮助下，对身边与数学有关的某些事物有好奇心，能够积极参与生动、直观的数学活动。 ② 在他人的鼓励与帮助下，能克服在数学活动中遇到的某些困难，获得成功的体验，有学好数学的信心。 ③ 了解可以用数和形来描述某些现象，感受数学与日常生活的密切联系。 ④ 经历观察、操作、归纳等学习数学的过程，感受数学思考过程的合理性。 ⑤ 在他人的指导下，能够发现数学活动中的错误并及时改正。 ⑥ 能抓住数学绘本中的人文因素，体会到数学的人情味，感受数学的生活化。

续表

内容	目标
数学绘本课程	① 充分挖掘绘本中的生活味与数学味,把绘本与现行的数学教材进行有效的沟通与整合,核心目标要落实在数学知识上,教师对于关键内容的活动教学设计要围绕数学知识主轴展开。 ② 提升儿童数学绘本阅读能力,培养儿童数学学习兴趣,促进儿童数学学科素养的不断攀升,并发展儿童探究数学以及与数学相关学科的兴趣。 ③ 奠定儿童数学学习的基础,懂得利用推论去解决数学问题,能够将数学运用在日常生活中,能够运用所学的数学知识解决生活中遇到的问题。 ④ 初步建构起低年级数学绘本阅读课程的体系,探索出数学绘本阅读课堂范式以及数学阅读课程评价策略等。 ⑤ 大大促动数学教师自觉走进数学阅读,重视数学绘本阅读,关注绘本给低年级学生数学学习产生的影响和改变。促进师生之间的数学沟通与交流。 ⑥ 通过建立较为完善的课程架构,给学校整个大课程体系以更为丰富的补充。

(三)数学绘本课程内容

我们以北师大版教材为蓝本,根据教材内容,选择合适的绘本。在横向的领域,我们根据北师大版教材每一册的特点,选定了相应的数学绘本作为对现有教材的有效补充。在纵向的领域,我们根据数学的四大领域的特点及需求,为各个不同的领域选取了合适的绘本教材作为教学的抓手。在使用功能上,我们将所选定的绘本分为"课堂教学用""课内阅读用""亲子阅读用"三大种类。(附录9-1)

(四)数学绘本课程实施路径

1. 健全机构,明确职责,美在严谨

数学绘本课程的开发需要良好的组织保障。学校明确了校长为数学绘本课程建设的第一责任人,并成立了以校长为组长的数学绘本课程领导小组和由低年级数学科长为组长的数学绘本课程指导小组,负责数学绘本课程开发工作的领导与指导。组建了由数学绘本课程领导小组亲自管理的数学绘本课程研发小组,成员包括低年级数学科组所有教师,以典型带动群体,使每一位低年级数学教师都能参加数学绘本课程的开发活动,进而促进数学绘本课程工作从点到面,全面深入地开展。

2. 分层培训,提高认识,美在探究

什么是数学绘本课程,怎么进行数学绘本课程开发,为什么要进行数学绘本课程开发,这些都是数学绘本课程建设中必须明确的问题。我们重点做好对教师的全员培训,并采取不同方式对不同层面的教师进行了分层培训。

（1）专家支援式培训。作为华东师范大学教育学系的课程建设合作学校,容山小学的数学绘本课程建设得到了华东师范大学教育学系专家们的大力支持。2017—2019年三年间,容山小学三次派出骨干教师,前往华东师范大学进行了有关课程建设的理论学习和跟岗培训,华东师范大学的专家团队也曾三次来到容山小学,通过前期调研、中期指导、后期验收的方式,对容山小学数学绘本课程的建设在方向上进行引领,在操作上进行指导。

（2）联合教研式培训。从2017年至今,容山小学分别与云浮市云硫小学、伦教熹涌小学、伦教小学、杭州市滨江第一小学的教师们举行了联合教研活动,共同探讨数学绘本课程的教学策略。在这些联合教研活动中,容山小学共推出了6节高质量的数学绘本课,4位教师做了有关绘本教学的专题汇报,三百多位教师针对数学绘本课程的教学进行了深入的探讨。

（3）外出学习式培训。三年间,学校派出教师分别前往北京、上海、江苏、浙江、深圳等地听课学习,在深入学习绘本课程理念、做法的同时,也了解游戏课程、魔术课程、实验课程、戏剧课程的做法,了解这些课程的理论基础及操作方式,借鉴这些课程中好的想法与做法,使容山小学的数学绘本课程推陈出新,融会贯通,自成体系。

3. 绘本进课堂四步走,美在循序渐进

三年来,容山小学的数学绘本课程"三进一出",一步一步走出了自己的路子。

（1）数学绘本进课堂。容山小学低年级数学科组于2017年3月开始实行数学绘本教学。寻找适合一、二年级学生年龄特点、符合认知规律且生动、有效的数学绘本是进行绘本教学的前提。教师们在大量阅读数学绘本的基础上,初步对数学绘本进行分析、研究,挑选合适的数学绘本,逐步形成课程资源体系。

在数学绘本的选择上,容山小学的教师们严格遵循以下几个要求：绘本故事要符合学生的年龄特征;绘本故事要生动有趣;绘本的数学概念要清晰明确;绘本故事要能引发孩子探索数学的兴趣;绘本所提供的内容要来源于学生的生活,并能丰富学生所学,让学生将所学知识延伸到生活中去;绘本涉及的数学概念要契合数学课本中的内容。

在将数学绘本融入数学课堂教学时,教师们最重视数学绘本与数学概念的匹配。在寻找合适的绘本时,依据课本中设计的数学概念来挑选,并在教学过程中安

[视频案例] 寻找消失的宝石王冠

排适当的时机让数学绘本的故事现身,用绘本来串联教学中的重点、难点、练习设计等。

北师大版数学课本在编排上非常注重知识的步步深入,容山小学的教师在进行绘本的选择时也遵循循序渐进的原则,按照难度系数层层递进。如关于规律的绘本有很多,我们选择了《乱七八糟的魔女之城》和《寻找消失的宝石王冠》。《乱七八糟的魔女之城》相对来说简单一点,安排在一年级下册。《寻找消失的宝石王冠》难度稍微大一点,安排在二年级下册。这样进行一个系列的关于规律的系统学习,正好与北师大版数学教材的课程目标相吻合,与数学教材的编排方式相吻合,学生的学习也会更深刻。

课程资源体系形成以后,教师们开始根据教学内容的需求对这些绘本进行改编:根据教学内容的需要,删除重复的、无用的内容,使绘本故事更精炼;增加动画、声音、情节,使绘本故事更贴合学生的生活体验;根据绘本内容及教学要求制作动画,使课堂更有童趣。这些绘本故事可以选择现有书籍,也可以由教师根据教学内容自行编撰,还可以使用学生自创的优秀绘本。教师们使用绘本而不拘于绘本,在保留故事情节的同时,将故事与活动操作进行无缝对接。

万事俱备,教师们开始进行数学绘本课程的试点教学,让数学绘本正式走进课堂。恰逢华东师范大学教授来校进行课程评估,张艳老师率先上了一节数学绘本课《一起一起分类病》,受到专家一致好评,认为对于低年级孩子,喜欢比学会更重要。

张艳老师的课给大家提供了一个新的思路,低年级数学科组的每位教师都开始尝试执教数学绘本教研课。

(2) 数学绘本进课程。2017年6月,经过半年的研究与实践,学校将数学绘本课正式确定为低年级数学科组容课程"一科一拓展"项目,并写入了学校课程方案当中,数学绘本课程正式进入了学校课程蓝图。

每周主题教研时间,数学科组全体教师都会进行绘本课程的理论学习,探讨、总结绘本课教学模式,最终形成了容山小学特有的数学绘本课程教学模式:故事线(明线)+数学线(暗线)+任务线(操作活动)。

故事线:用绘本故事串联整节课,改变数学课枯燥生硬的固有方式。

数学线:将数学书里要学习的知识点用绘本故事串联起来,把平时的练习题设计为数学故事里的各种场景,在不知不觉中让孩子形成知识链,体会知识产生的过程和应用。

任务线：利用动手操作提高学生的动手能力，积累数学活动经验，促进学生之间的合作交往。

在形成数学绘本课程模式的基础上，教师们通过大量的课堂实践，摸索出了课本与绘本在课堂教学中的比重。① 只是使用绘本故事替代课本主题图，课本与绘本在教学中的比重是8∶2。就是课本图片、练习题等占80%，绘本里的故事、内容、练习题等占20%。如《栅栏栅栏围起来》重点在对于周长的认识与研究，其内容都是课程教学重点和难点知识，因此在课堂教学中出现的次数较少，但是非常集中。② 全课以绘本故事的发生、发展串联课本知识点，课本与绘本在教学中的比重是2∶8，就是课本图片、练习题等占20%，绘本故事、内容、练习题等占80%。如《到点啦,麦克斯》内容涉及时分秒等概念，与课程"认识时分秒"密合度非常高，因此教学中出现的频率很高，绘本在教学中所占的比例也很大。（附录9-2）

[视频案例] 栅栏栅栏围起来

在此基础上，教师们针对数学绘本融入课堂教学的形式，总结出了以下四种教学模式：

① 明理懂法式：主要用于计算课中，用绘本来帮助学生明理懂法；
② 追本溯源式：主要用于概念课中，用绘本帮助学生理解概念产生的必要性；
③ 空间观念式：主要用于几何与图形课中，用绘本帮助学生发展空间想象力；
④ 综合实践式：主要用于数学好玩领域中，用绘本帮助学生弥补分科太细的缺陷。

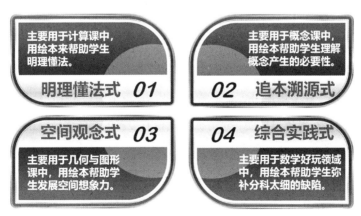

图9-3 容山小学数学绘本课程教学模式图

(3) 数学绘本进课表。从2017年9月开始,低年级数学科组在一、二、三年级全面铺开数学绘本教学,每个班级每两周都有一节固定的数学绘本课,真正实现了数学绘本进课表。

在教学形式上,教师们还进行了崭新的尝试:早读课上,他们试着带着孩子们静静地阅读有趣的数学绘本;阅读课上,他们和孩子们共读一本书;利用班级微信群这个平台,家长、孩子、教师针对同一本绘本一起阅读一起探讨——教师先在平台上列出书本的阅读方法,并针对书本的内容提出问题,包括数学问题、语文问题、科学问题等,家长陪同孩子共同阅读,孩子阅读后解答教师提出的问题,并通过视频、音频、图片、实验等方式,将问题的答案在群里发布。渐渐地,容山小学的绘本教学形成了三种教学形式:课堂讲授,校内阅读,亲子阅读。

(4) 数学绘本出校门。2017年10月18日上午,广东省中小学骨干校长团队莅临容山小学,参与了容山小学低年级数学科组"唤醒文本,唤醒生命"主题教研活动。

[视频案例]卷发婚礼

教研活动先由陈素姗老师执教一年级知识"10的组合与分解"。陈老师选用了数学绘本《卷发婚礼》,让学生通过故事情节整理出有关10的组合与分解,初步感受和理解10的加减法算式。从卷发杠(实物)——涂格子(图形)——用数字记录,让孩子感受从图形变成数字,在生活中表示得更方便、更清晰、更容易理解。从很乱的发杠的排列方法,让孩子发现"乱",一起动手把"乱"变"有规律",感受把无序变成有序的排列方法。

随后,全体听课教师对这节数学绘本课进行了深入认真的评课。容山小学低数组的各年级中心发言人从"唤醒文本,唤醒生命,利用数学绘本,让孩子与数学浪漫相遇"这一主题出发,对这节课提出了自己的看法和建议,都认为数学绘本课能极大地提高孩子们对数学的学习兴趣,符合学校倡导的童道精神,张艳老师也与大家分享如何上好数学绘本课的个人心得。

广东省中小学骨干校长团队的成员对本节课提出了很多实用的建议,表示对数学绘本课非常感兴趣,希望以后能在这方面与我校有更多的交流。云浮市云硫小学的周校长,特地邀请张艳在2017年12月去云硫小学上数学绘本示范课,并做有关数学绘本课程的主题讲座。随后,云硫小学与容山小学建立了合作关系,确定一起开展数学绘本课程研究,数学绘本课程第一次走出了容山小学的校门。

随后,伦教熹涌小学、伦教小学也相继与容山小学建立了合作关系,数学绘本课程从容山小学走进了越来越多的学校。

4. 形成数学绘本教学策略

（1）化静为动，帮助学生进行观察、猜测。绘本课上，首先让学生沉浸在故事当中，然后进行一系列的活动。如教师说："你们已经是一名小学生了，数数肯定难不到你们。但是在古代，数数可不是一件容易的事情哦。那么古代的人是怎么数数的呢？让我们一起走进绘本故事《数是怎么来的》。"孩子们聚精会神地观察图片、猜测方法，最后自己创造数的表达方法。一年级的学生在上学之前，几乎天天都接触故事，故事中有生动的情节和丰富的情感，有趣的数学绘本故事就这样走进了我们的课堂，数学绘本故事不仅深深吸引了学生，也让学生在不知不觉中学懂了数学知识，使学生深受故事的感动和启发。

（2）任务驱动，在动手操作中发展数学能力。如《一起一起分类病》，教师使用绘本而不拘于绘本，在保留故事情景的同时，将故事与活动操作进行了无缝连接，让孩子们都分一分妈妈抽屉里的纽扣，让孩子的眼睛、嘴巴、双手都参与到分类活动中来。分纽扣是数学课标中的经典例题，不同年级的孩子都可以在这样的综合活动中获益。而将这样一个综合活动有机地融入到绘本故事情节之中，无疑会让孩子更加有兴致地去操作、去思考。通过这样一个动手操作的活动，小朋友们深深地体验了以下三点：① 同样一堆物品，从不同的角度观察，可以得到不同的分类标准；② 无论按照什么标准分类，同一堆物品的总数是不会改变的；③ 按不同的标准一层一层地往下分，分到最后的结果是一样的。

[视频案例] 一起一起分类病课例

5. 课题引领，美在科学

为了提升数学绘本课程的质量，使数学绘本课程的特色更鲜明、设置更科学，2018年9月，容山小学数学科组在广东省申报了课题《开发数学绘本课程，让数学学习亲近》并通过了立项。

在课题的引领下，容山小学的教师们以更积极的态度、更饱满的热情投入到数学绘本课程的研究中去。目前，课题研究的成果已经初步体现：探索出了独特的数学绘本教学设计模式，形成了与现行北师大版数学教材配套的绘本推荐、绘本教学设计集、课件集；拥有8节成熟的数学绘本展示课例；引领17位青年教师走上课题研究专业化发展之路；三年以来，在本区及本省带动了5间学校约130位任教低年数学的教师开展数学绘本课程研究，激发约6 800名低年段孩子学习数学的积极性。

表 9-2　容山小学数学绘本课程资源库建设一览表

年级	教学内容	所属领域	数学绘本	是否有配套教学设计	是否有配套教学课件	使用类型
一年级上册	10 的分解与合成	数与代数	《卷发婚礼》	√	√	教学用
	凑十法	数与代数	《阳阳数鸡蛋》	√	√	教学用
	9 加几	数与代数	《斯克鲁奇的圣诞》	√	√	教学用
	认识立体图形	图形与几何	《鲤鱼报恩记》	√	√	教学用
一年级下册	两位数的计算	数与代数	《嗖嗖的叶子车》	√	√	教学用
	100 以内加法	数与代数	《小偷们的黑暗银行》	√	√	教学用
	100 以内减法(跳绳)	数与代数	《大猩猩粑粑卖苹果》	√	√	教学用
	100 以内减法(阅览室)	数与代数	《大猩猩粑粑卖苹果》	√	√	教学用
	认识图形	图形与几何	《寻找消失的爸爸》	√	√	教学用
	认识图形	图形与几何	《谁偷走了西瓜》	√	√	教学用
	认识平面图形	图形与几何	《正方形找妈妈》(学生自创绘本)	√		教学用
	认识平面图形	图形与几何	《图形星的怪样王国》	√	√	教学用
	分扣子	数学好玩	《一起一起分类病》	√	√	教学用
二年级上册	乘法	数与代数	《幸运农夫的三个宝贝》	√	√	教学用
	乘法	数与代数	《我的小九九》	√	√	教学用
	分一分与除法	数与代数	《养猪王子求亲亲》	√	√	教学用
	认识米和厘米	图形与几何	《国王的新衣有多长》	√	√	教学用
	认识米和厘米	图形与几何	《灰姑娘的难题》	√	√	教学用
二年级下册	三位数的组成	数与代数	《破旧的卡车》	√	√	教学用
	认识角	图形与几何	《两条射线手拉手》	√	√	教学用
	认识时间(分)	数与代数	《到点啦,麦克斯》	√	√	教学用
	认识时分秒	数与代数	《到点啦,麦克斯》	√	√	教学用
	重复的奥秘	数学好玩	《寻找消失的宝石王冠》	√	√	教学用
三年级上册	搭配中的学问	数学好玩	《乌鸦哥哥变形记》	√	√	教学用
	认识周长	几何与图形	《栅栏栅栏围起来》	√	√	教学用
	认识周长	几何与图形	《栅栏栅栏围起来》	√	√	教学用
	认识周长	几何与图形	《栅栏栅栏围起来》	√	√	教学用
	小数的加法	数与代数	《吃饼干大赛》	√	√	教学用

续 表

年级	教学内容	所属领域	数学绘本	是否有配套教学设计	是否有配套教学课件	使用类型
三年级下册	认识轴对称图形	图形与几何	《马良的神奇画笔》	√	√	教学用
	分数的初步认识	数与代数	《保罗大叔分披萨》	√	√	教学用
	认识面积、比较面积	图形与几何	《公主殿下来的那天》	√	√	教学用
	认识面积单位	图形与几何	《宽宽窄窄量量看》	√	√	教学用
	周长和面积比较	数学好玩	《小小设计师》	√	√	教学用
	数学与美术	数学好玩	《小小设计师》	√	√	教学用
	数学与操作	数学好玩	《小小设计师》	√	√	教学用

[视频案例]坏蛋哼哼的好点子

[视频案例]公主殿下来的那天

[视频案例]二条射线手拉手

(五)数学绘本课程的特色

1. 数学绘本课程化,美在系统

在国外,从幼儿园到小学,绘本阅读已相当普遍,尤其在美国、英国、日本和韩国。国内,数学绘本的阅读也越来越广泛,甚至出现了一些专门的绘本阅读馆,带领孩子进行数学绘本的阅读。但这些形式不一的数学绘本阅读或者教学都有一个共同的特点:数学绘本在教学中是一个附带的工具,大部分只是作为教学内容的拓展阅读材料,是零散的。对于教师如何进行绘本融入课程单元教学、如何紧密结合课程内容的探究较少,没有形成具体的模式。

容山小学的数学绘本不是附加的,不是零散的,而是与现有数学教材紧密结合,在横向、纵向、使用方式三大方面都与现行数学教材进行了紧密的对接,使数学绘本进入了学校课表,进入了班级课堂,真正做到了数学绘本教学系统化、课程化。数学美是自然美的客观反映,是科学美的核心。"哪里有数学,哪里就有美",数学美不是什么虚无缥缈、不可捉摸的东西,而是有其确定的客观内容。数学美的内容是丰富的,数学美的表现形式是多种多样的,从外在形象上看,她有体系之美。容山小学的数学绘本课程就充满了体系之美。

2. 数学绘本整合化,美在统整

教育来自于生活,我们的生活是整体的,人面对生活的时候,也必是整体的。教育要更好发挥其作用,必须整合一切可以利用的技术和资源;课堂要想更高效,应当整合一切课内外资源;教师要想更优秀,一定要整合各种教学技术。课程整合,还原知识整体面貌,还原课程的系统性,还原教师的课程身份,促进了教师的专业深入发展,促进了儿童的深度学习,促进了育人目标的纵向落实。数学绘本课程就是一种"你中有我,我中有你"的学科课程整合,在数学绘本课程中体现了与各学科的整合。

(1) 数学与故事的整合。托尔斯泰说:"成功的教学所需要的不是强制,而是激发学生的学习兴趣。"①低年级学生处于成长关键期,他们好奇、好问又富有想象力,对于引人入胜的故事更是喜闻乐见。一个动人的故事、一个美妙的传说或一个有趣的典故,都会让课堂教学更加有吸引力,能迅速调动学生的积极思维,学生学习的积极性也会空前高涨。数学绘本通过有趣的童话情景,巧妙地将数学知识融入到绘本故事中,为教师提高数学教学的有效性搭建了一个展示的舞台,更为孩子们开心、快乐地学习创造了一个更为广阔的空间。

(2) 数学与美术的整合。儿童是以形象思维为主的,美术能刺激儿童的感官,以唤醒儿童的表达欲望;数学如一个五彩缤纷的乐园,处处充满着美,美感能激发人的学习热情和创新精神。无论哪种美术作品,材质和色彩都可以千变万化,却总离不开一定的形状和尺寸。形和数恰好是数学的研究对象,形和数的和谐,就会带来美感——美术与数学密不可分。在教学中数学与美术的整合,增加了学生学习数学的兴趣,提升了数学教学的效率。

(3) 数学与生活实践的整合。新课改要求小学数学教学要从学生的生活经验出发,把数学学习和生活实际紧密联系起来,让学生把学到的数学知识应用到实践中去,更好地在生活中发挥数学的作用。在数学绘本课堂中,教师不再照本宣科,而是将生活实践中学生熟知的常识和教材加工处理,激发学生浓厚的学习兴趣,从而做到寓学于乐,调动学生学习数学的积极性。教师对教材的创新整合,也潜移默化地影响学生,不断提高学生的创新意识。

[视频案例]乌鸦哥哥变形记

在孩子们自创的数学绘本中,到处都是数学与生活紧密结合的身影。如,赖泽天同学自创的数学绘本《有理数王国——正负数》把正负数和收利是钱、停车场的位置等

---

① (俄)列夫·托尔斯泰.幼年·少年·青年[M].高植,译.北京:生活·读书·新知三联书店,2019.

生活情景进行了紧密联系。

（4）数学与语文的整合。数学教材中有许多小朋友们耳熟能详的故事、童谣，这些材料为数学与语文的整合提供了途径。在《小小设计师》的教学中，执教教师在语文课文中找到和绘本内容相同的主题，进行以文带文的教学。比如二下《彩色的梦》主题是让孩子展开奇妙的想象，正好和《小小设计师》里让孩子们展开想象进行设计的主题相吻合。在教学中，语文教师先上语文课，让孩子掌握想象的规律；数学教师再带领同学们读绘本学绘本，根据绘本内容，结合规律进行设计。

（5）数学与德育的整合。在数学学科中有着较为丰富的德育资源，教师在教学过程中注重挖掘各种数学德育资源，通过教学整合，提高数学教学中的德育效能，进而通过"润物细无声"的形式，全面优化学生的德育品质，有效增强学生的综合素质能力，为学生今后的发展奠定基础。

（6）数学与科学的整合。在《向动植物学习什么》的数学绘本教学中，执教教师设计了以下教学程序，实现了数学与科学的完美结合：① 读绘本，画出蜻蜓飞行原理；② 上网查找飞机的飞行原理；③ 试着按照绘本故事中介绍的方法，结合自己上网查找的飞行原理资料，自己动手制作竹蜻蜓，并进行试飞；④ 将试飞成功的竹蜻蜓带回学校，向同学们介绍竹蜻蜓的飞行原理；⑤ 比较蜻蜓、飞机、竹蜻蜓三者的飞行原理，请把自己的想法表达出来；⑥ 有趣的科学小实验——探究杯中蜡烛熄灭后杯内水位上升的道理。

（7）数学与多门学科的有机整合。在这些整合的基础上，教师们还尝试让学生自编自创数学绘本。学生在创编数学绘本故事的过程中，既复习巩固了数学知识，又让孩子对知识本身有了更好的理解，更实现了数学与文学、美术、科学等多门学科的有机整合。孩子的作品还解决了教师在选择绘本时面临"无米之炊"的困难，使数学绘本课更接地气，更让孩子接受和喜爱。这些在学生的原创绘本集中到处可以看到。

3. 数学绘本学习的多样化，美在创新

（1）自创绘本。为了更加深入地使用数学绘本，让数学绘本更有意义，容山小学的教师们尝试让学生自编自创数学绘本。数学的学习，需要学生有足够多的数学活动经验支撑。所谓经验，就是经历加体验。而事实上，很多学生对自己所处的现实世界熟视无睹，察觉不出其中的数学现象，从而进不到数学内部。学生要创作一个数学绘本，题材从哪里来呢？他们自然会把目光转到生活中。数学绘本的创作，能引导学生主动观察生活，对数学产生真实的感受。

每个寒暑假,教师们都会布置一项实践性的作业:自编自创一本简单的数学绘本故事。这项实践性作业利用"画数学、数学画"的策略让孩子的思维看得见,让数学变得温暖形象和生动,孩子们创作的作品充满了童真童趣又有浓浓的生活味和数学味。学生在创编数学绘本故事的过程中,既复习巩固了数学知识,又对知识本身有了更好的理解。

学生自创的绘本来源于他们的生活,讲述的都是孩子们生活中经常见到的事,这些自创的绘本中的数学知识与教材中的教学目标紧密结合,成为了教师们上课的好素材,不断丰富着容山小学的数学绘本内容体系。

目前,容山小学已经收集了高质量的学生自创绘本一千多本,出版了两本学生的自创绘本集。

(2) 微信小讲师。《墨辩》(书名,指《墨子》中的《经》上下、《经说》上下、《大取》《小取》六篇)把知识分为三类:亲知,亲身得来的知识;闻知,从旁人那儿得来的知识;说知,是推想出来的知识。① "亲知"即"行知"是最基础、最重要的知识。按照陶行知先生的观点就是:行是知之始。②

数学绘本课程就是从让学生亲身获取知识入手,从给予走向生成,从灌输走向体验。著名教育家蒙台梭利也曾经说过:我听过了,我就忘了;我看见了,我就记得了;我做过了,我就理解了。③ 为了让学生在数学课堂上收获自信、感受成功的喜悦,敢于挑战、敢于展现自我,形成"我为人人、人人为我,学数学"的思想,容山小学开设了"微信小讲师"活动。这里的"小"是指孩子的年龄还小,但他们的智慧真不少。"讲"是指把孩子们思考问题的过程说清楚、说明白,即为什么是这样做的,而不是只说这个题目的答案是多少。可见,讲比说聪明多了。"师"就是指老师的意思,你不懂,我来教你,我不懂,来向大家学习。

在活动进行过程中,教师们分成了四步走,指导同学们轻松、愉悦、高质量地完成活动。

第一步,定主题。活动开始前,教师先给同学们发布一张选题参考表,指导同学们根据自己的生活实践选题。

---

① 陈孟麟.墨辩逻辑学[M].济南:山东人民出版社,1979.
② 陶行知.中国教育改造[M].北京:商务印书馆,2017.
③ (意)玛利亚·蒙台梭利.童年的秘密[M].金晶,孔伟,译.北京:中国发展出版社,2006.

表 9-3 容山小学"微信小讲师"选题参考表

序号	思 考 范 围	具体内容举例
1	我是怎么解决这个问题的	计算、选择、填空、画图、解决问题等。
2	我有什么好的学习方法	预习、作业、复习等。
3	我来教你只有怎么读题目,才能理解意思	读法、做标记等。
4	我有哪些好的数学学习习惯	准时、集中精神、预习、复习、课外阅读等。
5	我是怎么练习口算的,怎么算更好玩、更有趣	计时、全家总动员、人机大战等。
6	我有哪种数学玩具,我是怎么玩的	魔方、智慧片、磁力片、七巧板、九连环、汉诺塔等。
7	我喜欢玩哪种数学游戏,我是怎么玩的	24点、数独、一笔画等。
8	你知道哪些数学家的故事、数学绘本故事,来讲给大家听听吧	数学家:华罗庚、陈景润等;数学绘本:数学启蒙系列;数学绘本系列;数学故事系列等。
9	错题好题对对碰	你觉得哪个题目是好题,它能帮助我们学会什么知识? 你觉得哪个题目比较容易出错,会错在哪里,怎么才能不错呢,你有什么好方法? 你有哪个错题能介绍给大家,你有什么经验吗?
10	我读绘本	你觉得哪本数学绘本比较好呢? 来和大家一起分享吧。让我们一起来学习绘本中的数学,让我们在故事中体验数学的力量。
11	我的奇思妙想	除了老师提供的内容,你还有什么奇思妙想呢? 来和大家一起分享吧。

第二步,打底子。在同学们都清晰了自己的选题方向后,教师提前制作好微视频,通过班级微信群发布,对所有同学和家长进行辅导,介绍"数学微信小讲师"的具体任务和拍摄要求。在视频中,教师从选题、过程安排、材料使用等方面来指导数学小讲师要讲什么、怎么讲;从习题型、预习型、才艺型等方面分类指导各类主讲内容的讲解技巧。

第三步,勤演练。"纸上得来终觉浅,绝知此事要躬行。"要想成为一位优秀的"微信小讲师",必须在实战中积累讲题的经验和方法。教师对同学们提出了"勤演练"的要求:首先是自由体验阶段,让同学们在家里自由练习,为亲人朋友等进行讲解,体验如何做好一位"微信小讲师";然后是任务驱动阶段,通过发布明确的任务,让同学们带着任务去学习和尝试,在学习和尝试的过程中得到提升;最后利用线上(班级微信群)、线下(课堂、家庭、课外等)进行互动分享。

第四步,展汇评。借助学校的"容讲台",教师组织同学们进行专场"优秀微信小讲师汇报及颁奖典礼"活动,以展促学,以展拓学。

通过"微信小讲师"活动,孩子们对数学的兴趣越来越浓厚了。

（3）千万阅读活动。容山小学的"千万阅读活动"指的是由全校教师、全体学生、所有家长在一年内共同阅读一千万字，该活动致力于推广全民阅读，为学生及其家长提供高品质的阅读指导，培育爱阅读、会阅读的新时代家庭，提供丰富的阅读书单、操作性强的课外阅读方法、主题探究整本书阅读的指导体系，打造线上线下课程同步发展的阅读模式，建设整本书阅读教研体系，主张用阅读为孩子的一生立言。

容山小学的"千万阅读活动"以"阅读书目"为内容，以"阅读课堂"为阵地，以"晋级测评"为手段，以"书香校园"为环境，以"家校共读"为保障，形成阅读晋级的运行机制。通过"课外阅读课程化、阅读进阶数字化、家校合作常态化"的工作机制，让每一位学生爱上阅读、享受阅读。

容山小学从2018年开始将数创绘本阅读纳入学校"千万阅读活动"之中，旨在通过这种形式的阅读，培养学生的数学兴趣，提升理解能力，在阅读理解、理性思考的同时达到思维提升的目的。共读的绘本都是选自立言教育研究院的原创绘本，主要是以数学为主学科，以教材上的知识点为生发点，再整合相关的科学、艺术等内容。绘本内容具有启发性、探究性。

2018年1月，容山小学一至三年级18个班级全面铺开数创绘本阅读活动，教师们利用寒假时间，通过班级微信群，采用轻松愉悦的"微学习"的方式，带领孩子和家长进行亲子共读。当时一共选择了两本绘本：《大白鲨能潜水多深》（数感与海洋生物）和《向动植物学习什么》（速度与自然科学），书名后面的括号里是书中数学与科学的相关知识。1月16—20日共读《大白鲨能潜水多深》，在开学前一周2月13—17日共读《向动植物学习什么》，每本书读5天，每晚7:30—8:30为在线学习与交流时间，孩子与教师同时在线。

这两本书都以数学学科为主，里面还有自然科学的相关知识。学习时采用"微课学习，群智共享"的方式，每天下午教师把学习内容及学习微视频发到群里，晚上7:30—8:00为教师集中点评时间，8:00—8:30为交流与答疑时间，孩子们拿到学习任务后，选择自己方便的时间上来学习，每天的学习内容有朗读、计算、实践活动、查找资料、绘画、实验……这些内容大概20分钟左右就可以完成。同学们在群里用录像或语音或文字分享自己的学习成果，教师进行点评，同学之间互相学习及指正，群内气氛活跃，好多孩子在里面流连忘返，常常学完了绘本上的内容，还要把知识再拓展出去，问问东、问问西、晒一晒自己的实践活动，帮助一下同学……

数创绘本阅读活动采用"微课学习＋线上交流＋在线检测"三位一体的学习方式。在活动过程中，同学们结合实际，进行实践式学习：他们通过丈量家中的各种家具，把米、分米、厘米的知识与长宽高的概念运用到生活实践中。同学们联系生活,进行观察式学习:他们通过体重秤、温度计、地下停车场、海底潜泳等,寻找生活中的负数。孩子们融合各学科,进行趣味式学习:他们制作海洋生物家族图谱,绘制海底生物分布图,创编海洋生物故事集,举行海洋小剧场汇报演出。5天的学习结束后,同学们总结所学的知识,进行学后测试,评选出了5名优秀绘本阅读小明星。

读一本书的意义绝不仅仅在于给孩子讲个故事,讲几个知识点,而是通过阅读能够把孩子引到一个更广阔的探索空间。让孩子能够对自己感兴趣的问题在阅读之后仍然有兴趣去了解、研究,这样的阅读才是启发人的,这样的阅读才有趣。

(4)绘本作业设置。作业是教师精心准备的送给孩子们的一个礼物,使教学的影响延续到孩子全部的生活之中。为了让孩子们的数学学习更加有趣,容山小学的教师们在作业布置上也进行了新的尝试,设计了许多孩子们喜欢的特色作业,更加有效地将课堂上学习的数学知识与生活紧密相连。如,数学绘本阅读作业、数学绘本创作作业、数学小研究作业、我给爸爸妈妈讲绘本故事作业等。

数学特色作业为孩子们提供了展示的舞台,分享着收获的喜悦,更多的孩子投入到爱学数学、乐学数学、会学数学、想学数学的行动中来。这些形式多样的特色作业,能够焕发学生学习数学的热情,让学生感受到数学学习的多彩,享受到数学学习的乐趣。

[案例]学生数学绘本集

4. 多学科深度融合

(1)容山小学的大榕树。在容山小学的校园里,有一棵大榕树,他距今已有三十年的历史,承载着容山小学的历史,见证了容山小学的成长。

大榕树高大的树冠和互相攀缘支撑的枝干,向人们展示着他的博大和包容。如今大榕树下成了孩子们的乐园。上学放学时,孩子们走过榕树旁,都会亲切地和他打招呼;课间时,孩子们会跑到大榕树下歇歇脚、聊聊天;获得成功时,孩子们会骄傲地跑到榕树底下告诉榕树爷爷;伤心难过时,大榕树会用温暖的怀抱无声地安慰孩子……大榕树下凝聚了孩子们的欢声笑语、难过悲伤。2014年,经过全校师生投票,一致通过选取大榕树作为容山小学的校树。

(2)"我们的大榕树"主题活动。围绕这棵大榕树,容山小学发起了"我们的大榕树"主题活动,实现了数学绘本课程与学校多学科的高度融合。

① 用身体丈量大榕树。

活动起源于一节数学绘本课——《我家漂亮的尺子》,结合的是数学课本中有关测量的知识。绘本故事中介绍了生活中一些测量的方法：用手尺、脚掌、手臂、身体高度等进行测量，孩子们兴趣盎然，觉得新奇又有趣。课后，教师就把孩子们带到了大榕树下，让他们试着用手尺、脚掌、手臂等测量大榕树的各种数据，使用"拃、脚印、庹"等计量单位将各种测量的数据记录下来，并绘制一张使用"拃、脚印、庹"等计量单位测量大榕树的测量图。

② 感受榕树的精神。

热闹的身体尺子丈量活动刚刚结束，语文教师就带领孩子们来了。孩子们围坐在大榕树下，探讨榕树的精神，朗诵有关榕树的诗歌，并以榕树为主题进行了各种形式的文学创作：有的写下了有关榕树的文章，有的写下了以榕树为主人公的诗篇。

③ 唱响属于榕树的歌。

适逢学校一个有关童曲创作的课题正在研究中。音乐教师见到孩子们创作的以榕树为主人公的诗篇欣喜异常，他们带着这些优秀的诗篇，在大榕树下指导孩子们给这些诗篇谱曲，并且将这些榕树之歌唱给大榕树听。

④ 榕树与信息技术相遇。

这些完成谱曲的榕树之歌被带进了信息技术课堂。信息技术教师指导孩子们通过软件，为这些歌曲制作伴奏，录制保存。德育处经过筛选，选出了10首榕树之歌在校园广播中播放，并组织全体学生投票，票选出孩子们心中认为最能代表大榕树的歌声。

⑤ 艺术家笔下的榕树。

落叶纷飞的时节，美术教师以大榕树为对象组织了班级写生活动。孩子们纷纷支起画板，画下了自己看到的大榕树的身影，画下了伙伴们在榕树下的各种活动。陶艺小组的成员还用自己灵巧的双手，用陶泥捏制了榕树的模样，并烧制成陶器。

⑥ 榕树底下的游戏竞技。

体育课上，孩子们齐聚在榕树底下，玩起了记忆中的游戏：丢手绢，跳格子，跳皮筋……欢笑声响彻校园。

⑦ 榕树十之最。

综合实践的教师在榕树下给孩子们讲述"榕树十之最"的知识：最具"标志性"的古榕、最有"胸径"的古榕、最"高寿"的古榕、最会"秀恩爱"的古榕、最"张牙舞爪"的古榕、最奇特的古榕、最"霸道"的古榕、最顽强的古榕、最"掏心掏肺"的古榕、最声名远播的古榕，大榕树下不时传来孩子们的惊叹声。

⑧ 探寻榕树开花的秘密。

五月,榕树开花了。科学教师带着孩子们来到榕树底下,循着香气,寻找隐藏在花托内的榕树花,并为同学们讲述花的知识。

⑨ 英语课堂上的榕树知识。

英语课上,教师教孩子们用英语、德语、法语等不同的语言读榕树的名字,并给孩子们讲述了"一带一路"沿线各种与榕树有关的故事:宁德师院附小"一带一路"儿童湿地科普园中七国少年共同种下的那棵象征融合、和谐、民心相通的大榕树,化州新安镇的榕树茶,缅甸人将榕树视为佛的象征……大榕树走出了容山,变得国际化。

"我们的大榕树"从榕树出发,从数学绘本课程的教学起源,发展成为一门课程,实现了各学科的高度融合,使孩子们在游戏中享受学习的乐趣,给孩子们带来了巨大的收获。

(3) 我们的榕树节。通过"我们的大榕树"系列活动,孩子们更加喜爱这棵大榕树了。学校在多学科融合的基础上,发展了"我们的榕树节"主题活动。"我们的榕树节"在每年五月份举行,为期一个月。在这一个月时间里,孩子们会按照教师的要求,量榕树、唱榕树、画榕树、探寻榕树开花的秘密、进行榕树宝宝形象大使评选、举行榕树下的帐篷日……这项由一次数学绘本课偶然产生的活动,已经成为了容山小学学生向往的校园节日。

(六) 数学绘本课程的评价策略

1. 制定评价方案,美在有序

围绕《小学数学课程标准》,结合容教育的要求和绘本课程的特点,我们设计了课程评价方案。评价从数学知识与技能、数学思考习惯、解决问题能力、情感与态度、数学创意五个方面进行,每个方面又有五项具体要求,每个要求,设定两颗星,每个方面共有 10 颗星,根据学生得到评价星的数量,以 A、B、C 三个等级来呈现。**(附录 9-3)**

2. 课堂特色评价,美在有趣

数学绘本教学要让孩子感到愉悦、感到快乐,教师们为孩子带来的评价也特别的不一样。比如说学《大猩猩爸爸卖苹果》,给孩子们的奖品就是一个真正的苹果。比如说学《寻找消失的宝石王冠》,给孩子们的奖品就是教师自己设计的王冠。当

[视频案例]正方形找妈妈

然,对于学生来讲,课堂上最大的赞赏莫过于教师选用他自己创作的绘本作为教材。如,一年级下册教授正方形知识时,李彩云老师就采用了102班梁栩彬同学自创的绘本《正方形找妈妈》作为教学材料。梁栩彬同学和妈妈一起共创的亲子绘本,逻辑清晰,层层递进,仿照孩子听过的童话故事《小蝌蚪找妈妈》的创作方式,从弯弯的圆到直直的边、从对边相等的两条边到四边相等的四条边、从尖尖的角到四个直角,带领同学们认识了圆形、三角形、长方形、正方形的基本特征,有助于一年级学生正确辨认圆形、三角形、长方形、正方形这些平面图形。当时李彩云老师执教的是一堂全街道公开课,课程结束时,李老师邀请绘本作者——当时已经升上二年级的梁栩彬和他的妈妈一起上台并对他们表示感谢,当梁栩彬听到同学们的赞叹声,看到他们羡慕的眼神,他的腰板挺得直直的,别提多高兴了,而梁妈妈当堂流下了激动的泪水。这样的评价多么生动有趣啊,这样的评价对梁栩彬的影响是巨大而深远的,在这样的评价中,一个未来的数学家、数学绘本家、插画家可能就开始成长起来了。

3. 对学生的评价,美在悦纳

在容山小学的数学绘本课程学习中,对学生的评价主要有以下几种形式:

(1) 数学绘本千万阅读学习小标兵。这项评比主要针对学校的数学绘本千万阅读活动。一至三年级每个年级设置10阶阅读内容和10阶测评体系,总共形成"三级30阶"阅读晋级模式。学生需要完成以下两项任务,方可得到"数学绘本千万阅读学习小标兵"的称号:一是完成要求精读的5万字,实现"线上晋级检评"和"线下互动课堂"的交互学习,确保阅读质量、教学质量;二是在家校共同支持下,完成要求必读的10万字,并在家长的支持下,完成"线上晋级测评"。

(2) 数创绘本阅读小明星。这项评比主要针对各班依据学校的统一安排举行的数创绘本阅读活动。该项活动采用"微课学习+线上交流+在线检测"三位一体的学习方式,学习结束后,每班评选出5名最优秀的数创绘本阅读小明星,这5名学员将获赠"新一期绘本1本+奖状"。

(3) 我最喜欢的绘本评选。这项评比主要针对学生自己创作的数学绘本。每个寒暑假,教师都会要求同学们自己创作一本数学绘本,开学初带回学校进行评比。该项评比采用师评、生评、家长评三者结合的形式,按照每位同学的师评分数×40%+生评分数×30%+家长评分数×30%的方式计算总分,每个班选取总分排名前20的同学进行奖励。

表 9-4　容山小学"我最喜欢的绘本"评选表

评分人：
评选人班级：_____　　　　评选人姓名：_____
评选人自创绘本名称：_____
评选人自创绘本内容简介：_____

评　分　标　准	学生自评	家长评价	教师评价
1. 绘本故事的内容是否由自己编写？如果全部由自己独立编写,请给 20 分；如果有得到别人的指导与帮助,请酌情减分。此项满分 20 分。			
2. 绘本故事的配图是否由自己独立完成？如果全部由自己独立完成,请给 20 分；如果有得到别人的指导与帮助,请酌情减分。此项满分 20 分。			
3. 读了这个绘本故事,你觉得能获得数学知识吗？如果觉得能学到很多数学知识,请给 20 分。如果觉得只能学到一点点数学知识或者不能学到数学知识,请酌情减分。此项满分 20 分。			
4. 阅读这个绘本故事时,你觉得绘本的画面能给你美的感受吗？如果觉得画面很美,请给 20 分。如果觉得画面不够美,请酌情减分。此项满分 20 分。			
5. 阅读这个绘本故事时,你觉得绘本的故事内容精彩吗？如果觉得绘本故事的内容很精彩,能够深深地吸引你,请给 20 分。如果觉得故事的内容不够精彩,请酌情减分。此项满分 20 分。			
小计得分			

（4）优秀"微信小讲师"评选。这项评比主要针对"微信小讲师"活动。每个寒暑假,教师都会要求同学们完成一次"微信小讲师"的微视频制作,并将视频发布到班级微信群进行展示。开学后,教师会组织相关人员对学生发布的"微信小讲师"微视频进行评比。该项评比采用师评、生评、家长评三者结合的形式,按照每位同学的师评分数×40% + 生评分数×30% + 家长评分数×30%的方式计算总分,每个班选取总分排名前 20 的同学进行奖励。

4. 对教师的评价,美在有容

容课程倡导教师学术自由,专业自主,鼓励教师成为有个性、有追求的"不一般"的教师,让每个教师成为更绿的"那片叶",更香的"那朵花"。通过"一师一（特色）课程"的建设,把教师推向课程建设的中心,成为课程建设的主体。通过"个课程"的学生选课和末位淘汰(学生不喜欢的选修课程就淘汰),让学生成为教师课程质量的评价主体——凡是学生喜欢的课程就是好课程,凡是学生喜欢的教师就是好教师！

每个学期末,容山小学都要通过调查问卷的方式,评选"我最喜爱的老师"。校长室制定表格,发放给全校学生,由学生进行不记名投票,选出自己最喜爱的教师。

(七)数学绘本课程的成效

1. 数学绘本课程使学生乐学好学

原来的一年级课堂最令教师头疼的方面是孩子注意力很难集中,课堂要不停地讲纪律,不断组织教学。曾经学校组织过孩子评选最喜爱的课,不用说,数学课肯定榜上无名。自从开展数学绘本进课堂,数学绘本抓住了儿童天生喜欢听故事的特点,以生动的故事来呈现数学知识,当数学知识是以有关学生生活的事物为背景出现时,不仅牢牢地吸引了学生的注意力,而且让他们体会到原来生活中有许多有用和有趣的数学,从而对数学产生浓厚的兴趣。

现在的课堂孩子马上被故事吸引,不知不觉中成为故事里的主人翁,他要开口表达,他要动手操作。孩子们不禁惊叹:"天哪!原来数学可以这样学!"

2. 数学绘本课程促进教师专业成长

由于教育的动态性和拓展性,教育技能和素质只有在教育教学实践中才能得以不断认识和提高。数学绘本课程的开发与推进,极大地促进了数学科组教师的专业成长。他们如饥似渴地学习,他们每周都要进行绘本课程的专题研讨活动。在进行绘本课程集体备课时,备课组总是全员参与,共同分析,提供"不同意见""多种声音",有时为了一个情景创设争论得脸红耳赤,有时为了一句过渡语言苦苦思索、细细推敲……对教学过程精心雕琢的过程,是集体智慧焕发的过程,也是教师与教师之间互相启迪、全面反思自己日常教学行为的好机会,从而使每位教师的课堂教学日益精进。

绘本符合儿童爱美的心态,绘本数学就是美丽数学,绘本数学学习之旅就是师生寻美之旅、创造美之旅。

数学绘本是一盏灯,它让人幸福,让人心灵变得柔软,让人的思维变得灵动,让数学与生活有效联结。让我们都来成为孩子数学阅读旅途的点灯人,让每一位孩子在深入的数学绘本学习中,走近数学,理解意义,自主构建新知识,让学生眼中的数学学习更加生动有趣。

三、容课程建设的总结与反思

(一)容课程建设的经验

1. 课程与文化相融

在现实中长期存在文化、课程两张皮的情况。容课程认为:只有文化与课程和谐共振、共生，才能以文化人，课程才更有意义。容山小学的文化是血液，为容山小学的发展输出营养；容山小学的课程是肌体，为容山小学的发展搭建了框架。这种紧密结合主要表现在以下几个方面：

(1) 文课合一。这种"合一"体现在"容文化"与"容课程"同名（均叫"容"）、同质（共同的价值取向）、同步（共同推进）三个方面。基于容文化的胸怀，我们构建了"悦纳"课程；基于"宽容、从容、包容"的文化取向，我们提出了课程培养的15项目标内涵。在同步推进中，文化与课程成为了相互补充、相互发展的共同体。

(2) 以文化课。我们用"容文化"的价值内涵去审视国家课程，让国家课程进行校本转化，解决"水土不服"问题。这就是我们所说的把"基础性课程"进行"稚化""童化"，让孩子喜欢学，学得进，学得深。我们用"容文化"的理念去开发校本课程，提出了为孩子成长需要而"＋"的校本课程建设思路，"＋课程"就成为最知孩子"温饱"、最通孩子"性情"、最懂孩子"需要"的"容课程"。

(3) 以文创课。

① "容文化"为我们创建了一门隐性的容课程。满校园的"容文化"元素，如文化标识、吉祥物、主题园、容讲台、大榕树、文化匾以及歌谣、词赋、对联等有层次地呈现在师生的眼前，让我们走在校园里就像是在读一本"活"的文化巨著，每走一步都有翻页的感觉，每驻足片刻都有掩卷而思的韵味。

② "容文化"为我们创建了一门完全属于孩子的容课程。每周五的下午，都有两个班学生集中在容文化厅，每次都有不同的十来个孩子，走上"容讲台"，站在"容字墙"前面讲自己的容故事、容感想、容经历……每年七月，容山小学的礼堂都会举行一场毕业典礼。浸润6年容文化芬芳的学子们，将在这天阔别容山校园，将"有容"的力量传承。

③ "容文化"为我们创建了一门活动的容课程。容山小学将学校的各种有容景观、有容现象汇编成校本教材，让容文化走进课堂，走入学生，让学生亲近容文化；容山小学通过校歌《山水容山》让学生唱响有容声音；借助升旗台、容讲台讲好有容故事；利用师生容文化书法比赛写好有容印记；教师们带着学生在榕园快乐游戏，在有容石旁愉悦学习，在大榕树下尽情游戏，留下有容身影；每学期都举行"有容之星"和"十佳有容之星"评比，镌刻有容荣耀。有容的声音在校园回荡，有容的身影在校园徜徉，有容的精神在校园生长。

2. 做好课程加减法

容课程在构建课程体系时致力于做好加减法，为学生加，为学生减，优化学生的课程体验。增加孩子喜欢学的课程内容,对原有课程进行补充与拓展,让孩子快乐学,深入学;减少重复的、滞后的内容,对原有课程进行整合与优化,让孩子轻松学,系统学。在基础性课程上做加法,实行"一科一拓展"——语文科拓展了书法、诵读;数学科拓展了绘本、综合实践;英语科拓展了带路英语、自然拼读;美术、音乐、体育、信息技术等学科也根据教师特长和地方特色各有拓展,精彩纷呈。提供供学生选修的社团课程,邀请家长开设各类主题课程,包括外出实践活动、亲子课程、家长专题活动等。在拓展性课程上做减法,实现课程的整合与优化——健康教育与心理学科的整合;数学、科学、综合实践的整合;品德与祭孔大典、祭奠英雄、春天植树、三月学雷锋等活动的整合等。

3. 教师是容课程最重要的资源

容山小学认为,在诸多课程资源中,教师是容课程最重要的资源,开发利用课程资源的本身也应是教师成长发展的过程。因此,在课程资源建设过程中,学校始终把教师队伍建设放在首位,通过这一重要课程资源的突破,来带动其他课程资源的优化发展。最近几年在开发、实施校本课程工作中,学校致力于建立起教师与课程的和谐关系,让教师从过去单一的课程使用者变成如今的课程开发者、实施者、发展者,"教师即课程"已成为容山小学的共识。

学校鼓励教师发挥自己的优势特长,挖掘潜在的教育资源,创造性地开发有个性的校本课程。通过"一科一拓展",让教师对国家课程进行校本化的改造和补充。通过"一师一(特色)课程"项目,将教师之个性转化为课程资源。在容课程培训——精品课程先行——特色课程普及——容课程推广的过程中,我们运用项目推进、主题引领、课题研究等方法,让教师通过体验,缓解了职业倦怠,品尝到了成长、成功的教育人生价值,使教师的专业成长成为一种自觉。现在学校教师自觉报课题,自觉做课程,自觉上项目,充满了职业的幸福感。有三人获评顺德区首批名师,有四人成为省、区、街道工作室主持人,有十名教师在近四年获评高级教师资格,基于课程项目出版了四本书,获得了国家、省、市区等十余项成果奖励。

4. 容课程的构建坚持儿童立场

容山小学容课程在构建时,就提出了这样的哲学思考:我们要顺应儿童天性,尊重儿童自由,发展儿童特性,站在儿童自我需求和自我发展的角度,让儿童自主地认识、选择课程并主动、积极地体验课程内容,从而获得适合的成长。

在课程实施的过程中,我们通过自主布置有个性的教室、独立选择社团,给予学生自由选择的权力,助力儿童自主多元发展。我们在课程研发、课程设计、课程方案、课程内容、课程实施以及课程评价等方面,都坚持以儿童的成长规律、认知经验为基础,让课程有儿童。我们提出了"潜修童道,乐为童师"的教师观,要求教师心里装着儿童,关心儿童,感受儿童的喜怒哀乐,体会儿童的生活方式、学习态度和生活氛围,以此实现教师与儿童之间这种息息相通、心心相印的心灵沟通与契合,使儿童因教师而成长,使教师因儿童而精彩。我们为儿童提供一种学校生态环境,建构适应儿童健康快乐成长的学校公共生活空间;我们注重呵护童年价值,为儿童提供个性化表达的自由园地,搭建儿童探究、发现的舞台,引导他们主动参与学校公共生活,从中获取个体自由发展的经验。我们坚持"榕树片片绿,桂花粒粒香"的课程评价理念。我们认为,每个生命都有各自的精彩,我们以实现这种各自的精彩作为使命。

容课程的构建基于儿童立场,始终坚持让儿童站在课程的中央,容课程焕发了儿童的生命,改变了儿童,提升了儿童,成就了儿童,使每一名儿童真正实现了自主成长。

5. 容课程改革坚持以国家课程作为主阵地

国家课程承载着践行民族文化的使命,承担着落实国家培养目标的重任。"容文化"是民族传统文化的本土化、校本化,在传承与发展中实现了"地方水土"与"国家课程"的对接与共振。在进行课程改革的过程中,容山小学坚持以国家课程作为主阵地,把"基础性课程"进行"稚化""童化",做好国家课程校本化的过程,让孩子喜欢学,学得进,学得深。

(1) 语文科:我们推出了阅读、写字两项校本化课程。为了配合这两项课程,我们实行课程进课表,在课表上设置每周一节专门的阅读课、写字课,每天上午设置阅读十分钟的短课,每天下午设置练字十分钟的短课。推出了硬笔、软笔书法课程,颁布了《容山小学硬笔书法测评要求》,坚持每学期一次对全校学生进行"硬笔书法等级测评",并为通过测评的学生颁发"容山小学硬笔书法等级考试证书"。

语文科组出版了《容山小学课外阅读推荐书目》,选派了一批年轻教师加入"百班千人"阅读推广活动,推出"整本书阅读"的课程,在阅览室购置了几千本新书,实行"图书班级漂流",结合阅读节举行全校性的"课外书阅读知识竞赛"活动。

(2) 低年级数学科:推出了数学绘本课程,开展了基于数学绘本课程的拓展活动。经过三年多的实践,数学绘本课程已经被越来越多的学生、家长、教师所认可和喜爱。

(3) 高年级数学科:推出了数学实验室课程。主要有以下三种课型:① 常规数学课堂教学中,让学生动手操作类的数学实验课;② 综合型的数学实验课,每月一节,根据单元教学内容整体开设;③ 实践拓展类型的数学实验课,每学期每年级走出教室开设一节。已出版课程配套教材——《容山小学数学实验室课程操作手册》教师篇和学生篇。

(4) 英语科:推行"自然拼读法"。结合PEP人教版教材每个单元的语音教材内容,利用"自然拼读"课外绘本教材里相关的韵律诗、故事等,让孩子们通过说、唱、演等有趣的表演形式,来习得更多的课外词汇和句型。目前,已经成功申报课程子课题《"带路文化进课程"的实践研究——容山小学英语课程拓展策略研究》,旨在通过各种形式的课堂让学生去了解"带路文化",拓展小学英语课程,了解带路国家的服装及文化习俗,激发学生对各种不同文化的兴趣,从而培养学生包容的品质。

(5) 综合科:在国家课程的基础上,根据教师们各自的特长,推行"一师一课程",对国家课程进行针对性的补充。如体育科的篮球、毽球、足球、田径、击剑;音乐科的音乐创作、合唱、舞蹈;美术科的撕贴画、陶艺、水墨画;信息技术科的编程、电脑组合画、创客生活、3D打印;心理健康学科的儿童心理绘画;科学学科的小小科学家系列师本课程。其中,小小科学家系列课程已经在顺德区、佛山市、广东省乃至全国的各项比赛中获得了奖励一千多项。

(二) 容课程建设的未来发展之路

1. 打破学科壁垒

未来,容课程要完全打破学科壁垒,进行课程重构,开发校本"容"教材,由现在的课程整合走向课程融合,以主题学习和实践活动为支点,以国家课程中每个具体学科的课程目标为依据,扩展学科课程领域,试图改变学科与学科、学习与生活、学校与社会之间分离的状态,为学生创设更加适切的学习内容、方式和环境,从而促进学生健康、快乐、自主、和谐地发展。

对应容课程的五个课程领域,"容"教材具体分为五门:道德与修养,语言与交往,科学与创造,健康与运动,艺术与审美。道德与修养整合现有的"品德与社会、班队",语言与交往整合现有的"语文、英语、阅读",科学与创造整合现有的"数学、信息技术、科学、综合实践",健康与运动整合现有的"心理健康、体育",艺术与审美整合现有的"音乐、美术、书法"。我们会将项目式学习的内容融合进教材的编写中,如水果、蚕、芒果节、校园里的大榕树等,打通各个学科,引导孩子们过完整的课程生活。

容课程将致力于以下几个方面的融合。① 学科内容融合:"容"教材连接知识与成长。该套教材将依据国家课程标准,融入知识学习和学生成长两条线索,通过使用学生喜爱的儿童绘本等形式创设主题情境,将多学科知识融合在一起,融知识性、趣味性、生活性于一体。② 学习环境融合:打造"融合课程教室",营造"家"的味道。③ 教学方式融合:课时与分工由教师自主,促进教学方式多元共生。在将来,容山小学将不再设置语数英音体美等专职教师,实行教师包班制,让教师大胆突破、自主创新,与学生共同创造出更为别开生面的课堂。

2. 打破空间壁垒

面对时刻变化的未来,多元化的教学内容、学习方式已成为主流。容山小学力求做到打破教材界限,根据学生身心发展的个体需求,让孩子自主选择学习内容;打破时空界限,让孩子自由选择同学,自主选择学习时间,建立课上课下及线上线下充分互动的立体教学形式,综合采用多种教学技术和互动手段;打破师资界限,运用家长、社会力量,让优秀资源走进课堂,走近孩子;真正做到"时间自主、内容自选、评价自知、成果自创",打造智慧课堂,实现智能学习。随着教材、时空、师资界限等空间壁垒的打破,容课程将无处不在。

3. 打破评价壁垒

未来,容课程将采取更综合性的评价,令"有容之星"的内涵更丰富;采取更多样化的评价,例如,"有容之星"的评定、网络阶段性的评价、才艺展示性的评价等等,令评价的方式更灵活;采取多元融合的课程评价方式,设置多元评价体系,注重学生实际获得。例如:在某一个项目学习结束之后,学后即测,对学生每个项目的学习效果进行评价;学生可以通过选择形成性评价表,对自己的表现进行自主评价;可以在各种主题活动中进行过程性、展示性评价;可以以"期末闯关周"活动作为期末的终结性评价,闯关形式有笔试、情境闯关、游戏闯关、展示表演等。闯关活动中,孩子们可以用自制钟表、自创绘本、绘画日记、特色主题作业等装饰教室,并邀请家长参加展示汇演活动,既使学生充分展现自我,也使学生和家长共享学习成果。

4. 实现三个增值

(1)学生增值。未来,在容山小学的课堂中,要让学生的学习增值:让学生有学习的愿望,让学生掌握学习的方法,掌握一定的知识技能,让学生明白学到的东西是有意义的可受用的。通过在容山小学的学习,学生要实现自我增值:知识不断丰富,学习能力得到提升,成长为"待人宽容、做事从容、思想包容"的三容学子。

（2）教师增值。打造一支卓越的教师队伍，是学校工作永恒的主题。为了让教师在课程改革中受益，容山小学将基于学校制定"强师兴校五年行动计划"，并以此为蓝本，着力培育新优质教师、专家型教师。第一，入职入岗促提高，促进新入职教师迅速适应教学岗位。第二，"青年才俊"展风采，通过各种有针对性的学习、培训、评比等活动，促进青年教师的成长，使青年教师由新手型教师迅速蜕变为熟练型教师。第三，学习型组织建设有腔调。学校将打造学习平台，促进教师专业学习氛围，促进学校所有教师的稳步提升。第四，专项教师发展项目有收获。为了让学校的优秀教师能有更开阔的视野，有新的平台提升自己，学校将与华东师大等建立教师培养合作项目，借助高校的力量，使现有的骨干教师向专家型教师发展。

（3）学校增值。通过容课程的学习，培养"待人宽容，做事从容，思想包容"的三容儿童，使他们有独立人格和适应未来生活的能力，有社会所需要的工作能力和素质，有幸福生活的能力。这是增在学生素质最"需"处。通过容课程的开展，学校对教师的培养不但着力于教育教学技术，而且着力于教师深广的人文情怀和追求美好人生的情感，使教师言行之间就有教育，使教师举手投足之间散发出来教育，让教师跳出教育发展自己，让教师实现各美其美，美美与共。这是增在教师素养的最"弱"处。学生的成长和教师的成长必然带动学校的成长，实现学校增值。学校增值，增的是学校的凝聚力，增的是学校的社会赞誉度，更重要的是增的是学校的精气神，这样的增值会令容山小学真正实现"校容人和"的教育生态，呈现"大音希声，大象无形"的无言之美，这样的增值会长久地镌刻在学校每一个人的心上。

小结

世界怎么了、我们怎么办？中国基于中国文化提出了"共建人类命运共同体"的中国智慧和共建"一带一路"的中国方案，为全球治理提供了一个良方。社会发展了、教育怎么样？基于校本"容文化"理念引领下的容课程为容山教育人提供了方向。历史的波涛在岁月的茫茫大海中汹涌澎湃，现实的浪花在生活的大熔炉里滚滚而来。脚踏容山小学的这方土地，历史的激情与现实的繁华将容山小学坚强不屈的精神之魂点燃，惊艳四座。风云变幻，沧海桑田，不变的是容山小学脚踏实地对教育的炽热之心。不应只迷醉于昨天的繁华，不要仅着眼于今天的安定，放眼未来，还有更高的山需要去爬，还有更长的路等着容山小学去踏。培养"待人宽容，做事从容，思想包容"的三容学子,办孩子喜欢的童道学校,容山小学正在焕发着前所未有的活力。有容德乃大,山高人为峰,这是容山小学面向明天的新的教育价值追求。

附录 9-1 容山小学数学绘本课程内容一览表

表 9-5 容山小学数学绘本课程内容一览表

年级	授课时间	绘本名字	所属领域	配套知识	使用功能
一年级上册	第 2 周	《哎呦哎呦,有人吗?》	数与代数	按照顺序数数	亲子阅读
	第 4 周	《卷发婚礼》	数与代数	10 的分解与合成	教学用
	第 6 周	《阳阳数鸡蛋》	数与代数	凑十法	教学用
	第 8 周	《斯克鲁奇的圣诞》	数与代数	9 加几	教学用
	第 10 周	《鲤鱼报恩记》	图形与几何	认识立体图形	教学用
	第 12 周	《大乌龟和野兔子的数数比赛》	数与代数	11—20 各数的认识	课内阅读
	第 14 周	《参加义卖会》	数与代数	20 以内进位加法运算	亲子阅读
	第 16 周	《寻找消失的爸爸》	图形与几何	观察物体	课内阅读
	第 18 周	《雪人》	综合与实践	排列	亲子阅读
一年级下册	第 2 周	《哞哞的叶子车》	数与代数	两位数的计算	教学用
	第 4 周	《小偷们的黑暗银行》	数与代数	100 以内加法	教学用
	第 6 周	《大猩猩粑粑卖苹果》	数与代数	100 以内减法(跳绳)	教学用
	第 8 周	《大猩猩粑粑卖苹果》	数与代数	100 以内减法(阅览室)	教学用
	第 10 周	《寻找消失的爸爸》	图形与几何	认识图形	教学用
	第 12 周	《谁偷走了西瓜》	图形与几何	认识图形	教学用
	第 14 周	《正方形找妈妈》(容山小学学生自创绘本)	图形与几何	认识平面图形	教学用
	第 16 周	《图形星的怪样王国》	图形与几何	认识平面图形	教学用
	第 18 周	《一起一起分类病》	数学好玩	分扣子	教学用
二年级上册	第 2 周	《世上我最讨厌计算》	数与代数	两位数加减法	亲子阅读
	第 4 周	《幸运农夫的三个宝贝》	数与代数	乘法	教学用
	第 6 周	《我的小九九》	数与代数	乘法	教学用
	第 8 周	《鸟儿鸟儿飞进来》》	数与代数	倍的认识	课内阅读
	第 10 周	《养猪王子求亲亲》	数与代数	分一分与除法	教学用

续 表

年级	授课时间	绘本名字	所属领域	配套知识	使用功能
二年级上册	第12周	《阴险的员外》	图形与几何	认识长度单位	课内阅读
	第14周	《国王的新衣有多长》	图形与几何	认识米和厘米	教学用
	第16周	《灰姑娘的难题》	图形与几何	认识米和厘米	教学用
	第18周	《到点啦，麦克斯》	图形与几何	认识整时半时	教学用
二年级下册	第2周	《甜甜的糖果屋》	数与代数	加减法	亲子阅读
	第4周	《破旧的卡车》	数与代数	三位数的组成	教学用
	第6周	《小凯特的大收藏》	数与代数	加法	课内阅读
	第8周	《两条射线手拉手》	图形与几何	认识角	教学用
	第10周	《疯狂的麦克斯》	数与代数	认识时间（分）	教学用
	第12周	《到点啦，麦克斯》	数与代数	认识时分秒	教学用
	第14周	《宾果找骨头》	图形与几何	认识东南西北	课内阅读
	第16周	《寻找消失的宝石王冠》	数学好玩	重复的奥秘	教学用
	第18周	《乱七八糟的魔女之城》	数学好玩	排序的规律	课内阅读
三年级上册	第2周	《每人都有份》	数与代数	除法	亲子阅读
	第4周	《漫长的等待》	数与代数	估算	课内阅读
	第6周	《乌鸦哥哥变形记》	数学好玩	搭配中的学问	教学用
	第8周	《栅栏栅栏围起来》	几何与图形	认识周长	教学用
	第10周	《围呀围，围栅栏》	几何与图形	认识周长	教学用
	第12周	《围呀围，围栅栏》	几何与图形	认识周长	教学用
	第14周	《宇宙小子》	数与代数	认识万以内的数	亲子阅读
	第16周	《坏蛋格格巫的"好点子"》	数与代数	认识小数	课内阅读
	第18周	《吃饼干大赛》	数与代数	小数的加法	教学用
三年级下册	第2周	《马良的神奇画笔》	图形与几何	认识轴对称图形	教学用
	第4周	《保罗大叔分披萨》	数与代数	分数的初步认识	教学用
	第6周	《儿童节的礼物》	数与代数	分数的初步认识	课内阅读
	第8周	《公主殿下来的那天》	图形与几何	认识面积、比较面积	教学用
	第10周	《宽宽窄窄量量看》	图形与几何	认识面积单位	教学用
	第12周	《山姆的脚印格子》	图形与几何	比较面积的大小	课内阅读
	第14周	《小小设计师》	数学好玩	周长和面积比较	教学用
	第16周	《小小设计师》	数学好玩	数学与美术	教学用
	第18周	《小小设计师》	数学好玩	数学与操作	教学用

附录9-2　容山小学数学绘本融入课堂教学模式

表9-6　容山小学数学绘本融入课堂教学模式及比重表

年级	绘本名字	所属领域	配套知识	绘本融入课堂教学模式	课本与绘本在教学中的比重
一年级上册	《卷发婚礼》	数与代数	10的分解与合成	明理懂法式	2∶8
	《阳阳数鸡蛋》	数与代数	凑十法	明理懂法式	8∶2
	《斯克鲁奇的圣诞》	数与代数	9加几	明理懂法式	2∶8
	《鲤鱼报恩记》	图形与几何	认识立体图形	空间观念式	8∶2
一年级下册	《嗖嗖的叶子车》	数与代数	两位数的计算	明理懂法式	8∶2
	《小偷们的黑暗银行》	数与代数	100以内加法	明理懂法式	2∶8
	《大猩猩粑粑卖苹果》	数与代数	100以内减法(跳绳)	明理懂法式	2∶8
	《大猩猩粑粑卖苹果》	数与代数	100以内减法(阅览室)	明理懂法式	2∶8
	《寻找消失的爸爸》	图形与几何	认识图形	空间观念式	8∶2
	《谁偷走了西瓜》	图形与几何	认识图形	空间观念式	2∶8
	《正方形找妈妈》(容山小学学生自创绘本)	图形与几何	认识平面图形	空间观念式	8∶2
	《图形星的怪样王国》	图形与几何	认识平面图形	空间观念式	8∶2
	《一起一起分类病》	数学好玩	分扣子	综合实践式	2∶8
二年级上册	《幸运农夫的三个宝贝》	数与代数	乘法	明理懂法式	8∶2
	《我的小九九》	数与代数	乘法	明理懂法式	2∶8
	《养猪王子求亲亲》	数与代数	分一分与除法	明理懂法式	2∶8
	《国王的新衣有多长》	图形与几何	认识米和厘米	追本溯源式	2∶8
	《灰姑娘的难题》	图形与几何	认识米和厘米	追本溯源式	2∶8
二年级下册	《破旧的卡车》	数与代数	三位数的组成	明理懂法式	8∶2
	《两条射线手拉手》	图形与几何	认识角	空间观念式	2∶8
	《到点啦,麦克斯》	数与代数	认识时间(分)	追本溯源式	2∶8
	《到点啦,麦克斯》	数与代数	认识时分秒	追本溯源式	2∶8
	《寻找消失的宝石王冠》	数学好玩	重复的奥秘	综合实践式	2∶8
三年级上册	《乌鸦哥哥变形记》	数学好玩	搭配中的学问	综合实践式	8∶2
	《栅栏栅栏围起来》	几何与图形	认识周长	追本溯源式	2∶8
	《栅栏栅栏围起来》	几何与图形	认识周长	追本溯源式	2∶8
	《栅栏栅栏围起来》	几何与图形	认识周长	追本溯源式	2∶8
	《吃饼干大赛》	数与代数	小数的加法	明理懂法式	2∶8

续　表

年级	绘本名字	所属领域	配套知识	绘本融入课堂教学模式	课本与绘本在教学中的比重
三年级下册	《马良的神奇画笔》	图形与几何	认识轴对称图形	空间观念式	8∶2
	《保罗大叔分披萨》	数与代数	分数的初步认识	追本溯源式	2∶8
	《公主殿下来的那天》	图形与几何	认识面积、比较面积	追本溯源式	2∶8
	《宽宽窄窄量量看》	图形与几何	认识面积单位	追本溯源式	8∶2
	《小小设计师》	数学好玩	周长和面积比较	追本溯源式	2∶8
	《小小设计师》	数学好玩	数学与美术	综合实践式	2∶8
	《小小设计师》	数学好玩	数学与操作	综合实践式	2∶8

说明：(1) 2∶8是课本图片、练习题等占20%，绘本故事、内容、练习题等占80%。
　　　(2) 8∶2是课本图片、练习题等占80%，绘本故事、内容、练习题等占20%。

附录9－3　容山小学数学绘本课程评价方案

表9－7　容山小学数学绘本课程评价方案

年级	评价内容	评价目标	评价方式（每项两颗星）	评价结果
一至三年级	数学知识与技能	1. 经历将一些实际问题抽象为数与代数问题的过程，掌握数与代数的基础知识和基本技能，并能解决简单的问题。 2. 经历探究物体与图形的形状、大小、位置关系和变换的过程，掌握空间与图形的基础知识和基本技能，并能解决简单的问题。 3. 经历提出问题、收集和处理数据，作出决策和预测的过程，掌握统计与概率的基础知识和基本技能，并能解决简单的问题。	1. 认识万以内的数、小数、简单的分数和常见的量；了解四则运算的意义，掌握必要的运算（包括估算）技能。 2. 了解简单几何体和平面图形，感受平移、旋转、对称现象，能初步描述物体的相对位置，获得初步的测量（包括估测）、识图、作图等技能。 3. 掌握一些简单的数据处理技能。 4. 初步感受不确定现象。 5. 掌握数学绘本中所传达的数学知识。	7～10星【A】 4～6星【B】 1～3星【C】
	数学思考习惯	1. 经历运用数学符号和图形描述现实世界的过程，建立初步的数感和符号感，发展抽象思维。 2. 丰富对现实空间及图形的认识，建立初步的空间观念，发展形象思维。 3. 经历运用数据描述信息、作出推断的过程，发展统计观念。 4. 经历观察、实验、猜想、证明等数学活动过程，发展合情推理能力和初步的演绎推理能力，能有条理地、清晰地阐述自己的观点。	1. 能运用生活经验，对有关的数字信息作出解释，并初步学会用具体的数描述现实世界中的简单现象。 2. 在对简单物体和图形的形状、大小、位置关系、运动的探索过程中，发展空间观念。 3. 在教师的帮助下，初步学会选择有用信息进行简单的归纳与类比。 4. 在解决问题过程中，能进行简单的、有条理的思考。 5. 在数学绘本中以任务驱动，以完成任务为目标导向去猜测、探索。	7～10星【A】 4～6星【B】 1～3星【C】

续　表

年级	评价内容	评价目标	评价方式（每项两颗星）	评价结果
一至三年级	解决问题能力	1. 初步学会从数学的角度提出问题、理解问题，并能综合运用所学的知识和技能解决问题，发展应用意识。 2. 形成解决问题的一些基本策略，体验解决问题策略的多样性，发展实践能力与创新精神。 3. 学会与人合作，并能与他人交流思维的过程和结果。 4. 初步形成评价与反思的意识。	1. 能在教师指导下，从日常生活中发现并提出简单的数学问题。 2. 了解同一问题可以有不同的解决办法。 3. 有与同伴合作解决问题的体验。 4. 初步学会表达解决问题的大致过程和结果。 5. 在数学故事当中调动多种感官，融入故事，在故事中进行观察、实验、猜想、验证，清晰地表达自己的想法，在操作与交流中获得基本的数学思想和方法。	7～10星【A】 4～6星【B】 1～3星【C】
	情感与态度	1. 能积极参与数学学习活动，对数学有好奇心与求知欲。 2. 在数学学习活动中获得成功的体验，锻炼克服困难的意志，建立自信心。 3. 初步认识数学与人类生活的密切联系及对人类历史发展的作用，体验数学活动充满着探索与创造，感受数学的严谨性以及数学结论的确定性。 4. 形成实事求是的态度以及进行质疑和独立思考的习惯。	1. 在他人的鼓励与帮助下，对身边与数学有关的某些事物有好奇心，能够积极参与生动、直观的数学活动。 2. 在他人的鼓励与帮助下，能克服在数学活动中遇到的某些困难，获得成功的体验，有学好数学的信心。能抓住数学绘本中的人文因素，体会到数学的人情味，感受数学的生活化。 3. 了解可以用数和形来描述某些现象，感受数学与日常生活的密切联系。 4. 经历观察、操作、归纳等学习数学的过程，感受数学思考过程的合理性。 5. 在他人的指导下，能够发现数学活动中的错误并及时改正。	7～10星【A】 4～6星【B】 1～3星【C】
	数学创意	1. 敢于质疑，善于对已有的方法、过程、结果提出自己的看法或怀疑，并形成新的结果。 2. 能断而迅速地对思维对象进行识别、判断、推理、猜想，并能从多角度、多方位、用多种方法解决问题。 3. 具有合作意识，能尊重他人的想法，努力完成自己承担的任务，善于对自己的表现进行反思。	1. 有创新精神，制作的作品、设计的方案和解决问题的方式与众不同。 2. 有存异品质，能广泛收集各种信息，并能将信息进行整理、分析、比较，总结形成新的观点。 3. 不怕困难，不怕质疑，勇于实践，乐于探究。 4. 善于从多角度、用多种方法解决问题。 5. 不随大流，作品的展示方式不拘一格，创造的作品有新意。	7～10星【A】 4～6星【B】 1～3星【C】

第十章

合唱课程育美

——容桂育美教育集团容桂小学"和韵课程"案例

新中国的教育改革经历了"没书读(解放前)——有书读(解放后)——读好书(今天)"这几个阶段,教育的发展体现了时代的发展,新时代赋予教育新的使命。党的"十九大"明确提出"永远把人民对美好生活的向往作为奋斗目标",富裕起来的中国人民在精神上,在艺术、文化上有了更高的追求。2018 年 8 月 30 日,习近平主席在回复中央美院八位退休老教授的信中写道:"做好美育工作,要坚持立德树人,扎根时代生活,遵循美育特点,弘扬中华美育精神,让祖国青年一代身心都健康成长。"①

至圣先师孔子提出人才培养的"礼、乐、射、御、书、数"六艺的标准,"乐"指的就是音乐,以和谐的音乐教化人,培养人美好的情操。我国明确指出"德、智、体、美、劳"全面发展的教育方针,"美"是培养人的目标,让受教育者具有欣赏美和创造美的能力。美育的重要途径就是绘画和音乐。如何落实教育方针,既完成国家课程的教育目标,又能根据学校的特点科学地规划、开发适应学生全面发展的美育课程是值得我们深思的课题。基于此,容桂小学开发出并实践具有学校文化底蕴的"和韵课程",在"和韵课程"体系中的"班级合唱"就是其中最具特色的精品课程。

---

① 新华网. 习近平给中央美术学院老教授的回信[EB/OL]. http://www.xinhuanet.com/politics/leaders/2018-08/30/c_1123355797.htm.

一、和韵课程的基础

(一) 和韵课程的文化基础

容桂小学创办于1929年，是一所历史悠久、文化底蕴深厚的学校。九十多年的办学历程，学校始终注重培养孩子美的理想、美的情操、美的品格、美的素养，即使在应试教育分数挂帅的年代，我们也不忘初心，坚持把培养孩子的完美健全人格作为教育目标，形成了学校的艺术特色。班级合唱和铜管乐社团是我校办学的一道亮丽的风景线。

"和"是中国哲学中的一种理想境界，包含着丰富的文化内涵。"和"字意为：平和、和缓；和谐、和睦。主要含义有：相安、协调、团结、和平、平息争端等。"韵"本意指和谐的声音，也指风度、气质、情趣、意味、优雅。"和韵"即"和谐、韵美"之意。和韵文化具有以下明显的价值体现。

1. 和韵文化传承了中华民族"和文化"

和韵文化的"和"讲究协调、团结、和谐、和睦。"和文化"是中华民族的核心价值观，中华文化强调"爱人为本"[①]，具有兼容性。

2. 和韵文化体现了最前瞻的美好教育理念

和韵文化与时俱进吸收了霍华德·加德纳（Howard Gardner）的"多元智能理论"，这一理论认为人的智能不是简单地定义于聪明与不聪明，人的智能有八种，每个人都有智能强项，只是每个人的智能强项多寡强弱不同，哪怕是传统智商论认为学习差的学生，也是一个潜在的天才。不是让孩子适应学校的教育，而是要学校提供适合孩子的教育，为每个孩子的成长提供展示其特长的舞台，发掘每个孩子的潜能，让每个孩子都获得成功，让每个孩子都成为有用之才。我们学校的"多元优势教育——和韵课程"开发的"一站、二网、十队、二十组"社团活动，就是为了让孩子的多元智能得到充分发展，为每个孩子展示自我搭建成长的舞台。

3. 和韵文化体现了"全面发展"的美好教育观

我国教育方针提出并一再强调要培养全面发展的社会主义建设者和接班人，可现实的教育状况正如教育家丰子恺所讽刺的那样，我们的教育者培养人的模式就是拿着

---

① 见《论语·颜渊》，樊迟问仁，孔子曰"爱人"。

一把剪刀修剪冬青树,整齐划一,一个模式,制造的是标准零件。我们很多教育者正是这样,用学习成绩来评价学生。多元的经济发展,需要的是多层次、多元的人才。教育是上层建筑,必须适应社会的经济发展,体现人的全面发展的美的教育。和韵课程,面向全体,让孩子全面发展,为孩子面向未来奠定基础。

4. 和韵文化体现了艺术追求美的境界

和韵文化是用艺术美来熏陶感染孩子。目的不仅是培养和提高人对美的感受力、鉴赏力和创造力,而且是要美化人自身,即帮助人们树立美的理想,发展美的品格,培育美的情操,形成美的人格。因而,其宗旨是培育健全人格和美丽心灵。没有美育的教育,是不完善的教育。美育不仅与智育、德育、体育相辅而行,而且还有自己独特的功能和规律,在整个教育中占有重要的地位。美育不仅可以帮助学生认识现实,认识历史,同时可以发展他们的观察能力、想象能力、形象思维能力和创造能力;还能调剂他们的生活,提高学习效果。

5. 和韵文化体现"容美立人"的校训特色之美

"容"是"包容、打扮"之意,更隐含"容桂小学"之意,"立人"即"做人"。诠释为:容人、容事,成就美丽人生;立身、立志,塑造魅力人格。"海阔凭鱼跃,天高任鸟飞",鱼跃鸟飞不是"天马行空,独往独来"。现代社会需要团队合作精神,绝不是单打独斗就可以成就一番事业的,必须要"容人、容事",心胸有多大,事业就有多大,心胸有多大人生就有多美丽。古语云"修身齐家治国平天下",修炼美德就是"立身",树立美好的志向即为"立志",个人修养好,有着远大志向,就具有了魅力的人格。学校的和韵文化正体现了"容美立人"的校训特色之美。

综上所述,和韵文化的人文精神是学校课程建设的重要基础。

(二)和韵课程的课程理念

1. 办学理念:多元和韵、优势励人

"多元和韵、优势励人"的办学理念体现了学校继承和发展多元优势教育的成果,同时紧扣美育精神,"多元和韵"是指多元和谐的美,"优势励人"是指学生以各自的优点、特长来激励自己不断成长。

2. 课程理念:多元和谐,韵美童年

和韵课程的理念"多元和谐,韵美童年"。"和"指的是"和谐";"韵"的本意是指"和谐的声音"即和谐而有节奏的悠扬之声。也指风度、风致,情趣,意味;亦指高尚、有品位、美丽。和韵课程指的是我校"多元优势教育的美育课程"。通过和韵课程实现我校的育人目标,培养悦纳自我、关爱社群、理解自然,具有国际视野的现代中国小公民。

3. "和韵课程"特点

(1)聚焦核心素养。为了适应国际趋势和国家要求,促进容桂小学学生的持续发展和终身发展,和韵课程坚持以《中国学生发展核心素养》为根本指向,促进培养学生在面对自然和置身现代社会中时具有良好的智力、身体、心理和个性自主,具有和谐人际交往、积极社群参与和友好环境意识的能力。

(2)深化学校特色。和韵课程的建构依托了学校已有的特色项目,包括心理健康教育、艺术教育、英语特色教育等,在进一步深化这些项目教育内涵的同时整合韵美的要素,使其在提升学生核心素养方面发挥综合性的作用。

(3)促进课程统整。根据教育部课改的精神,学校和韵课程立足学校实际,以核心素养为目标,以"美"为要素,力求国家课程校本化,校本课程有机化,通过基础型课程、拓展型课程和探究型课程的整合,促进学校课程之间、学科之间的整合,促进学校课程和校外资源的整合,形成课程间科学支持与协同发展的和谐关系。

(三)和韵课程的课程体系

学校的和韵课程,包括"人与自我的和谐——省——悟之韵"、"人与社会的和谐——群——谐之韵"、"人与自然的和谐——物——灵之韵"三大板块。每个模块又包括若干更为具体的主题;这些主题贯穿于基础型课程、拓展型课程和研究型课程之中,并促进了三者的整合。(**具体参见附录10-1**)

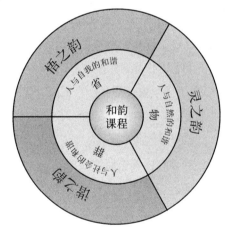

图10-1 容桂小学和韵课程体系

二、和韵课程的育美实践:以班级合唱课程为例

随着我国基础教育改革的整体推进,改革现在已经进入到以促进公平和提高质量为根本标志的内涵发展的全新阶段。改革的重点也越来越聚焦在课程、教材、教学、评

价等一系列关键环节,聚焦在人才培养模式、育人方式的创新与改革上。而加强美育,就是要真正把对学生人文素养艺术的培养纳入到我们的育人过程中,美育不仅是音乐和美术教师的责任,它应该渗透于我们各个学科,让每一个孩子都喜欢歌唱并能参与合唱学习和表演,在课程中培育美的心灵、美的情操,在体验美的过程中欣赏美、创造美,这就是精品课程"班级合唱课"的育人目标。

(一) 班级合唱课程简介

班级合唱课程就是以班级为单位的合唱教学,它有别于合唱社团的功利性及特权性,班级合唱具有全员参与的公平性与普惠性的特点,是美育的重要手段,更是培养学生核心素养、培育现代学生社会主义核心价值观,实现"立德树人"育人目标的良好媒介与方式。班级合唱课程面向小学一至六年级的孩子,以歌唱为载体,融表演、创作、竞赛于一体,激发孩子学习合唱的兴趣,增长孩子的合唱学习经验,培养孩子的音乐核心素养。

1. 班级合唱课程的特性

(1) 课程的人文性。合唱是音乐的重要表现形式,唐诗宋词更是人类宝贵的文化与智慧的结晶,无论从文化中的音乐视角,还是从音乐中的文化视角出发,课程的人文性都凸显了课程的独特魅力。而音乐是文化的重要组成部分,是人类宝贵的精神文化遗产和艺术作品,皆注入了不同个体的创作与表演、传播,作品中的思想情感和文化主张,是不同国家、不同民族、不同时代的文化发展脉络、民族性格、民族情感和民族精神的展现,具有鲜明而深刻的人文性。

(2) 课程的审美性。"以美育人"的教育思想与我国的教育、文化传统一脉相承,是培养德智体美全面发展的社会主义建设者和接班人的教育方针的有机组成部分。旨在通过课程教育培养和提高学生感受美、表现美、鉴赏美、创造美的能力,陶冶情操,发展个性,启迪智慧,丰富和发展形象思维,激发创新意识和创造能力,全面提升学生的素质。

(3) 课程的实践性。通过课程引导孩子们在聆听演唱、探究综合性艺术表演和音乐编创等多种实践形式中获得对音乐的直接经验和丰富的情感体验,为掌握音乐相关知识和技能、领悟音乐内涵、提高音乐素养打下良好的基础。

2. 课程的设计思路与理念

(1) 基于音乐审美,培养兴趣爱好。音乐审美指的是对音乐艺术美感的体验、感悟、沟通、交流以及对不同音乐文化语境和人文内涵的认知。这一理念立足于我国数千年优秀的音乐文化传统,与我国教育方针中的"美育"相对应,彰显班级合唱课程在潜移默化中培育学生美好情操、健全人格和以美育人的功能。课程的情感体验,要从多样化的文化语境出发,根据音乐作品的表现特征,引导学生对音乐表现的整体把握,领会音乐要素在音乐表现中的作用,以增进音乐素养,提高音乐基础知识和基本技能的学习,让音乐的审美体验与中国诗词文化认知有机结合。

（2）强调课程实践,鼓励创造。班级合唱课程教学是艺术的实践过程。因此,在课程实施过程中强调孩子们的艺术实践,积极引导孩子们参与演唱、聆听艺术表演和即兴编创等各项音乐活动,将其作为学生走进音乐、获得音乐审美体验的基本途径。通过音乐艺术实践,能有效提高音乐素养,增强学生音乐表现的自信心,培养学生良好的合作意识和团队精神。合唱是极富创造性的艺术。课程中创造的目的在于设计生动有趣的创造性活动内容、形式和情境,发展学生的想象力,增强学生的创造意识。

（3）突出音乐特点,关注学科融合。合唱是表演的艺术,孩子们主要通过表演活动感受与体验音乐。歌曲随时间的流动而展现,歌词的内容为孩子们感受、表现音乐和想象力与创造力的发挥,提供了广阔而自由的空间。同时,歌曲创作的时间性、表演性和情感性特征,都可以体现学科的融合、文化的传承。

在融合教学中,我们关注音乐艺术的特点,通过具体的音乐材料构建起与其他艺术门类及其他学科的有机联系,在综合过程中对不同艺术门类的表现形式进行比较,拓展学生艺术视野,深化学生对音乐艺术的理解。

（4）弘扬民族文化,理解文化多样性。在课程中我们选择了各民族优秀的合唱歌曲作为教学的重要内容。通过学习,孩子们熟悉并热爱祖国的音乐文化,增强民族意识、培养爱国主义情操。在将唐诗宋词纳入教学内容的同时也为孩子们介绍不同国家的作品,培养孩子们文化自信的同时使他们学会理解文化、尊重文化,培养孩子们自信、包容的良好品质。

（5）面向全体学生,注重个性发展。义务教育阶段的音乐课,应当面向全体学生,使每个学生从中受益。课程的全部教学活动以孩子们为主体,通过师生互动,将孩子们对音乐的感受和音乐活动的参与放在重要的位置,鼓励孩子们积极参与各种音乐活动,并能在活动中以自己的方式表达情感,生动活泼地创造。灵活多样的教学形式,为孩子们发展音乐才能与培养音乐兴趣提供空间。

3. 班级合唱课程的教育意义

在整个中小学音乐教学体系中,班级合唱教学与其他方面教学相比具有不可比拟的优势。主要体现在以下几个方面。

(1) 班级合唱课程是实施公平教学的课程。《国家中长期教育改革和发展规划纲要(2010—2020年)》明确提出"把教育公平作为国家基本教育政策"。在容桂小学,虽然音乐教师充足,教学设备完善,社团项目丰富,但由于社团容量有限满足不了广大学生的需求,往往是极少数的学生才能参加合唱社团。而班级合唱教学最具普惠性优势,它在一定程度上可以保证最广大的学生享受同等参与社团的权利,更因为班级合唱教学相比音乐教学的其他方面而言,操作最为简便,对硬件设备和音乐教师专业水平的依赖程度最低,容量问题也相对容易解决。因此,班级合唱教学的确是实施起来最公平、最具普惠性的教学。

(2) 班级合唱课程是便于操作的课程。班级合唱课程,所需要的器材相对简单,一个音叉就可以开始教学,几乎不受场地的限制,在教室、在球场都可以开展教学。由于现在是媒体时代,每一个班级都有独立的电教化系统,学校也有足够的专用音乐室5间,立式钢琴、电钢琴9台,还有专供学生表演的多功能演播厅,可谓教学资源、场地充足,所以操作起来简便又到位。

(3) 班级合唱课程是学生喜爱的教学。长期的音乐教学实践证明,歌唱教学的确是受学生欢迎和喜爱的内容。"会说话就会唱歌",几乎人人天生都喜爱歌唱,而且在歌唱面前一律均等。只要有嗓门,能发出声音,就可以想唱就唱,唱得响亮。可以在家里唱,也可以在舞台上唱;可以在课内唱,也可以在课外唱;可以自己唱,也可以和大家一起唱。可以说,歌唱遍及每个角落,歌唱伴随整个人生。很难设想,没有歌声、没有歌唱的人生会是一种怎样的情形。而小学生,更是一个表现欲旺盛的特殊群体,他们对歌唱的兴趣、热爱甚至痴迷,其程度更是远远超出其他群体。

(4) 班级合唱课程是影响深远的课程。班级合唱教学是基于歌唱的教学,它在整个音乐教学体系中处于一种特殊的、无可争议和无可替代的重要地位。其一,歌唱教学是音乐教学中最基本的课堂教学内容,也是最基本的课外活动形式。不管我们的音乐课程改革怎么改,不管音乐课程标准强调的是哪一方面,歌唱教学在音乐教学体系中的这两个"最基本"的定位,都是无法改变的,这是音乐与音乐教育自身规律所决定的。其二,歌唱教学在音乐教学中是学生最有效的情感抒发途径,也是最有效的群体交往手段。同样的道理,不管我们如何理解音乐课程的价值,也不管我们强调通过什么内容和途径来实现音乐课程的价值,歌唱教学的上述两个"最有效"也是不容置疑的,这是学生的身心发展规律和音乐审美特点所决定的。爱唱歌的孩子快乐多,当代音乐教育发展水平较高的许多国家,都无一例外地强调歌唱教学,并把歌唱教学置于音乐教学的首位。

(二) 班级合唱课程目标

1. 班级合唱课程总目标:让音乐属于每一个孩子

容桂小学班级合唱课旨在通过课程,让优美的音乐陶冶孩子们的性情,培养孩子们良好的歌唱习惯和音乐素养,养成良好的行为习惯,实现我校"多元和谐,韵美童年"的课程总目标。

2. 班级合唱课程分级目标

围绕《小学音乐课程标准》,结合"和韵课程"的要求和班级合唱课程的特点,我们确定了班级合唱课程的目标。目标从知识与技能、情感态度与价值观、理解与表现等几个方面详细阐述了容桂小学班级合唱课程在对学生音乐素养、小学生核心素养培养方面所期望实现的程度。

第一阶段(一、二年级):

培养音乐兴趣和聆听习惯;养成良好的课堂行为习惯;学会身体的律动、学会听辨模仿不同的音高和节奏;了解基本音阶唱名和音高,了解音符和节奏的知识和技巧。

在律动、游戏中参与和感受音乐,打下音准、节奏、乐感方面的基础。

第二阶段(三、四年级):

提高音准、节奏能力;学会辨别模唱不同的音程,模仿各种音符组成的节奏;学会视唱简单乐谱,学会配合伴奏完整演唱歌曲;初步学会演唱简单二声部歌曲。

参与唱谱练习、音准训练、欣赏聆听;参与完整的歌曲演唱、伴奏和表演,感受演唱和表演的乐趣;学习歌曲演唱的基本要领,懂得气息与歌唱的关系,懂得音准、节拍、伴奏在音乐中的重要地位。

第三阶段(五、六年级):

提高音准、节奏、二声部演唱能力;强化二声部和声练习,学会以班为单位的二声部合唱歌曲演唱。

参与独唱、齐唱、合唱、乐器伴奏训练;参与完整的歌曲演唱、伴奏和表演,感受演唱或表演的乐趣;学会歌曲演唱的基本要领,懂得音准、节拍、伴奏等在音乐中的重要地位。

3. 具体要求

（1）班级合唱课程的开发和实施，首先要建立在教师对各班级学生声音特征的了解和把握上，课程实施开始前，要对所有班级学生进行考查、分析。

（2）合唱作为声音艺术的高级形式，其教学和排练要讲求科学方法。高年级合唱课程的开发和实施不能忽视变声期对合唱课程的影响，在课程实施时，要以大多数同学的能力为基础，适当地掌握练习的进度。在课程实施中还要注意利用练声曲、合唱片段对合唱的难点和技巧进行训练，做到练以致用，增强合唱效果。同时，要对学生进行合唱整体意识的培养。

（3）教师在合唱课程开发和实施的过程中也要不断加强自身学习，尤其重视指挥的基础知识和技能、歌曲的艺术处理能力和歌曲伴奏能力。

（三）班级合唱课程的内容

1. 班级合唱课程设置的原则

（1）体现高度的科学性和思想性统一的原则。建立完备的班级合唱教学体系，以人类所创造的优秀文化成果教育学生；以小学生能理解的合唱、表演等形式体现高度的科学性和思想性统一的原则。

（2）贯彻理论联系实际的原则。结合各学科自身的特点融合到班级合唱教学中由浅入深地对学生进行美育教育，进行热爱社会主义祖国、增强民族自信心、自尊心的教育。

（3）实现教育目的和学校培养目标为最终目的原则。课程结构上体现时代精神。一方面根据德、智、体、美、劳全面发展的精神结合"和韵课程"的总体开展；另一方面将知识、能力、智力因素和非智力因素结合起来，在课程中注重培养学生学会学习、学会适应社会生活需要的能力。

（4）坚持适合小学生身心发展的特点原则。突出体现社会发展要求、小学生自身身心发展要求与身心现有发展水平，符合教师的水平、学校的设备完善程度、学生家庭文化背景等客观条件。课程的设计要建立在正确估计学生的智力与能力之上。在掌握知识的同时，又能促进学生的智力、能力、体力的发展，及核心素养的培养和道德的提高。

2. 班级合唱课程安排

容桂小学高年级合唱课程大致上每2周一次，每次1~2课时，具体的不同年级的安排和课时见**附录 10-2**。

根据课程目标的需要，容桂小学开发了"乐韵长风"音响案例资源库，包括《村居》《红豆词》《咏柳》等 26 个。**如下表所列。**

表 10-1　容桂小学"乐韵长风"音响案例资源表

序　号	课　题　名　称	案　　例	音频资料
1	《村居》	作曲：陈燕	有
2	《红豆词》	作曲：陈燕	有
3	《咏柳》	作曲：覃江桃	有
4	《小儿垂钓》	作曲：陈燕	有
5	《春晓》	作曲：黄远辉	有
6	《春日》	作曲：何乔康	有
7	《江南春·波渺渺》	作曲：黄海林	有
8	《清明》	作曲：邓兆振	有
9	《忆江南》	作曲：刘文娟	有
10	《游子吟》	作曲：邓兆振	有
11	《小池》	作曲：刘文娟	有
12	《望庐山瀑布》	作曲：邓兆振	有
13	《阳光曲·中秋月》	作曲：董森炜	有
14	《竹石》	作曲：戴腾超	有
15	《回乡偶书》	作曲：吴有特	有
16	《登鹳雀楼》	作曲：何乔康	有
17	《劝学》	作曲：钟伍英	有
18	《所见》	作曲：钟伍英	有
19	《江南》	作曲：戴书福	有
20	《出塞》	作曲：戴腾超	有
21	《山行》	作曲：李载	有
22	《长歌行》	作曲：戴腾超	有
23	《咸水歌变奏》	作曲：黄锦辉	有
24	《漂泊的水母》	作词：刘恩惠	有
25	《送别》	作词：李叔同	有
26	《小小的船》	作曲：胡汉娟	有

（四）班级合唱课程的实践路径

"课程是学校的核心竞争力"，在以往的教学中其他学校、教师普遍存在这样的现象：看到国家课程中的合唱教学内容就"绕道而走"干脆不教或"避重就轻"只学习一个声部。而容桂小学师生迎难而上锐意创新，基于国家课程，创设校本课程，对国家课程进行整合，将班级合唱这一深受广大学生喜爱的形式通过课程来落地、实践，为学生建构起科学性、生活化、多样化的课程体系。班级合唱课程是基于学校"和韵课程"体系中的精品课程，旨在通过班级合唱实现学科的"融"与"跨"，在课程中变"教学"为"教育"，实现"立德树人"、培养具有国际视野小公民的课程教育目标。

三年来，全校师生在课程小组的指导下井然有序地开展着"班级合唱课程"，在实践中不断求索、创新，沉淀出了师生欢迎、家长喜欢、社会认可的"精品课程"。

1. 班级合唱课程的实施原则

（1）大小结合，体现"韵"的和美。"提倡学科整合，大班做小"是《音乐课程标准》中的一条基本理念，音乐课程整合的前提必须是以音乐为主线，通过具体的音乐材料构建起其他艺术门类及其他学科的联系。我校以学生兴趣、需求和能力来编制课程，"面、点结合"利用翻转课堂体现差异教育的理念，以促进学生个性和谐发展和创新能力培养。形成多层次、模块化的基础性课程。

"小班做大，是指基于学生的社会属性"，设置高度选择性的社会适应性设计，强调学科融合与实践性，强调与真实生活环境、生活背景的联系，强调课内学习和课外实践的有机统整，强调同年级合作，跨年级互助，建立学习共同体，激发学生学习主动性和积极性，培养学生的健全人格和社会责任。

（2）长短结合，营造"韵"的和美。将合唱融于无形，让校园处处充满歌声。三年前容桂小学开始了长短课的实践（下午的每节课调整为35分钟），目的是为了每天空出15分钟的时间进行全校同唱一首歌的活动，在每一天快乐歌唱的校园里，传递的是一种"和韵"的独特之美，激荡、愉悦着每一位师生的心灵，汇聚的是无数热爱生活、热爱学校、热爱集体、热爱同伴的美好情怀。学校课程组也专门开发了《乘着歌声的翅膀，放飞童年的梦想》一书用于每天的"同唱一首歌"。

（3）打破壁垒，实现"韵"的跨越。小学阶段的儿童生性好动，个性突出，自我中心意识较强，这并不利于儿童健康成长。合唱这种集体活动，给少儿提供了互相交流、分享、合作的机会，培养了少儿初步的分工合作的社会精神，以及集体意识和团队精神。

小学音乐课要上好并不容易,拿唱歌课来说,一首歌的旋律,学生来来去去地听,来来回回地唱,虽然教师也会想尽办法帮助学生让学唱过程变得有趣,可是还是会出现部分学生越唱越没劲的现象。在上课时,教师也要不停地激发孩子学唱的热情,但无外乎齐唱、独唱、小组唱几种形式。并且大多数孩子还不太敢站出来独唱。自从开展了班级合唱,抓住了儿童天生喜欢做游戏、喜欢各种新挑战的特点,以合作与抗干扰来激发学生的学习兴趣。当音乐的一个个音符变成合声出现,不仅仅让学生体验到音乐中合唱的魅力,而且还让学生们更加专注在自己的演唱和音准上,课上课下还有机会和教师及同学进行合唱,从而使学生对音乐课产生了深厚的兴趣。(详见案例 10 - 1)

① **跨越古诗文的整合。**

我国当代著名音乐家谷建芬老师的《新学堂乐歌》中一首首动听的古诗不仅让我们感受到了孩子们对父母"寸草春晖"的感恩之情,对农民辛勤劳作的赞美之意,也让大家看到了放学后孩子们嬉戏玩耍的童年之趣,这就是古诗词的魅力。将合唱与古诗结合起来,不仅丰富了校园文化,还培养了同学们对音乐、古诗文的兴趣,提高了同学们对音乐、古诗文的鉴赏能力,让铿锵有力的文字激发同学们乐观、积极、向上的优良品质和爱国主义热情。

古诗词当中也蕴含着丰富的中华文化底蕴,不乏有趣的故事背景。托尔斯泰说:"成功的教学所需要的不是强制,而是激发学生的学习兴趣。"小学阶段的学生处于成长关键期,他们好奇、好问又富有想象力,对于引人入胜的故事更是喜闻乐见。一首首琅琅上口的古诗,就是一个个动人的故事、一个个美妙的传说或一个个有趣的典故,它们都会让课堂教学更加有吸引力,能迅速调动学生的积极思维,学生学习的积极性也会空前高涨。

我校音乐科组教师将合唱与古诗词结合起来,潜心钻研,编写了一本《乐韵长风》班级合唱教材,里面收录了几十首由陈燕名师工作室成员共同编写的古诗词,成为了班级合唱的重要补充教材,深受学生的喜爱。(详见案例 10 - 2)

② **跨越美术学科的整合。**

儿童是以形象思维为主的,美术能刺激儿童的感官,唤醒儿童的表达欲望;音乐如一个五彩缤纷的乐园,处处充满着美,美感能激发人的学习热情和创新精神。无论哪种美术作品,材质和色彩都可以千变万化,却总离不开意境的创设。意境恰好是音乐的研究对象,音乐给人以想象的翅膀,不同的人体会到的音乐形象是不同的,也会启发学生画出不一样的画作。因此,合唱与美术整合教学,可以适当增加学生学习合唱的兴趣和提升合唱的教学效率。(详见案例10-3)

(4) 突破区域,唱出"韵"的旋律。众所周知,歌唱教学占了我们义务教育音乐课堂的半壁江山。当笔者初入讲坛时,甚至还听过小朋友们天真地将"音乐课"介绍为"唱歌课"。

而作为一名小学一线的音乐教师,笔者更加感受到歌唱教学应该是为了让学生更好地表现音乐作品。而现实很残酷,音准问题在多数情况下限制甚至控制了教师们的教学格局。大部分音乐教师,在开展课堂合唱教学时,都由于学生的音准、节奏等问题感到力不从心。笔者自己在课堂合唱教学实践中,也曾多次遇到瓶颈。甚至有的新教师,从来不开展课堂合唱教学,仅仅让孩子们演唱主旋律,学生只能片面地感受音乐作品,从未涉及合唱的听感与乐趣。

(5) 班级合唱的辐射与引领。2016年,带着憧憬与神往,伦教北海小学的张婷老师加入了"广东省陈燕名师工作室"进行学习。

子曰:"教民亲爱,莫善于孝;教民理顺,莫善于悌;移风易俗,莫善于乐;安上治民,莫善于礼。"[1]"移风易俗,莫善于乐"这句话给笔者的音乐教育之路,带来了深刻的影响,它翻译过来就是说:"想要引导社会风气,改变人文习俗,没有比音乐更好的传播途径和引导方式了。"自古以来,文学与艺术两者息息相关。文学用音乐去演绎、去升华,让文学作品、伦理道德、理法规则用更加直观、便捷、可普及性的方式得到更好的传播。西方宗教文化中的"唱诗班"就是一个很好的例子,他们通过许多合唱歌曲感化和教导人们友爱、亲善。

而现代社会,以网络技术、多媒体为核心的信息技术已经在教育领域中,担当着不可替代的作用。我们已经习惯在课堂合唱的教学中,将视频、音乐、图片、歌谱、文字等有机结合,在视觉、听觉、情感体验上给学生带来直观的冲击,很好地渲染教学氛围,从而激发学生参与的积极性、主动性、合作性和创造性。

音乐与美术是姊妹艺术,她们有着许多共同点,从画面的色彩、线条和构图中可以感受音乐旋律、节奏和曲式的流动,从音乐的音响中可以联想到多姿多彩的画面。所以,有人说"声音是听得见的色彩,色彩是看得见的声音"。

(6) 学段贯通,实现"韵"的多元。班级合唱课程基于容桂小学的"和韵课程",以

---

[1] 詹杭伦译注.孝经[M].南京:江苏人民出版社,2019.

容桂小学各班级为课程的基础探索、同时又不局限于小学学段的探索与研究,2017年,课题组申报了以班级合唱为入口的跨学段"班级合唱课程"研究,希望通过在不同的学段运用课程探寻出班级合唱教学不同学段的特点与规律,形成贯通学段的可持续发展的课程体系。

【思考1】 班级合唱课程对初中学生的影响:

音乐课是学生美育的重要阵地,作为一位在一线多年的音乐教师,我每天都想把最美的音乐与孩子们分享。但是梦想很丰满,现实却很骨感。十三四岁的孩子是个小大人,他们有自己的朋友圈子,也有自己的偶像。他们对严肃音乐嗤之以鼻,对枯燥的练习不感兴趣。一年多的班级合唱的实践,是我和孩子们共同成长和磨合的美丽时光。

现在的孩子对流行的触觉很敏感,却对课本欣赏和演唱的内容不太认可,这使得音乐课参与度不强,课堂气氛不够活跃。合唱艺术开始之初,它是人们当做最真善美的东西献给造物主的礼物,是宗教敬拜中一个不可或缺的环节。我国的新课程标准也把合唱放在一个很重要的位置:"要更加重视并着力加强合唱教学,使学生感受多声部音乐的丰富表现力,尽早积累与他人合作演唱的经验,培养集体意识及协作、合作能力……使他们在演唱表现中享受到美的愉悦,受到美的熏陶。"[①]合唱很美,但是怎么样才能让孩子们接纳呢?近几年流行合唱的发展,为我们的班级合唱实践开了一扇窗。

【思考2】 班级合唱课程与学生的音乐素养:

A. 在课程中歌唱的音色往往是首要解决的问题。

形成正确的声音概念尤为重要。每节课,教师都要强调"眉开眼笑,轻轻唱"。开始的时候,他们总觉得这样的声音太小,不好听。慢慢才知道这样唱,声音才能和谐。这样的方法也便于真假声的混合与过渡,而且很轻松。一年下来,孩子们的音准节奏都有了很大的提高,并且学会用美的音色、用"耳朵"去演唱,这就培养了学生音乐学科的素养。

---

① 中华人民共和国教育部制定.义务教育音乐课程标准 2011 年版[M].北京:北京师范大学出版社,2012.

B. 学会了互相尊重。

班级合唱教学是教师和孩子们的一场较量。开始的时候,我总是使用老一套的方法,模唱、听音、唱练习曲……两个月过去了,收效甚微,孩子们不喜欢上音乐课了,对我也是消极地抵抗。后来我反思自己的教学,手段太单一,没有尊重初中学生的生理和心理特点,在不断改进中我更新观念,在理解、尊重孩子的基础上因材施教,在教学中引导学生学会倾听、学会礼让、学会理解、学会表现、学会创作……慢慢地孩子们越来越喜欢我的教学了,他们乐于参与教学的每一个环节,也越来越喜爱班级合唱课了,课程让他们学会了与人交往、有了对不同音乐文化背景的理解。

C. 课堂的手段必须多样化。

其实基本练习不一定固定在课堂的前十五分钟或后面的十五分钟,也不要非得正襟危坐地"do\re\mi\fa\so"。别以为初中的孩子就不喜欢故事和游戏了。一些小鸟在第一条电线上唱"do",其他小鸟在第三条电线上唱"mi";桌子上的书唱"do",地上的书唱"so1"……这样简单的游戏不仅让课堂气氛没那么死板,更能帮助学生建立音高的空间感,不容易走音。

D. 在教学中要降低难度和期望值。

把合唱当作是终身学习的艺术,也能让教师摆好心态,更关注孩子的内心和需要。教师对孩子尊重,孩子也从中学习到了与人交往的方式。在班级合唱的训练中,他们更懂得去尊重其他声部,用耳朵去聆听整体的效果。

E. 关注音乐的文学性。

音乐是人文科学的范畴,它不可能脱离其他学科而单独存在。与其他学科相融合的教学,不仅有利于音乐文化素质的提高,而且有利于拓宽知识视野,并能通过艺术的方式激发其他学科学习的兴趣。

【思考3】 班级合唱课程对高中学生的影响:

高中学生心理已经趋于成熟,自我意识的能力和水平有所提高。目前大多数00后高中生表现得非常自信,觉得自己能力很强,没有事情是自己做不成的。以自我为中心、自私也是00后高中生的特点,因此一旦碰壁,就很容易造成自卑,甚至用极端方式解决问题。而00后高中生对音乐也很有自己的见解和想法,他们更愿意接触流行音乐,对于合唱接触比较少。但近年来流行的"阿卡贝拉"唱法,吸引了部分高中生的眼球,特别是厦门六中合唱团结合流行歌曲的演唱,让学生对合唱有了新认识。

以前的音乐课堂最令教师头疼的是学生感觉枯燥无趣,不愿意参与课堂,教师在课堂上唱独角戏,或者是几个积极的学生和教师进行互动,大部分学生"看戏"。而现在的音乐课堂以班级合唱为主,要求全员参与课堂,对合唱作品的选取贴近学生的需求,使课堂发生改变,学生在合唱的音响中感受和声、体验音响,给学生带来成就感。就像一个班的学生说:"老师,没想到我们也能唱合唱,我觉得很美好。"课堂上教师不再是自导自演,而是真正的指挥者,教师根据学生不同的接受能力和音乐基础来分配声部,学生感觉课堂上有事做了,而且是自己能做的,这就是班级合唱的优势,可以全员参与、全员体验、全员提升。

【思考4】 合唱与历史学科的整合:

音乐和历史不仅有着密切的联系,而且在历史发展的过程中还能起到一定的积极作用。在历史发展的每一个重要时刻都留下了音乐的声音,这其中不乏有很多优秀的合唱作品。因此,通过对合唱作品的赏析,可以加深学生对历史的了解。

2. 唱响容桂,打造"和韵"品牌

班级合唱课程开设三年来,学校课程组为全体学生搭建了科学、有效的成长舞台——多元而丰富的艺术实践。多元体现在载体的多元,孩子们的艺术实践早已离开了教室去到了年级、校园的各个角落,如:"畅响童声"校级班级合唱比赛,"我是校园小歌手"歌唱大赛,社区公益表演,观摩高水平艺术团体音乐会,各类艺术竞赛等等。艺术实践形式丰富、手段多元、参与面广,再一次体现课程的普惠性、公平性。在孩子们不断的艺术实践中也逐渐打造了学校的艺术品牌,容桂小学的《班级合唱案例》获得顺德区案例评比特等奖,多次获得省、市、区级各项比赛好成绩。**(附录10-4)**

[视频案例] 嘀哩嘀哩

3. 立德树人,深耕"韵"的土壤

艺术课程的育人功能是课题组紧抓不放的一个良好契机,班级合唱课程在愉悦身心、凝聚力量的同时担负着"立德树人"的伟大使命。立德树人是发展中国特色社会主义教育事业的核心所在,是培养德智体美全面发展的社会主义建设者和接班人的本质要求。班级合唱课程是教育思想、教育目标和教育内容的主要载体,是学校教育教学活动的基本依据,直接影响学生的培养质量。

[视频案例] 我爱你中国

我们在课程的实施中认真贯彻落实国家教育部的有关精神,积极探索,勇于实践,在寻求学校发展、师生培育过程中"深耕"和韵的土壤,积极推动课程改革取得显著成效。从而实现德育为先、能力为重、全面发展的教育理念。

在过去的三年中容桂小学连年被评为区先进学校,佛山市示范教研组。师生在和谐有机的土壤里健康成长。

4. 班级合唱课程的课题研究

开展班级合唱课程三年来,课程组的教师们不仅仅满足于课程的落地实施,更关注课程在实施过程中问题的发现及解决的方法,更关注课程理念的提炼及课程效能的推广。基于此,课程组先后申请立项了两个课题,一个是顺德区自主课题《容桂小学"和韵"课程的构建研究》,一个是省级规划课题《顺德区中小学基于核心素养的班级合唱教学研究实践》。

两个课题都力求通过实践研究探寻班级合唱课程提高学生核心素养的方法与策略,立足课堂,以"基于核心素养的班级合唱教学"为主题,通过合唱这种合作互动的形式,让学生接受美的教育、培养学习音乐的兴趣,挖掘他们的潜能,培养他们的核心素养,产生对未来学习生活积极而长远的影响。培养学生适应终身发展和社会发展需要的必备品格和关键能力,突出强调个人修养、社会关爱、家国情怀,更加注重自主发展、合作参与、创新实践。

华东师范大学课程与教学研究所所长崔允漷教授指出:我们的传统是比较重视"双基"(基础知识与基本技能)——三维目标(情感态度价值观、知识与技能、过程与方法),核心素养是从教书走向育人这一过程的不同阶段。

正因为如此,我们的课题研究其实就是一个寻获育人之道的过程。课题的特色及创新之处是将班级合唱学习与核心素养培养相结合,创新了基于核心素养的合唱教学体系、评价体系和跨学段、跨区域抱团研究,实现了共创共赢。

(五)班级合唱课程的评价策略

评价是检验课程的有效手段,也是积极促进课程良性发展的有效助推器,容桂小学打破原有的教师评价的单一手段,将教师评价与学生评价有机结合,在体现教师主导、提倡学生自主的同时规范评价的标准,提升评价的效能。

1. 遵循规范及灵活的原则

教师在合唱课程实施中进行规范的自我评价,课后及时反思问题,并针对这些问题进行分析、解决等研讨,从而修整课程,促进学校合唱课程开发的良性发展。

2. 学生评价强调过程性评价

自评：孩子们自评合唱课程学习中合唱基础知识和能力提高的情况。

互评：自选一首熟悉的歌曲进行艺术处理，通过自己指挥，与小组同学合作演唱，其他同学给被考核者评分。

综合考评：学生学习该课程的学时总量；学习过程中的表现，如态度、积极性、参与状况；家长的反映等；给出综合评价。

表 10-2　学生学习评价表

	基础乐理	视唱练耳	演唱表现能力	艺术处理能力	团队合作能力	总分
自评						
互评						

综合评价	学时总量	积极性	参与艺术实践状况	教师评价	等第评价

等级评价一共分为三等五级：A+（能有感情地完整背唱歌曲，节奏、音准好）
　　　　　　　　　　　　A（能完整地背唱歌曲，节奏、音准好）
　　　　　　　　　　　　B+（能较完整地背唱歌曲，节奏、音准好）
　　　　　　　　　　　　B（能较完整地背唱歌曲，节奏、音准较好）
　　　　　　　　　　　　C（能背唱歌曲，节奏、音准尚可）

表 10-3　学生演唱能力统计表（初段）

班级	二（×）	任课教师	＊＊＊
班级人数	45	统计时间	
音准能力	好	中	不太理想
	（人）	（人）	（人）
节奏感	好	中	不太理想
	（人）	（人）	（人）
识谱能力	好	中	不太理想
	（人）	（人）	（人）
发声方法	好	中	不太理想
	（人）	（人）	（人）
单声部歌曲演唱能力	好	中	不太理想
	（人）	（人）	（人）

表 10-4 学生上班级合唱课感受统计表(学生调查表)

班级	学号	任课教师	***
班级人数		统计时间	
你喜欢合唱课吗?	喜欢( )	一般( )	不喜欢( )
喜欢它哪个环节?	发声练习( )	唱歌曲演唱( )	课堂器乐( )
	艺术实践( )	表演( )	音乐欣赏( )
对于合唱课程有哪些好的建议?			

三、和韵课程建设的总结与反思

(一)和韵课程建设的成功做法:与美同行

在华东师范大学教育学系的专业指导下,通过三年的课程建设与实践,形成以下可借鉴的经验与做法。

1. 和韵课程形成路径:核心素养引领课程

容桂小学根据学校的办学特色,结合学校"多元优势、容美立人"的育人思想,形成了和而谐美的课程体系——和韵课程。和韵课程"唱"出了课程特有的理念、目标、体系、资源、特色与评价。

(1)基于"和韵"的课程理念。和韵课程以"多元和谐、韵美童年"为核心理念,在课程实施中始终关注学生的可持续发展,关注学生的个体优势,关注学生的能力迁移、情感迁移,依托学生的某一项优势培养其多项学科及领域的优势,尽可能促进学生核心素养的全面培养与提升。

(2)基于核心素养的课程目标。容桂小学在国家课程总目标的指导下,在"多元优势、容美立人"核心理念的引领下,基于学生学科核心素养及综合核心素养的培养,逐渐形成了自己的课程培养目标体系——培养身心健康、品行高雅、乐学善思、尚美求真,具有国际视野的现代中国小公民。

(3)基于多元的课程评价。随着教学观念的转变,教学内容、教学方法的变化,如果不改变评价制度,那么课程改革就是"戴着镣铐跳舞"。因此学校打破"以分论教"、只注重结果的传统评价方式,建立以人为本、促进师生不断发展的评价体系,制定《学生综合素质评价方案》和《教师德能勤绩考核评价方案》,建立《教师专业成长档案》和《学生成长记录袋》。

① 改变评价主体单一的现状,加强自评和互评。使评价成为教师、学生、家长和管理者共同参与的交互活动。学校每学期组织一次家长评教活动和学生评教活动,家长和学生对教师的师德表现、敬业精神、教学方法、教学效果等方面一一评价,对教师的教学行为起到了极好的监督作用,又符合学生主体的教学原则。

② 建立多元评价体系,促进教师专业发展。编制教师成长档案,建立名师培养机制,学校拥有一支高素质的教师队伍,本科及以上学历占教师比例的75%。各级骨干教师25人。学校还拥有省名师工作室1个,顺德区校长工作室1个,街道名师工作室3个。让每位教师在适合自己的领域内成为不同层次的骨干教师。每个教师可能不是最出色的,但每位教师都是独特的。

③ 改革学生评价制度,全面落实新课程评价观。学业成绩评价实行日常评价与期末考试相结合的评价办法,成绩实行等级制,其中,日常评价所占比例不少于30%,不再用一张试卷评价学生的学习效果,日常考试实行无分数评价。学校、班级不公布学生的考试成绩,严禁按学业成绩排列学生名次。考核知识与考核能力相结合,平常性考核与期末考核相结合,开卷考试与闭卷考试相结合,笔试与口试相结合,注重激励性、发展性评价,积极进行学生考试评价改革。

④ 重视学生综合素质评价。学校推行学生综合素质评价,将学生的品德与公民素养、学习与实践能力、审美与表现能力、运动与健康状况等分类评价、分项表彰。建立学生《成长档案》,突出过程评价意识。将学生的点滴进步和成绩及时记录,每学期的学生成长报告书上分为"自我感受""同学建议""教师寄语"和"家长寄语"等部分,体现评价的民主化、人性化和个性化,改变了评价主体单一的现状,加强自评和互评,使评价成为教师、同学、家长共同参与的交互活动。

2. 和韵课程特点:多元与优势相融

和韵课程是基于国家课程从学生发展的角度出发,为学生设计的以智能迁移带动、支持、激发学生可持续发展的课程,体现了关注个体多元发展与优势相融的特点。

3. 优化教师发展

(1) 转变教育观念。在新课程实施中,结合学校实际,课程组确立了符合素质教育的办学思想。优化教师发展,要求广大教师从七个方面实现教育观念的转变:一是树立"促进学生自主发展"的学生主体观;二是树立"育人为本、德育为先"的整体教育观;三是树立"人才多样化,人人能成才"的人才观;四是树立"让每个学生的个性都得到充分张扬"的发展观;五是树立"为每个学生创造美好未来"的教育价值观;六是树立"与学生一起成长"的教师观;七是树立"德智体美全面发展"的教育质量观。校本课程建设也极大地促进了教师的专业发展。

(2) 开展校本培训,提高教师的学习意识。为提高课程实施水平,顺德区及容桂街道教育局组织的培训要求教师按时参加,要求全体教师参加每年暑期的课程培训,做到了"先培训后上岗;不培训,不上岗"。学校建立了以教研组为单位的新课程教学交流制度,每周进行一次组内交流。互相学习,取长补短,共同提高。近几年结合"课程建设"活动,先后组织 200 余人次外出学习。

(3) 大力开展教师读书活动。学校出台了《容桂小学"点灯人"领航特色活动建设方案》,让读书成为每位教师的习惯,倡导儒雅之风,构建学习型校园。教师人人建立读书博客,定期进行读书交流活动,定期发表文章。学校配备教育图书,订购报刊杂志,创建教工阅览室,开辟读书论坛,开展读书比赛活动。每位教师都制订个人专业成长计划,确定研读书目,做好读书笔记,写好读后感,争做研究型、创新型教师。学校建立读书活动"四个一"制度:要求全体教师不管工作再忙,每天坚持读书一小时,每学期读一本教育专著,每周写一篇读书笔记,每月汇报一次读书心得,成绩纳入教师学期评价。学校开设了教学论坛,利用每周业务学习的时间,教师轮流到论坛上演讲,针对教育教学过程中的各种问题发表演说,作外出学习汇报,谈经验、说感受、诉疑惑。和韵课程真正实现了师与生的和谐、共同发展。

4. 国家课程校本化的"和"与"韵"

(1) 规范开设国家课程。严格执行国家课程方案,开全课程,开足课时,从不随意增减每周的课时数,教师个人课程表与学校总课程表、班级课程表完全一致;严格遵守统一的作息时间。

(2) 科学安排地方课程。高度重视并认真上好地方课程,我校按照上级的要求选用地方课程。各年级都开设安全教育、健康教育和顺德乡土音乐课程。制定地方课程考核评价机制,将地方课程的学习情况纳入教师工作评价与学生综合考核之中。

(3) 自主开发校本课程。学校成立课程开发领导小组,制定学校课程开发与实施方案,确立了"以自主探索为核心,以综合实践活动为载体,以创新发展为目的"的开发思路,引导教师科学设计学校课程与教学方案,为学生全面发展提供课程保障。我们的理念是:学校决策,师生参与,倡导合作,探究学习,强化技能。

为满足学生个性发展的需要,使学生在各种教育活动中增长知识、培养能力、陶冶情操,形成积极的人生态度。根据教师的个性特长,以教师丰富的实践为基础,选择参考有关资料,引导教师通过大量的创造性劳动,自编校本课程教材。学校主要负责审核、资助教材的刊印整理,保证校本课程教材的科学、合理、有效。学校建设拓展性课程体系,经过不断修订与完善,我们开发出了《童眼看顺德》《小学生心理游戏》《诗文诵读》《班级合唱》等 20 余个读本与课程。学校提倡、鼓励并支持教师在带好自己专业课程的基础上,结合自己的兴趣、爱好和特长,能够胜任第二或更多课程。如语文教师兼任校本课程《诗文诵读》的教学,数学教师兼任校本课程《童眼看顺德》的综合实践教学,《创客与机器人》由科学教师兼任,《心理游戏》由班主任教师兼任,《班级合唱》由音乐教师担任,想尽一切办法,千方百计解决师资不足的问题。

5. 精品课程建设

对应学校的"多元和韵,优势励人"办学理念,容桂育美集团容桂小学和韵课程的核心理念是"多元和谐,韵美童年"。班级合唱课则是在"多元和韵、优势励人"的办学理念的基础上提炼了"培养学生音乐核心素养、传承中国传统文化",体现了学校继承和发展多元优势教育的课程目标,同时紧扣美育精神,发挥学生各自的优点、特长,激励他们不断成长。容桂小学的"多元优势教育——和韵课程"的"和"指的是"和谐";"韵"的本意是指"和谐的声音"即和谐而有节奏的悠扬之声,也指风度、风致、情趣、意味,亦指高尚、有品位、美丽之意。和韵课程中的精品课程"班级合唱课"既基于和韵课程又体现了以下几个方面的整合:

(1)聚焦核心素养。班级合唱课促进了容桂小学学生的持续发展和终身发展。班级合唱课坚持以《中国学生发展核心素养》为指向,不但促进了学生在面对自然和置身现代社会中时具有良好的智力、身体、心理和个性自主,还培养了学生和谐人际交往、积极社群参与和友好环境意识的能力。

(2)深化学校特色。班级合唱课的建构依托了学校和韵课程及已有的特色项目,通过课程进一步深化了合唱的教育内涵,整合了韵美的要素,使其在提升学生核心素养方面发挥了课程的综合性作用。

(3)促进课程统整。根据教育部课改的精神,班级合唱课程立足学校实际,以核心素养为目标,以"美"为要素,紧密结合国家课程,促进基础型、拓展型和探究型课型的整合,积极促进学校课程之间、学科之间的整合,有效促进了学校课程和校外资源的整合。

(4) 基于学生核心素养培养,开发多元课程资源。好的课程是师生成长的摇篮,在课程实施的几年间,学校音乐科组教师齐心协力、凝聚智慧,结合语文学科开发出了传承中国文化的合唱教材《乐韵长风》,教材将韵律与中国古诗文相结合,由音乐科组的教师们自己谱曲编配二声部旋律,由学校的师生演唱并制作成视频材料,极大地激发了师生的创新意识。精品课、教研课展示了课程的魅力,沉淀了课程的价值,推动了音乐核心素养的形成,体现了基于课程的"和"与"韵",教材在实验学校推出获得了一致好评,并由中国文化出版社出版。

(5) 充分利用校内外课程资源,开展综合实践活动研究。加强图书和教学仪器管理与使用效益,充分发挥学校人力、物力、信息等各类资源的最大效益,同时大力开发校外课程资源。学校多次组织学生走进社区,参观工厂,通过校外教育基地创建,实现"开门办学"。学校成立家长委员会,每学期召开一次家长会,通过家访、电话、网络、学校网站等灵活多样的方式搞好家校沟通,家长满意度达到90%以上。

(6) 大力开展"阳光体育运动",增强学生体质。现在通过开展每天上午的大课间体育活动等方式,大力实施"阳光体育运动",确保学生每天集体体育锻炼不少于1小时。一、二年级不布置家庭作业,三至六年级,尽量在校托管时间完成作业,确保学生课业负担在合理的范围内,要求学生每晚有充足的8小时以上睡眠时间。

(7) 强化教学研究,努力提高课程实施质量和水平。开展两项研究,确保教学不走弯路。① 在教师中我们开展了优化课堂教学变革课堂教学模式研究。教学模式如何创新才能顺应学生学习方式的转变?针对一系列问题,我们结合"网络教研"活动,学习理论,学习先进单位的典型材料,更新教育教学观念。学校开展"学习先进区课改理念,探索有效教学模式"活动,对课堂教学模式进行了有效的探索,确立教学模式,并在全校进行了应用实践,取得了良好成效,我们将在以后的工作中加以完善提高。在全体教师中开展了"三课两评一反思"活动,有力地推动我校有效课堂教学的实施。② 在学生中我们开展了有效学习研究。我校的学生来自四面八方,并且每年都有一部分插班生入班,生源基础、学习习惯、学习方式各式各样,同时我们也发现良好学习习惯的养成与学生学习成绩的提高关系非常密切,针对这一现象,如何促使学生学习方式的转变?哪种习惯更有利于学习?好的学习习惯是怎样的?形成预习——上课——复习——作业的学习方式流水线,从课前小预备、学具准备到课中参与,再到课后作业、笔记整理、及时复习等均做出了明确具体的要求;培养学生良好的生活习惯、学习品质。

(8) 优化课堂教学,开展课堂交流与研究活动。学校提出课堂教学"六个优化"的新要求。① 优化教学观念。秉持素质教育思想,尊重教育规律和学生身心发展的特点,坚持面向全体,使每一个学生都能获得生动活泼、积极主动的发展。② 优化教学目标。"没有目标的教学就等于饭后散步,有目标的教学就等于百米赛跑"。③ 优化课堂结构。结构即组合,按照素质教育思想和最优化原则,把教育的有关因素组织排列起来以追求最佳的教学效果,即为优化课堂结构。④ 优化教学方法。好的教学方法总是相对而言的,总是因课程、因学生、因教师的特点和条件而相应变化的。根据不同的教学内容,选择灵活适宜的教学方法,让学生自主学习、合作学习是引导学生摆脱迷惘和困惑,走向教学目标的阶梯。⑤ 优化教学环境。教学环境即教师进行课堂教学时周围的情况和条件。"环境造就人",良好的教学环境对实现教学目标有着不可替代的作用。⑥ 优化分层练习。教师把课堂练习分为三个层次,即基础练习、综合练习、提高练习。学生根据自己的能力选择练习,教师运用教育机智适时引导,积极推动,鞭策优生努力进取,鼓励差生迎头赶上,"抓两头,带中间"推动中等生不断进步。同时,进行集体备课,以备课组为单位,每周进行一次集体备课,由组内成员轮流主持,研究本周的教学内容、探讨教学方法。重点加强课堂交流,每位教师每学期必须上一堂教研课。上课后,及时进行说课、评课,总结成绩,找出不足。要求课堂教学要从"以教师为主"到"以师生共同活动为主"转变,用新课程理念指导教师角色的转变,使学生的课堂主体地位得到充分发挥,形成师生双方主动互动的和谐统一。让每一个学生在课堂上都能得到快乐成长的体验。

[视频案例] 班级合唱 月亮姐姐快下来

[案例]《月亮姐姐快下来》教学设计与课件

[视频案例] 出塞

(9) 加强教学常规管理,探索作业新形式。要求教师精选布置课内外作业。教导处实行作业量审批汇报制度,课内作业设置基础型、技能型、创新型等若干类型,引导学生分层次选择完成;课外作业由知识型、活动型、实践型、探究型、开放型等组成。要遵守有关规定,严格控制课外书面作业总量,避免搞"题海战术"。书面作业降低难度,提倡布置探究性、实践性的家庭作业。抓好学生的闲暇教育,指导学生生活与实践。

(10) 实施三项教育,提高学生综合素质。一是实施信心教育,利用少先队的誓词和班队活动,培养学生成功的信心,让信心教育引领成功的信心;二是开展孝心教育,百善孝为先,孝道是中华民族的传统美德,我们开展孝心教育,使每个学生知道感恩,体会到自己生活在爱的世界;三是开展生活教育,我们提出生活无处不教育,把起床、洗漱、吃饭、洗澡等都列入教育内容。

(二)和韵课程实施今后的思考

为了突出学校文化、艺术、心育、英语特色建设,创造性实施新课程,今后还需不断努力。

1. 加强文化建设,凝聚学校精神

建设"和韵"校园文化,营造良好的学习环境在建设"和韵"校园文化中起着重要作用,学校开展"五园同创"活动,即创建平安校园、节约校园、文化校园、绿色校园和和谐校园。力求体现教育性、人文性、科学性和审美性。充分发挥校园文化格言在激励师生成长、沟通师生情感、凝聚学校精神方面的重要作用。

(1)丰富环境文化。学校做到让墙壁说话、让草木劝学、让石头励志、让展牌激情,已成为我校校园文化中不可缺少的一部分。

(2)创新学校文化。学校还开展学习园地、黑板报、手抄报、每日一句格言、班级信息宣传牌等评比活动。使学生潜能得到开发、人格得到完善、素质得以形成。

(3)凸显班级文化。班主任寄语张贴门上,名人字画更是相映成趣。"非淡泊无以明志,非宁静无以致远"。最见深度的艺术是丰富多彩的班训:先学做人,再学做事;人贵有志,学贵有恒;勤学静思,文明尚理;学做实事……从这些文化内涵丰富的班训中可以看出同学们思想的活跃与深邃。这里既有中国传统文化的浸润,又有现代意识的渗透;既有学校办学宗旨的统一体现,又有班级个性追求的自我展现。

(4)拓宽路队文化。我们要求:一、二年级学生在来回路上齐唱儿歌,三、四年级学生诵读古诗,五、六年级学生高唱英文歌曲、熟读英语口语。学生路队,已成为我校一道独特的风景线。该项活动的开展,增长了学生的知识,增强了他们的集体主义观念,提高了学生的文化修养。

2. 办艺术特色学校,全面发展学生综合素养

艺术教育工作是学校教育的重要组成部分,学校的艺术社团成为了顺德小学界一道亮丽的风景线。2017年我校的音乐科组被评为佛山市示范科组。陈燕教师成为广东省音乐教师工作室主持人(2015—2017),今年考核为优秀,又继续受聘为广东省音

乐教师工作室主持人(2018—2020)。在各级艺术类比赛中,我们学校的师生屡获殊荣,2017年、2018年学生参加顺德区首届个人才艺大赛,经过街道选拔赛,两年累计我校最终获顺德区一等奖18人,是顺德区获奖最多的学校。为拓展学生成长空间,促进学生全面发展,学校举行一系列活动:每学年的读书节、体育节、艺术节、科技节,还组织演讲比赛、征文比赛、师生书画展、"小制作、小发明"作品展评以及节日庆祝活动,使一大批具有专长的优秀学生脱颖而出。

3. 办心育特色学校,促进学生身心健康

心育工作,是学校德育工作的一大特色。学校有心理A证教师3人,B证教师11人,C证教师116人,其中有两位心理系毕业的专业教师和全校教师共同承担心理课教学,心理指导中心阵地建设规范。例如,2013年省心理健康教育示范学校校长现场会在校召开;获批为广东省中小学心理健康教育特色学校;《容桂小学心理健康特色学校创建方案》被评为广东省首届特色学校创建成果二等奖等。

4. 办英语特色学校,让教育与世界接轨

学校有一支十分优秀的英语教师队伍,学历高,专业精湛,敬业。英语教学成绩斐然,在全国小学生英语知识技能大赛中,容桂小学连续几年创佳绩,共81人获全国一等奖,其中2017年5月18日公布的全国五年级英语竞赛成绩我校8人获全国一等奖,居顺德区小学之前茅。学校英语科组被评为顺德区先进科组,2007年度学校英语特色获容桂街道首批办学特色奖。学校与英国北伦敦郡威伯尔小学、香港何日东小学缔结为姊妹学校,加强国际交流,开拓学生视野。

5. 通过课程建设的实施,全校师生呈现出积极变化

(1) 教师教学行为的变化。教师在课堂教学中,能面向全体学生,关注个体差异,根本改变了教师满堂灌而学生倾听、死记硬背的教学方式;能指导学生进行自主探究、合作、交流、发现、应用等活动,激发了学生的学习兴趣和求知欲望,为学生的终身学习与发展打下了基础。

(2) 学生学习方式的变化。新课改实施以来给学生带来的最大变化是,开始体会自主合作与主动探究所带来的愉悦和成功感。学生的学习行为开始由"被动"转向"主动",学习情感开始由"厌学"转向"乐学"。在新课改理念的影响下,我们的学生已经开始学会在合作交流中分享学习的快乐,敢于展现与众不同的想象与创造。

(3) 管理者探索教育教学新思路的变化。新一轮课程改革不仅仅是课程与教材

的变革,特别是全省素质教育会议的召开,不仅仅是教育观念的变革,它也应是教育管理的变革,使我们重新审视自己的管理行为。校本课程的开发、教与学方式的转变、教育评价的完善、教师继续教育的管理与培训等等,无不促使教育教学管理者重新规划学校教育。

小结

合唱是最富有美感的歌唱形式,也是最具有普惠性的歌唱形式。在中小学音乐课堂教学中推广班级合唱是完全可行和必要的。班级合唱教学是中小学音乐教学中最具普惠性、最有生命力、最受学生欢迎的教学领域和模块,是遵循教育规律、尊重人的天性的基本要求,是和韵课程教学追求真实、回归自然的必然选择。

让我们用心歌唱,唱出和韵之美,唱出人生之美!

【案例 10-1】 精心设计,用游戏的方式带领学生进入音乐世界

容桂小学班级合唱课程实际上早在 2013 年就开展了,那时候我刚刚调入这间学校。要开展班级合唱,这对于在前九年的工作中已经将自己定位为音乐舞蹈教师的我着实不容易。在加强了自身专业学习后,我开始摸索着前进。今年已经是我开展班级合唱教学实践与研究的第七个年头了,孩子们对合唱的热爱与变化历历在目。

记得有个班级,六年二班,是学校出了名的难管班,这个班有不少"调皮"学生,课上给科任教师带来不少麻烦。我作为一名新调来的教师直接接管这个在学校里待了六年的二班,上了几节课之后,几个调皮的孩子毫无意外地给课堂添乱,再对比另几个很好上课的班,心里便有点小疙瘩。

但是班上还是有一部分学生是很喜欢音乐的,我不能因为纪律问题就对整个班有偏见,我想挑战一下将这个班的班风转变过来。怎么转呢?我考虑了很久。恰巧学校那段时间有艺术节,他们班有个舞蹈节目让我去排练,通过这个节目的排练,学生们非常认可我的舞蹈排练能力,借着这个契机,我想到了陈燕主任正在要我们推行的班级合唱课。

我非常精心地设计好了一节课,把同学们带到了音乐教室,大家还是叽叽喳喳地说个不停,我不气不恼地轻轻弹起了钢琴,熟悉的《同一首歌》的旋律慢慢地吸引了同

学们,教室渐渐安静下来了,有些同学开始轻声哼唱,还有些同学在聆听,我看到这一幕,心里暗暗高兴,便合着大家的歌声,轻轻地唱起了另一个声部。同学们听到之后,从有一点点疑惑,到更专注地唱自己的声部,当最后一个音落下时,教室里自发地响起了阵阵掌声。我告诉大家,合唱会让歌曲的色彩更为丰富,并且要考验大家的音准与配合。于是,我带着学生从节奏的二声部、单音的二声部、乐句的二声部等等开始,用游戏的形式带领同学们走进丰富的音乐世界,慢慢地,大家爱上音乐课了,通过班级合唱中的合作,班级更有凝聚力了。

佛山市顺德区容桂小学　刘文娟

【案例 10-2】　合唱《游子吟》,母爱心中流

《游子吟》全诗共六句三十字,采用白描的手法,通过回忆一个看似平常的临行前缝衣的场景,凸显并歌颂了母爱的伟大与无私,表达了诗人对母爱的感激以及对母亲深深的爱与尊敬,此诗情感真挚自然,千百年来为人传诵。

现如今,孩子们生活在仿佛蜜罐一般的家庭里,最大的烦恼就是作业,甚至常常会烦爸爸妈妈因为对他们学业的操心而有的唠叨,却往往忽略了父母在繁忙的工作之余对他们无私的付出。

只是诵读和学习古诗,学生们大多都是浅浅地体会一下字面的意思,但运用合唱就大不一样了,从娓娓道来到如泣如诉,通过节奏、旋律、速度的处理,孩子们一唱,不用教师过多的解释,便能体会到这首古诗所要表达的内涵,再加上低声部和声的烘托,更是把古诗的意境淋漓尽致地表现了出来。

一曲学罢,自由讨论环节,有一个孩子站起来分享和妈妈之间的故事,说着说着,声音便哽咽了起来,原来,有一次,她的妈妈来接她时已经很晚了,全校就剩下她一人,于是她不分青红皂白地冲妈妈发了一顿脾气,而妈妈却一言不发地带她回家还给她做饭,等一家人都睡下了,妈妈又开始对着电脑开始加班。"我欠妈妈一个对不起"。那个孩子轻轻地说道。

合唱与古诗的结合,可以让学生热爱民间音乐,丰富民族语言,增强民族意识,在演唱中也能充分地发挥想象力,让孩子想到不同的音乐形象在思考中歌唱,在歌唱中思考。

容桂育美教育集团容桂小学　戴腾超

【案例 10-3】 课例《迷人的火塘》片段摘录环节二：动手画一画、感受这首合唱歌曲的声部交织方式

```
3 5 5 6  5 3  3 5.  | 3 5 5 6  5 3  1 2.
跳 动 的 火  苗     | 伴随我们 把 歌 唱。
动 人 的 故  事,    | 带领我们 飞 翔 远 方。

0    0   1 3 3 3  1 6  | 1 3.   1 2 2 2  2 1 6
         跳 动 的  火    | 苗,    伴随我们 把 歌
         动 人 的  故    | 事,    带领我们 飞 向远

1 3 3  1 2  1 2 2  1 6  | 3 2  3.   5 2  3.
迷 人 的 火 塘, 迷 人 的 火 塘, | 啊         啊

6 1.       1 2 2  1 6  | 1.    6 1  —
唱。}       迷 人 的 火 塘 | 啊,
方。}
```

这节课学的是《迷人的火塘》，合唱部分有两种不同的形式：

第一种：

卡农式的演唱，将人们对美好生活的向往表现得淋漓尽致，描写了一幅少数民族人民在党的温暖阳光照耀下幸福生活的美好景象。

第二种：

两个声部同时进行，只在结尾处有不同的处理，表现了民族融合的美，唱出了心中的幸福与欢乐。

```
2 2 3  2 1 6 5  6 1 1  2 1 6  | 1. 3 2  3. 5 2  | 3 — — —‖
点 燃 了 侗 家  欢乐的 时       光 啊        啊。

2 2 3  2 1 6 5  6 1 1  2 1 6  | 1 —  6 1.       | 1 — — —‖
点 燃 了 侗 家  欢乐的 时       光    啊。
```

学生讨论，并让学生试着用图画一画。

师：注意观察声部出现的顺序。

生：前面是高声部先出,低声部后出来。

师：后出来多少呢?它旋律的走向又是如何呢?

生：二拍,后面是同时出来的,旋律走向和前面一样结尾不同。

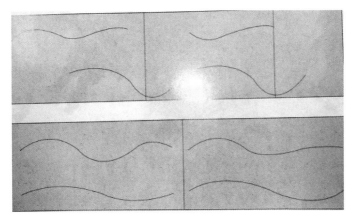

图 10-1　学生图画音乐的高低声部

佛山市顺德区容桂小学　吴有特

【案例 10-4】 合唱课程的辐射案例

在多次的听课、磨课、评课、跟岗、分享中,我才真正认识和了解了课堂合唱的魅力与魅力。我逐渐将课堂合唱从发声练习开始,将"合唱"的感念从一年级的音乐课堂抓起。让孩子们在"游戏"、合作、分享、感受中体验合唱的魅力,感受合唱的"魔力"。

现在一年级的孩子们,已经可以分声部,按照教师的要求,进行简单旋律的二声部练习。并且,时不时地我还会将他们的旋律改成生动有趣的简短歌词,他们也能按照教师的要求认真完成演唱。

在"广东省陈燕省名师工作室"这几个月的学习中,我已经从一个只会按照课本,完成教学任务的"传统音乐教师",成长为一名有思考、会反思、敢拓展、乐编创、能适应时代要求的"新型音乐教师"。

2016 学年,我担任学校一年级级长,主要任教一、三年级的音乐课。我利用自身的有利条件,从一年级就开始开展课堂合唱教学,这在过去我是想都不敢想。我利用每堂音乐课的前五分钟,为课堂合唱教学做准备。我从音乐知识、音符的认识、音准、节奏、音程和声的练习等方面,配合柯达伊教学法,层层递进地对一年级的学生们进行训练。由于引用了柯达伊手势进行音阶模唱练习，孩子们能够体验更加直观的视觉效果，更加科学、有效地把握音准，同时也对音阶模唱充满了兴趣。紧接着，我将音阶的模唱转变成不同的节奏型，做到同音不同节奏，让孩子们第一次感受到了合唱原来这样简单，从而引发了他们的学习兴趣，更加主动地参与到每一次的"发声练习"当中。

现在，通过一个学期的坚持训练，我们一年级的孩子，已经能按照教师所谱写的简单旋律，做二声部合唱的简单配合了。孩子们通过合唱学会了倾听、感受，并能合作演绎音乐之美。

【思考】

通过这几个月的课堂合唱教学，引发了我许多的思考，合唱教学应该是面向全童的、不分年龄阶段的美学艺术。

其实，有许多教学任务不是孩子们无法完成，可能是教师的方法不够有趣、不够直观、不够科学，或者是因为教师不敢放手去做。通过向工作室各位优秀教师学习，我设计了更加有趣的形式，逐渐摸索出了更加科学有效的教学方法，让学生们通过更加直观的方式感受和体验课堂合唱的魅力，并逐步掌握了这项音乐技能。

现在，我的音乐公开课也不再局限于歌唱教学、欣赏教学，我也敢于进行课堂合唱教学了。

佛山市顺德区伦教北海小学　张婷

【案例10-5】 **图片导入课堂、情景激发联想，用合唱感受音乐之美**

在人音版音乐教材三年级下册中有《嘹亮歌声》这样一首学唱歌曲。这是一首曲调规整、词意简练而富有意境的日本儿童歌曲。歌曲运用了轮唱的手法，描绘的是孩子们面对远山纵情歌唱的情景，意在抒发孩子们对大自然的热爱之情。

为了让孩子们更加直观地感受音乐作品飘逸回荡、悠扬呼应的美妙效果。我利用大量连绵起伏的山脉图片和一段含有回声音频的对歌视频作为导入，让孩子们迅速地理解了"回声"这一音效状态。再让他们通过联想与想象，模拟山谷回声的音效，激发合唱学习的兴趣。最后，通过轮唱的演唱形式和表演情绪，感受旋律强弱的特点，从而体验音效强弱引发的情感变化。

有趣的导入、大量的图片和视频引发的联想与想象，轮唱表演形式构造的"回声"效应，一下子就牢牢抓住了孩子们的好奇心。以"课堂合唱教学"为载体，通过整合多样化的学科渗透、教学手段与教学方法，让孩子们更加深刻地感受音乐、理解音乐、表现音乐,从而提高学生的音乐素养。让孩子们在"视觉美"中体验"听觉美",感受"自然美",收获"人文美"。

佛山市顺德区伦教北海小学　张婷

【案例10-6】　分享合唱作品,激发学生音乐联想

课前,教师把不同的合唱作品分享给各学习小组,让学习小组学生根据合唱作品寻找相似绘画作品。

上课伊始,学习小组把找到的绘画作品展示在黑板上,教师引导学生通过绘画作品联想音乐作品。通过绘画作品的色彩和线条,从男女音色,音乐情绪,音乐节奏多个方面对合唱作品进行想象,并描绘出来。

随后,通过对多首合唱作品的对比和鉴赏,寻找出最匹配的绘画。

最后,班级选出一首最喜欢的合唱曲目进行学习。

这样,美丽的绘画、动听的音乐,种种资源一下子就吸引住了学生,课堂从一开始就调动起了学生的求知欲,点燃了学生智慧的火花,激发了学生的想象力,课堂气氛变得活跃起来,使音乐与美术两个艺术学科很好地结合起来。最后,把合唱曲目应用到班级合唱中,培养学生之间的团结合作精神,增强学生对班级的荣誉感。

佛山市顺德区勒流中学　李乃添

【案例10-7】　课程积极生成,激发学生参与

一年前的一节音乐课,我在完成了准备好的教学任务后,还有一些时间,想了解一下孩子们最近喜欢唱什么。他们齐声说,《夜空中最亮的星》……原来这是他们的班歌。当他们演唱这首歌曲的时候,他们的脸上洋溢着属于他们这个年龄的喜悦和自信,这是唱课本的曲目时所不具有的。但是,他们的演唱因为太过兴奋,没有了平常教师教导的节制,真假声过渡不好,声音太白,位置也太低。虽然他们很喜欢,但那不是美的演唱。我突然想起了厦门六中也演唱过《夜空中最亮的星》这首歌曲,于是给他们欣赏了厦门六中改编的版本。后来,我们又欣赏了很多厦门六中演唱的作品。我们一起讨论,为什么这样的演唱能获得那么大的成功,这么多人喜欢。孩子纷纷给出他们的答案:旋律很优美动听、和声唱得很美、音色很和谐、节奏律动很有动感……原来,在不知不觉中,孩子们的鉴赏能力提高了。

从此,在孩子们日常欣赏的歌单里,多了合唱曲的身影。开始是流行合唱,慢慢增加到古典的合唱。

容桂红旗中学　冯瑶

【案例 10 - 8】　合唱的跨学科综合学习

去年,当我们学习《德涅泊尔》的时候,孩子们找到了乌克兰的地理位置,了解了乌克兰民族的历史,以及它与俄罗斯的地理和政治联系,从而更加深刻地理解歌词和乌克兰音乐的调式。

贝多芬是古典主义时期的重要代表人物。他身处 18 世纪末 19 世纪初,当时的欧洲是个经济与政治都要变革的欧洲。工业革命的到来促使了资产阶级革命的爆发。这个时代的贝多芬有着共和的理想,崇尚英雄。他曾说,他是用他的音乐来革命。他晚年的作品《第九交响曲》是他"自由、平等"理想的总结。第四乐章合唱所演唱的正是席勒的诗作《欢乐颂》。我与孩子们一边朗诵席勒的诗篇,一边感受作曲家的理想国度。当我们演唱《欢乐颂》这首合唱曲的时候,歌曲的情绪与音色已经了然于心了。

班级合唱教学是具有普及性和艺术性的活动,对培养孩子良好的音乐素养和合作意识有着积极的作用。去年,我校举行了第一届班级合唱比赛,孩子们积极参与,努力地排练,给全校同学带来了美的享受。愿更多的教师和学校走进班级合唱的实践中,为我们的祖国培养更多高素质的人才。

北滘君兰中学　龙艳梨

【案例 10 - 9】　寻找历史中的合唱声音

师:今天,我们在合唱作品中推开历史的大门,寻找中西方历史中合唱的声音。

环节一:聆听两首合唱作品一同走进西方历史。

播放合唱作品《一个孩子将为我们诞生》《欢乐颂》,从音乐产生的时代,作曲家,音乐创作手法等多个方面,了解合唱作品的历史背景。

生1:《欢乐颂》是来自于贝多芬所创作的《第九交响曲》第四乐章,音乐气势恢弘。

师:是的,那贝多芬是基于什么历史背景创作该作品的呢?

《欢乐颂》原本是德国诗人席勒的一首诗作,气势磅礴、意境恢宏。而贝多芬本人正是席勒的忠实崇拜者,这首《欢乐颂》也是贝多芬最钟爱的诗作之一,席勒在诗中所表达出来的对自由、平等生活的渴望,其实也正是一直向往共和的贝多芬的最高理想。

生2：《一个孩子将为我们诞生》选自清唱剧《弥赛亚》。

……

环节二：聆听两首合唱作品一同走进中国历史。

播放合唱作品《太行山上》《城南送别》，从音乐产生的时代，作曲家，音乐创作手法等多个方面，了解合唱作品的历史背景。

……

佛山市顺德区乐从中学　邓兆振

附录 10-1　容桂小学和韵课程体系

1. 基于学生"多元智能情况分析"的课程

表 10-5　基于学生"多元智能情况分析"的课程

特质/智能	敏感于	倾向于	持续发展方向目标	开设课程
语言智能	声音、意义、结构、语言风格	听、说、读、写	说话自如（教师、宗教领袖、政治家）或书写流畅（诗人、记者、作家、广告撰稿人、编辑）	1. 英语剧表演课 2. 吟诵诗表演课 3. 小主持训练课 4. 小记者训练课
数理逻辑智能	模型、数字和数据，因果关系、客观和定量的推理	发现模型、进行计算，形成和验证假设，使用科学方法，演绎和归纳推理	用数字有效地工作（会计、统计师、经济学家）和有效推理（工程、科学家、程序员）	5. 数学思维课 6. 英语思维课 7. 四模实验课 8. 机器人实验课
视觉空间智能	色彩、形状、视觉游戏，对称、线条、意象	将观念视觉化，创造心理意象，注意视觉细节，绘画和素描	视觉创作（艺术家、摄影师、工程师、装潢人员）和视觉准确定位（导游、侦察、巡逻员）	9. 摄影课 10. 计算机操作学习课 11. 插花、工艺美术课 12. 创客艺术课
身体运动智能	触摸、运动、自己身体的状况、体育（竞赛）	需要力量、速度、灵活性、手眼协调和平衡的活动	用手去固定或创造（机械工、外科医生、木工、雕刻家、泥瓦匠），用身体去表现（舞蹈者、运动员、演员）	13. 仪仗、行进表演课 14. 田径训练课 15. 足球课 16. 篮球课 17. 羽毛球训练课 18. 乒乓球网点训练课 19. 游泳网点训练课 20. 毽球训练课 21. 跆拳道学习课 22. 武术学习课 23. 舞蹈学习课 24. 拉丁舞学习课 25. 棋类学课

续 表

特质/智能	敏感于	倾向于	持续发展方向目标	开设课程
音乐智能	音调、节拍、速度、旋律、音高、声音	听、唱、弹奏乐器	创作音乐(作曲家、音乐家、乐师、乐队指挥)和分析音乐(乐评家)	26. 合唱学习课 27. 铜管乐学习课
人际关系智能	身体语言、情绪、声音、感受	关注他人的感受与个性,并作出回应	与人共事(行政人员、经理、咨询师、教师),并帮助人们发现问题、解决问题(治疗师、心理学家)	28. 小心理咨询师学习课
自我认识智能	自己的优点、弱点、目标和需求	确立目标,评估人的能力和弱点,监控自己的思维	调解、反思、展示自律、保持冷静、超越自我	29. 礼仪督查服务课
自然智能	自然物体、植物、动物、自然规律、生态问题	对生物和自然物的鉴别和归类	分析生态和自然环境及数据(生态学家和巡逻员),从生物中学习(动物学家、植物学家、兽医),在自然环境中工作(猎人、侦察员)	30. 小气象家学习课 31. 校园绿化学习课

2. 基于学生"学科类分析"的社团

表 10-6 基于学生"学科类分析"的社团

课程类型	社会人文								数理科技			文理综合			
基础型	语文、英语、音乐、美术、思品								数学、科学信息技术			体育、劳技			
拓展型	书法、美术	中华经典导读	幼芽文学社	课本剧表演	舞蹈	班级合唱	铜管乐团	动漫童画	乡土音乐	生命教育	数学钥匙	信息技术	智能机器人	航模	阳光体育	小工程师	小农艺师	小厨艺师	小工艺师
	学校文化活动,班队活动,公益劳动,社区服务,社会实践以及各类专题活动。														
探究型	根据环保、心理、科技、艺术、人文、社会实践等六大课题类别,选择探究型课程,在教师指导下开展课题探究。														

3. 基于"活动类主题化"的划分

我们基于基础性课程,结合"和韵课程"挖掘和整合相关的主题,汇集区域或校本的资源,围绕主题和节日设计,开展相关的主题活动及课程培养学生核心素养,做到了:

(1) 课程活动节日化。学校每学期上开展四节活动:艺术节、科技节、读书节、体育节。由某个科负责设计方案和命名,并组织开展相关的活动。

(2) 课程活动主题化。课程活动是"和韵课程"目标的实践渠道之一,我们将这些活动加以主题化提炼,在结合国家课程、拓展性课程基础上通过一系列的主题化活动科学促进课程目标的落地实现,优化课程目标。如表:

表 10-7 基于主题的课程活动

模块	主题	基础性课程	拓展性课程 主题式	研究性课程 综合式	节日及主题教育活动
言	诗之韵	根据主题,挖掘和整合国家和地方课程。	"儿童诗歌创作"课程;"吟诵"课程;书法课程	"科学小实验"课程;"综合实践"课程	**祭孔教育活动**:吟诵社教育活动 **诗歌创作活动**:参加广东省儿童诗歌节活动
数	创之韵		"奥数、奥英"课程;"自救自护"生活技能课程		**奥数、奥英比赛活动**:参加各级数学、英语比赛活动 **自救自护教育活动**:紧急疏散演习、防暴演练、远离毒品等教育
形	维之韵		美术、电脑课程		**艺术节活动**:书画比赛、展览 **科技节活动**:电脑绘画、设计
动	律之韵		生理卫生课程;体育活动课程		**各项体育比赛活动**:参加各类体育比赛活动,学校大型运动会。**生理卫生教育活动**
艺	乐之韵		各类社团课程		**教育活动**:大型文艺演出活动;"亮出精彩的你" **"艺术之星"评选活动**:学校每学年的四大节活动;学校社团活动,供孩子们选择
群	国际理解		"英国、中国香港"交流课程		**国际交流活动**:跟英国威伯尔小学、中国香港何日东小学结对交流活动
群	国家认同		爱国主义教育、传统文化教育课程		**少先队活动课程**:少先队主题活动;国旗下讲话;国庆节活动;元旦迎新活动;推普周活动
群	人际关系		交朋结友;先进班评比		**班级自主管理**:"班级特色文化建设";"特色班建设活动""我为班级添光彩"
己	悟之韵		认识自我课程;心理健康课程		**生活技能类教育活动**:"让自己健康成长" **心理健康教育活动**:"认识我自己"专项教育;"我与同伴共成长" **争章活动**:争取机会表现自我 **活动参与**:学校大型活动,各类社团及其活动,志愿者小队及社会实践活动
物	灵之韵		环境教育课程;资源教育课程		**科技活动**:气象组活动;环境保护组活动;资源调查活动

附录 10-2 容桂小学合唱课程安排

表 10-8 容桂小学高年级合唱课程安排表

年级	授课时间	歌 曲	风格或地域	音 乐 知 识	所用课时
四年级上册	第 2 周	《大家来唱》	意大利威尼斯民歌	体验表现三拍子歌曲晃动的感觉	1 课时
	第 4 周	《愉快的梦》	优美的歌曲	延音线旋律的进行(上行和下行)3.6/8 的含义及强弱规律	2 课时
	第 6 周	《月亮月光光》	台湾童谣	掌握弱起节奏的特点、作用	2 课时
	第 8 周	《让我们荡起双桨》	儿童歌曲	旋律的进行(波浪形进行)	2 课时
	第 10 周	《阳光牵着我的手》	领唱形式的童声合唱曲	强调音准和声音的和谐度	1 课时
	第 12 周	《顺德好》	广东顺德民歌	后倚音	1 课时
	第 14 周	《南方有条醉人的河》	混声合唱歌曲	倚音 颤音	2 课时
	第 16 周	《村居》	充满生机的古韵合唱曲	强调声音和谐度	1 课时
	第 18 周	《红豆词》	古韵风格	强调声部之间的谐度	1 课时
	第 20 周	《咏柳》	古韵风格	强调声部之间的谐度	1 课时
	第 22 周	《小儿垂钓》	古韵风格	强调声部之间的谐度	1 课时
四年级下册	第 2 周	《小螺号》	抒发少年儿童热爱生活的歌曲	掌握波音上滑音的演唱方法	1 课时
	第 4 周	《白桦林 好地方》	加拿大歌曲	掌握"f""mp"在歌曲中的演唱	2 课时
	第 6 周	《红蜻蜓》	日本风格歌曲	强调声部之间的谐度	1 课时
	第 8 周	《冬夜静悄悄》	优美抒情的儿童歌曲	弱起乐句的演唱,声音的控制	1 课时
	第 10 周	《氹氹转 唱童谣》	广东童谣	强调音准,歌词的发音	2 课时
	第 12 周	《香香甜甜 同庆丰收年》	顺德民歌/顺德童谣	强调音准,歌词的发音	2 课时
	第 14 周	《春晓》	古韵风格	认识反复记号	1 课时
	第 16 周	《春日》	古韵风格	强调声部之间的谐度	1 课时
	第 18 周	《江南春·波渺渺》	古韵风格	强调声部之间的谐度	1 课时
	第 20 周	《清明》	古韵风格	强调声部之间的谐度	1 课时

续 表

年级	授课时间	歌曲	风格或地域	音乐知识	所用课时
五年级上册	第2周	《小纸船的梦》	抒情、优美的歌曲	二部合唱的音准、和谐;填词的多音字	2课时
	第4周	《送别》	恋故伤别的感情歌曲	准确把握歌曲音准节奏	1课时
	第6周	《萤火虫》	优美抒情的	唱准歌曲《萤火虫》中的弱起、大跳,基本把握歌曲的风格	2课时
	第8周	《小小的船》	儿童歌曲	体验三四拍子的特点	1课时
	第10周	《榕树爷爷》	二声部合唱歌曲	准确地唱出附点、休止符等节奏,唱准大跳、小跳音程,感受多种音乐元素刻画的音乐形象	2课时
	第12周	《铃儿响铃铛》	曲调流畅、情绪欢快的美国歌曲	1. 轻巧、欢快的声音准确表现歌曲; 2. "我们欢笑又歌唱"弱起;"叮叮当"节奏的准确演唱	1课时
	第14周	《七色光之歌》	少合唱歌曲	掌握切分节奏并运用在歌曲中	1课时
	第16周	《顺德新儿歌》	顺德儿歌	节奏性的掌握	2课时
	第17周	《百行孝为先》	顺德民歌	上滑音下滑音	2课时
	第18周	《忆江南》	古韵风格	二部合唱的音准、和谐	1课时
	第19周	《游子吟》	古韵风格	强调声部之间的谐度	1课时
	第20周	《小池》	古韵风格	强调声部之间的谐度	1课时
	第22周	《望庐山瀑布》	古韵风格	二部合唱的音准、和谐	1课时
五年级下册	第2周	《小鸟小鸟》	欢快的	6/8拍弱起小节的节奏练习及旋律演唱	1课时
	第4周	《春雨蒙蒙地下》	动听的 优美的	注意掌握歌曲的弱起节奏与换气	1课时
	第6周	《田野在呼唤》	活泼 欢快的	二声部合唱时的声部间平衡,弱起位置的附点节奏	1课时
	第8周	《迷人的火塘》	少数民族音调风格	切分音	2课时
	第10周	《小白船》	朝鲜族歌曲	掌握三拍子的特点	2课时
	第12周	《真善美的小世界》	欢快的儿童歌曲	能辨别2/4拍的拍子,并知道2/4拍的强弱规律	1课时
	第14周	《嫁女歌》	顺德民歌	掌握咸水歌曲的特点	2课时

续 表

年级	授课时间	歌 曲	风格或地域	音乐知识	所用课时
五年级下册	第14周	《八音锣鼓柜》	八音锣鼓	掌握八音锣鼓的节奏	1课时
	第16周	《阳光曲·中秋月》	古韵风格	强调声部之间的谐度	1课时
	第18周	《竹石》	古韵风格	强调声部之间的谐度	1课时
	第20周	《回乡偶书》	古韵风格	强调声部之间的谐度	1课时
	第22周	《登鹳雀楼》	古韵风格	二部合唱的音准、和谐	1课时
六年级上册	第4周	《茉莉花》	江苏民歌/东北民歌/河北民歌	掌握不同地区的民歌风格特点	2课时
	第6周	《妈妈格桑拉》	藏族风格特点的儿童歌曲	通过歌曲的演唱、表演等形式表达对母亲的爱与感激,从而激发学生对亲情的珍爱	1课时
	第8周	《赶圩归来啊哩哩》节选	浓郁的彝族风格	演唱歌曲时能注意各声部之间的音响均衡和谐	1课时
	第10周	《再敲锣鼓唱龙舟》	顺德龙舟	锣鼓经节奏的掌握	2课时
	第12周	《木偶兵进行曲》	进行曲风格	通过创编及一系列音乐活动,培养学生的创造力	1课时
	第14周	《月亮姐姐快下来》	抒情优美的歌曲	1. 西洋乐器的认识; 2. 理解切分音在歌曲中的作用	1课时
	第16周	《校园小戏迷》	京剧风格	学唱《校园小戏迷》并能学会基本动作并表演	1课时
	第18周	《龙舟歌会》	顺德龙舟	锣鼓经节奏的掌握	1课时
	第20周	《劝学》	古韵风格	二部合唱的音准、和谐	1课时
	第22周	《所见》	古韵风格	二部合唱的音准、和谐	1课时
	备选	《江南》	古韵风格	二部合唱的音准、和谐	1课时
	备选	《出塞》	古韵风格	二部合唱的音准、和谐	1课时
六年级下册	第2周	《转圈圈》	撒尼民歌	学习两声部的合唱以及变拍子的复习巩固	2课时
	第4周	《同一首歌》	回忆、抒发、诉说同窗之情的歌曲	学唱歌曲时各个声部之间的配合。能够正确理解歌词的内涵,并能与歌曲产生共鸣	1课时
	第6周	《拍手拍手》	这是一首以颂扬和倡导精神文明风尚为题材的儿童歌曲	在歌曲实践活动中,学习重音记号">",并能在演唱中准确表现,增强音乐表现力	1课时

续　表

年级	授课时间	歌　曲	风格或地域	音　乐　知　识	所用课时
六年级下册	第8周	《我们是朋友》	友谊的歌曲	通过歌曲《我们是朋友》的学习，能用歌声、音乐、语言、美术、文学作品等抒发自己热爱同学、珍惜同窗学友之间的情感	1课时
	第10周	《岁月抒怀忆名伶》	粤剧	粤剧伴奏乐器的认识	1课时
	第12周	《珠水唱歌中国梦》	中国曲艺	散板节奏的掌控	1课时
	第14周	《山行》	古韵风格	二部合唱的音准、和谐	1课时
	第16周	《长歌行》	古韵风格	二部合唱的音准、和谐	1课时
	第18周	《咸水歌变奏》	顺德民歌	上滑音/下滑音	2课时
	第20周	《漂泊的水母》	法国民谣	二部合唱的音准、和谐	1课时

附录10-3　容桂小学合唱课程的课程目标

表10-9　容桂小学合唱课程的课程目标

目标	内　　容				
关注	关注学生	关注问题	关注音乐的美	关注生成	关注美感
	能够在课程实施中关注学生本位而不是学科本位，始终把学生的需求、表现放在第一位。	在课程实施中能及时发现问题并且修正问题，突出课程的激发、培育、养成功能。	以合唱的美为主线，时刻关注音乐、合唱的美育功能，培养学生团结、协作、发现美、表现美的能力。	在课程实施中关注目标的生成而不是只关注过程，以生成为首要目标，通过课程的实施生成学生审美的能力，激发学生表现、探究美的兴趣，创造美的收获。	关注合唱音乐赋予的美感、学习过程感悟的美，引导学生在参与课程的过程中感悟、体验、创造美。
参与	在课程中始终坚持学生本位，以培养学生终生发展的核心素养能力为宗旨。				
	浅层	中层	深层	校内艺术实践	校外艺术实践
	在课程实施过程中重视参与的层次递进，始终坚持初步、完整的听觉体验。	引导学生进行有思想的参与，在积极参与的过程中解决难点，重点目标构建高效的班级合唱课程。	基于浅层与中层的参与，增加与合唱内容相关的知识及文化，实现课程的文化理解、音乐表达、技能提升。	为课程出口搭建小舞台，给予学生充分展示、表现自我的空间，体验和收获实践美、合作美、创作美。	开拓学生眼界，依托课程培养形成学生的社会视野、人群视野、艺术视野，从而提升音乐及终生发展的核心素养。

续 表

目标	内容				
情感态度与价值观	通过课程丰富情感体验，培养学生对生活的积极乐观态度。在潜移默化中建立起对自己、对他人、对人类、对一切美好事物的挚爱之情，进而养成对生活的积极乐观态度和对美好未来的向往与追求。培养音乐兴趣，树立终身学习的愿望。	通过各种有效的途径和方式引导学生走进音乐，在亲身参与音乐活动的过程中喜爱音乐，掌握音乐基本知识和初步技能，逐步养成鉴赏音乐的良好习惯，为终身爱好音乐奠定基础。提高音乐审美能力，陶冶高尚情操。	通过对音乐作品情绪、格调、思想倾向、人文内涵的感受和理解，培养音乐鉴赏和评价的能力，养成健康向上的审美情趣，使学生在真善美的音乐艺术世界里受到高尚情操的陶冶。培养爱国主义和集体主义精神。	通过音乐作品中所表现的对祖国山河、人民、历史、文化和社会发展的赞美和歌颂，培养学生的爱国主义情怀；在音乐实践活动中，培养学生良好的学习习惯和宽容理解、互相尊重、共同合作的意识和集体主义精神。	尊重艺术，理解多元文化，尊重艺术家的创作劳动，尊重艺术作品，养成良好的欣赏艺术的习惯。通过学习不同国家、不同民俗、不同时代的作品，感知音乐中的民族风格和感情，了解不同民族的音乐传统，热爱中华民族和世界其他民族的音乐。
过程与方法	体验	模仿	探究	合作	综合
	倡导完整而充分地聆听音乐作品，使学生在音乐审美过程中获得愉悦的感知和体验；启发学生在积极体验的状态下，充分开展想象；保护和鼓励学生在音乐体验中的独立见解。	根据中低年级学生的身心特点，从音乐基本要素入手，通过模仿，积累感性经验，为音乐表现和创造能力的进一步发展奠定基础。	通过提供开放式和趣味性的音乐学习情景，激发学生对音乐的好奇心和探究愿望，引导学生进行以即兴式自由发挥为主要特点的探究与创造活动，重视发展学生创造性思维的探究过程。	充分利用音乐艺术的集体表演和实践过程，培养学生良好的合作意识和群体协调能力。	将其他艺术表演形式有效地渗透和运用到音乐教学中，通过以音乐为主线的综合艺术实践，帮助学生更直观地理解音乐的意义及其在人类艺术活动中的价值。
知识与技能	音乐基础知识	音乐基本技能		音乐创作与历史背景	音乐与相关文化
	学习和了解音乐基本表现要素（如力度、速度、音色、节奏、旋律、和声等）和音乐常见结构（曲式）以及音乐体裁形式等基础知识，有效地促进学生音乐审美能力的形成与发展。	培养学生自信、自然、有表情地歌唱；学习演唱、演奏的初步技能；在音乐听觉感知基础上识读乐谱，在音乐表现活动中运用乐谱。		以自由、即兴的创作方式表达自己的感情，学习浅显的音乐创作常识和技能。通过认知作曲家生平及作品的题材、体裁、风格等，了解中外音乐发展的简要历史，初步识别不同时代、不同民族的音乐，加深对中国民族音乐的认识和理解。	认识音乐与姐妹艺术的联系，感知不同艺术门类的主要表现手段和艺术形式的特征，了解音乐与艺术以外的其他学科的联系。根据自己的生活经验和已学过的知识，认识音乐的社会功能，理解音乐与社会生活的关系。

附录10-4 容桂小学畅响童声——班级合唱比赛

2018年容桂小学"畅响童声——班级合唱比赛"通知

指导思想：

为了丰富校园文化生活，促进我校实施素质教育的进一步发展，活跃我校校园艺术氛围，彰显学生积极向上的精神风貌，丰富活跃第二课堂，切实提高学生的合唱艺术水平，推动我校学生合唱艺术的发展，从而提高学生的艺术修养和审美情趣。学校特举办"畅响童声班级合唱比赛"活动。现将活动组织办法及有关要求通知如下：

活动主题：

用合唱的艺术感染人，用完美的艺术塑造人。

参赛对象：

一至六年级各班同学。

参赛人数：

无特殊情况100%参加，有特殊情况须向级长说明。

比赛内容和规则：

1．选曲贴近学生的校园生活和审美需求，突出表现新时代少年儿童爱祖国、爱学校、爱班级、爱学习、爱劳动、爱生活的优良风貌，内容必须健康向上、适合少年儿童演唱。

2．每个参赛班级选定两首演唱曲目，一首为必唱歌曲（一个年级段统一曲目由级长负责），一首为选唱歌曲，自选歌曲要求内容健康向上，指挥由本班师生担任，两首曲目时间不超过6分钟。

3．伴奏可采用钢琴或录音带。

4．演唱形式必须是合唱。

5．比赛设奖项若干名，颁发证书。

合唱比赛评判标准：

1．精神饱满、队形整齐有特色、上下台整齐有序。（10%）

2．音高准确、节奏准确、音色优美、咬字清晰、音乐完整。（80%）

3．演唱形式新颖、服装整洁统一。（5%）

4．全员参与。（5%）

5．专业评委占总分70%，家长代表评委占总分30%。

展示活动时间地点： 5月31日下午康富校区。

备选合唱曲目（也可自选优秀曲目）

一年级：《小雨沙沙》《两只小象》《两只老虎》《时间像小马车》

二年级：《两只老虎》《我是小音乐家》《时间的歌》

三年级：《让我们荡起双桨》《钟声叮叮当》《小小少年》《土风舞》

四年级：《土风舞》《红蜻蜓》《小白船》《小鸭子》《让我们荡起双桨》《布谷》《送别》

《多年以前》《小小少年》

　　五、六年级：《小白船》《真善美的小世界》《小鸟小鸟》《田野在召唤》《迷人的火塘》《叮铃铃》《苹果丰收》《堆雪人》

▶ 第十一章

戏剧课程育美

——容桂育美教育集团瑞英小学"启悟课程"案例

"启",即开也;"悟",即觉也。"启"和"悟"互为因果,融合共生。"启悟"就是师生共同求索真知与智慧、求索美德与修为的领悟过程。瑞英小学始终坚持科研兴校、课程立校的办学思想,逐渐形成了以音乐剧(戏剧)课程为代表的"启悟"课程,试图通过探寻教育的"本真",达到"大美育"的目的。

一、启悟课程基础

(一) 启悟课程的文化基础

1. 学校文化自信

顺德区容桂育美集团瑞英小学是一所"一校两区""高低分段"、管理规模较大的广东省义务教育标准化学校。学校始建于上世纪二三十年代,在近百年的风雨历程中,作为当地基础教育阶段久负盛名的中心校,始终引领着区域内教育教学的发展水平,在多年的教育教学实践过程中,学校形成了"博文·习礼"的校训,培养了一批又一批"乐学·笃学·会学·创学"的优秀学子。自上世纪90年代起,学校越来越关注教师、学生和课程之间的关系,逐渐形成了"把课堂让位给学生、教师重'引'、学生重'悟'"的"让位·引悟"校本理念。在理念的引领下,不仅学校的教学成绩不断提高,办学品位和社会认可度也不断提升。学校也因此正式由规模大校,走向了实力大校。

近几年来,学校在"让位·引悟"校本理念基础上,不断提炼、总结,形成了"静·悟·育,生命自觉"的办学思想,并在此引领下,开发学校"启悟"课程,让教育者的"启"与学生的"悟"得以有机地结合。"启悟"课程立足国家基本课程,规划具有学科特色的"拓展"课程,打造具有瑞英特色的"三棋""音乐剧""国标舞"等精品课程。让每一位学生能在"觉悟自我、体悟文化、明悟社会"的课程理念体系下成为一名优秀的、有核心素养的瑞英少年。

2. 教师文化自觉

筑好金巢引凤凰。学校实力的提升,不仅吸引了更多学生和家长慕名而来,更吸引和培养了一群怀揣教育理想的良师。在校本教学理念的引领下,一支爱岗敬业、勤于钻研、团结协作、结构较为合理、综合素质较高的师资队伍逐渐形成。各学科教师从尝试着在课堂上"让位"给学生、引导学生主动思悟做起,逐渐摸索和总结出了以语文重积累、数学重操作、英语重对话为代表的学科教学理念。学科教学理念的形成,犹如给各学科注入了新鲜血液,带来了翻天覆地的变化。方法更灵活了,课堂更生动了,学生更自信了……越来越多的教师自发地加入到变革中来,开始主动、积极地思考本学科的学科特点。于是以学校科研中心为依托,"音乐作文""养心教育""课像研究""鲶鱼效应"……越来越多的研究点破土而出。

3. 初步形成音乐剧文化

在浓厚的教研氛围和理念引领下,几个热爱音乐剧的年轻教师大胆尝试,将音乐剧引入到音乐教学中。却不想"一石激起千层浪",音乐剧以它独特的表现形式,一下子吸引住了学生的眼球。在音乐教师的带领下,学生们试着学唱音乐剧唱段、模仿音乐剧经典片段,渐渐地,三两个热爱音乐剧的年轻音乐教师和一群爱唱爱跳的孩子组成了音乐剧团,大家一起自己编剧本、编台词、编动作、编唱段……把身边的人和事写进自己的音乐剧中,再表演出来。师生乐此不疲,沉醉其中。在一次又一次的汇报表演中,学校的原创音乐剧作品总能脱颖而出,这大大鼓舞了师生的士气。于是,音乐教师开始钻研音乐剧,去挖掘其中的课程意义,慢慢地将音乐剧的教学融入音乐常态课中,形成特色鲜明的校本课程。直到随着学科整合的推进和落实,音乐剧校本课程已成为课程体系中的纽带课程、品牌课程。

(二)启悟课程的课程理念

在街道大力打造美育品牌的大背景下,结合学校的办学愿景与文化定位,学校的课程建设以"促进学生全面而有个性的发展"为核心指导思想,尊重学生身心发展规律,遵循教育规律,坚持育人为本,实施素质教育。学校把启悟课程作为学校办学思想的载体,整合学科与活动课程,拓展课程边界,构建基于学生核心素养培育的课程体系,从而推动学校的进一步发展,建设美育特色品牌学校。

何为"美"?

它是外化之美,优美的语言、俊美的外表……

它是内在之美,善美的品德、纯美的心灵……

它是过程之美,美妙的体会、美好的历程……

……

无论是外化之美,还是内在之美,抑或是过程之美,"美"都与教育息息相关,与教师的引导启发、学生的习得养成紧密相连。通过课程改革建设来进行学校教育教学的优化和系统建设,将美育落实于学校课程之中,探索"用全人之美,育大美之人"之道,实现教育本真。

托生于学校教育理念的课程理念——**启悟心灵,美丽人生**。以"启"和"悟"作为核心要素,通过教师的引导启发和学生自主领会觉悟将所学知识内化于心脑,外化于言行。"启"关注的是教师的教,是教育的手段与方式,"以美启真",可以成为对个体独立性的开发,即对人的自发性、偶然性的开放,亦为自由。"悟"关注的是学生的学,是学

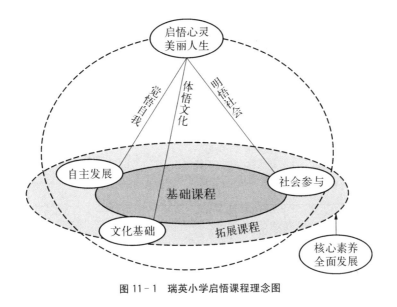

图 11-1 瑞英小学启悟课程理念图

习的手段与方式。"悟"的途径也有许多,教化为"悟"、环境为"悟"、沟通为"悟"、冥想为"悟"。同时"悟"的所得也因主体的不同而不同。这种"启"和"悟"的教与学的过程,所带来的生成之美,尊重的是一个个鲜活的生命与个体。实现了在大班额教学的现实中,从"农业教育"到"工业教育"的最大转变。从而帮助学生发挥自我的价值,追寻自己的美丽人生。

基于以上的课程理念,学校将"自主发展""文化基础""社会参与"三大核心素养校本化为:觉悟自我——体验成长之美、体悟文化——欣赏文化之美、明悟社会——感受和谐之美的"启悟"课程理念体系。

(三)启悟课程的课程体系

基于启悟课程的理念体系,学校形成了面向全体学生的全面发展、面向个体学生的个性发展的全方位立体课程体系。

横向整合为六个领域:语言与阅读、数学与科技、审美与艺术、体育与健康、品德与生活、实践与创新。

纵向延伸为两个模块:启悟基础课程(必修)和启悟拓展课程(选修)。

深度拓展为三个层次:课程模块的基础课程——拓展课程——精品课程由浅入深。

主要课程结构内容如表所示:

表 11-1 瑞英小学课程结构表

六大领域 两大模块	语言与阅读	数学与科技	审美与艺术	体育与健康	品德与生活	实践与创新
基础课程 (必修)	语文 英语	数学 科学	音乐 美术	体育 卫生与健康 心理	品德 道德与法治	综合实践劳技 信息技术
拓展课程 (选修) 拓展课程	书写 创作 朗诵 阅读 诗歌等	数学思维 科学实验 创客科技 三棋等	美创 拉丁舞 合唱 舞蹈 器乐等	阳光体育 心理辅导 球类田径等	校园文化 礼仪 安全等	电脑绘画 劳技课 发明等
拓展课程 (选修) 综合课程	阅读节 国学经典	科技节	文艺汇演 才艺展示	体育节 大课间	少先队 活动 家校互动	游学 义卖
拓展课程 (选修) 精品课程	"小木棉" 创作	三棋	音乐剧 国标舞	心理团辅	德育作业	

启悟课程体系从功能上由基础课程和拓展课程组成,在满足国家强制要求即合格要求的基础上,落实全面而个性发展的要求,有效地实现学生核心素养的培养。

基础课程(必修)价值追求——满足全面合格要求;拓展课程(选修)价值追求——落实个性的发展要求。

模块一:启悟基础课程(必修)——国家课程校本化

此类课程将国家课程语文、数学、英语、音乐、体育、美术、健康、科学、综合实践活动等科目,结合创新教育、环保教育、书法课堂、顺德教育等地方课程,整合为基础课程。全力培养素质全面、技能超群又具有人文底蕴和科学精神的学生。

模块二:启悟拓展课程(选修)——校本课程系统化

学科拓展课程:在学科基础课程的基础上,通过优化、整合、拓展学科课程,着力提升学生的学科专业素养。以学生自主选修的社团活动为形式的选择性特色课程,是国家课程外的有利补充,重在培养学生的自主选择能力,为学生的核心素养提升创造平台。

综合课程:结合学科拓展课程开发主题式的综合性活动课程,以主题式活动为主,消弥了学科边界,服务于学生核心素养的发展。

精品课程:在丰富的拓展课程中选取重点项目课程打造成为精品,最大限度满足学生个性发展需求,为培育学科优秀人才,树立学校的教育教学品牌服务。

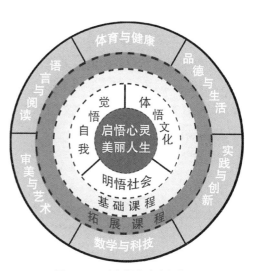

图 11-2 启悟课程内容架构图

二、启悟课程的育美实践:以音乐剧课程为例

戏剧,起源于古老的宗教活动、祭祀、巫术。在中西方的古代文明中,以不同的形式,为人类社会的文明发挥着重要的文化作用。它是所有以达到叙事为目的的舞台表演艺术的总称,表演形式多种多样,常见的包括话剧、歌剧、舞剧、音乐剧、木偶戏等。戏剧课程是美国中学普遍开设的一门常规课程。它通过戏剧的方式,展开综合性的教

育活动。它集语言、形体、音乐、美术等多种元素于一身,综合提升学生的感受力、表现力、理解力、创造力以及动手能力和团队合作精神,是启悟课程体系中最能直接有效落实美育的载体。荀子曾说:"好一则博。"戏剧课程作为学校启悟课程中精品课程中的代表,以一总多,统领和融合了多学科、多领域。通过戏剧课程的研究和分析,可以由此及彼、由点带面、由浅入深地促进课程的建设。本章要介绍的戏剧课程,主要是指音乐剧课程。

(一) 音乐剧课程简介

音乐剧作为戏剧中一个较为年轻的表演形式,是 20 世纪出现的一门新兴的综合舞台艺术。结合了歌唱、对白、表演、舞蹈,通过歌曲、台词、音乐、肢体动作等的紧密结合,把故事情节以及其中所蕴含的情感表现出来。《义务教育音乐课程标准(2011 年版)》提出,"'以美育人'的教育思想与我国的教育、文化传统一脉相承,是培养德智体美全面发展的社会主义建设者和接班人的教育方针的有机组成部分。通过音乐教育培养和提高学生感受美、表现美、鉴赏美、创造美的能力,陶冶情操,发展个性,启迪智慧,丰富和发展形象思维,激发创新意识和创造能力,全面提升学生的素质。"[①]音乐剧蕴含着丰富的文化和历史内涵,有着独特的艺术魅力,剧情通俗易懂,满足新时代儿童的精神文化需求,为学生提供审美体验,启发思考,陶冶性情,开发创造潜力,增进对世界文化丰富性和多样性的认识和理解,促进人际交往、情感沟通。

[视频] 音乐剧课程介绍

作为学校启悟课程之下的校本课程,音乐剧课程承担着学校启悟课程下各学科的桥梁纽带作用。它串联起学校"小木棉"文学社、舞蹈社团、合唱团、阳光体育、美术制作等等多种实践活动课程,建立起彼此之间"血肉相连"的联系。建构联系的课程,要促进的不仅仅是学科知识间的联系,而是知识与生活、知识与世界间的联系,尤其重要的是促进心灵的对话和人的相互关联。教育不是生产流水线上的产品,而是师生间心灵深处的相遇、相激、相融,教育是唤醒的艺术,是对学生生命成长的细致观察与呵护。音乐剧课程巧妙地跨界在各学科之间,使得各学科及各种实践活动课程互补、整合,促进生命的整

---

① 中华人民共和国教育部制定. 义务教育音乐课程标准 2011 年版[M]. 北京: 北京师范大学出版社. 2012.

体发展。知识与知识不再是一座座孤立的小岛,在学科教师的穿针引线下,音乐剧这座虹桥将知识串联,为学生搭建了更全面、真实、系统的知识网。

音乐剧精品课程作为核心校本课程,它源于学校普通课程,同时又区别于普通课程,特色课程对学校其他课程产生广泛渗透和辐射力,使学校其他课程也打上音乐剧课程的烙印,共同实现育人价值。音乐剧精品特色课程的育人价值是深远并持久的,真正有价值的特色课程会使学校的环境与师生精神面貌明显地区别于其他学校,使学生具有特色课程所蕴涵的某种独特气质并且影响其一生。学校精品课程独特的地位和作用决定了它实施的途径与策略是多元、多层次的,而不是单一的途径与策略,否则就无法支撑精品课程的统领性地位和独特使命。

以音乐剧课程《鞋子的故事》教学为例,阐述音乐剧课程与诸多学科间的联系:

第一阶段:决定行动——课前作业为学生在家中利用家庭收支簿,记录家庭中一天的开支项目。**(涉及数学、综合实践等科目内容)**

第二阶段:展开行动——课中的访问环节**(涉及语文、新闻采访等内容)**,课中的"幸福人生拍卖会"**(涉及拍卖规则、统计、道具制作等内容)**,课中的"戏剧建构"环节。**(涉及戏剧表演、演唱技巧等内容)**

第三阶段:结束行动——课末的启悟环节"假如我是你"。**(涉及金钱观、价值观的引导内容)**

学生在这样一节饶有趣味的音乐剧课程中,不知不觉地学习了相关知识,而且最重要的是,教师在潜移默化中启发学生"悟"——如何分辨需要与想要、如何解决角色人物遭遇的金钱困境等。

(二)音乐剧课程目标

音乐剧课程有效地与学生情感、社会、生活、科学、自然、文化相关联。通过教学实践活动加强学生的探索性、实践性、反思性、创造性、自主性的学习能力,有效地体现教师的组织、主导作用,体现学生的主动参与、主体作用;有效地体现学生文化素养的培养,体现"人文价值"主题,发展了学生的健全人格、高尚情操、开拓创新精神和合作精神,使教学寓教于乐,学生知情达理。

(1)通过训练学生对音乐剧作品情绪、格调、人文内涵的感受和理解,培养学生音乐的欣赏能力,养成健康向上的审美情趣,使其在真善美的艺术世界里受到高尚情操的陶冶。

(2) 通过亲身参与演唱、创编等音乐剧活动,并适当地运用观察、比较和练习等方法进行模仿,积累感性经验,为音乐表现和创造能力的进一步发展奠定基础。在音乐剧集体表演的实践过程中,能够与他人充分交流、密切合作,不断增强集体意识和协调能力。

(3) 学习音乐剧演唱、创作的初步技能,能够自信、自然、有表情地表演音乐剧片段,了解音乐剧创作的基本方法。了解有代表性的中外音乐剧。了解音乐与艺术之外其他学科的联系,扩展音乐文化视野。

(三) 音乐剧课程内容

音乐剧特色课程纵向是按语文、音乐、美术等学科分类编排,横向则是按内容难易度分年级设计,各板块难度则是螺旋形上升。

表 11-2 瑞英小学音乐剧课程内容框架

内容	年段	基础班 (一至三年级)	提高班 (四至六年级)	精英班 (音乐剧团)
语文学科	说	会说普通话,做到字字读准,听说故事等。	会转述、会扩述、会有感情地朗读。	熟练说绕口令,会有感情地朗诵诗文。
	演	学会分角色表演对话。	学会角色表演,并加上恰当的动作。	根据剧本自行编排人物动作、语言并合理表演。
	写	会根据课文内容做适当的改编。	会根据课本内容或故事提纲改编故事。	会根据生活体验,创编故事。
音乐学科	声	正确发声,简单歌唱表演。视唱"do、mi、so"。	能够做4小节的视唱练习,能够正确并自然地演唱。音准练习。	具有正确的发声方法,喜爱演唱,音准较好。能够视唱简单二声部曲子。
	台	口齿清晰,字音准确,自信地说话。	具有一定的口语表达能力,普通话准确,字正腔圆。	较为出色的口语组织表达能力,口齿清晰,表述流畅。
	形	肢体基本协调,会简单舞蹈步伐、站姿和坐姿训练。	舞蹈基本功的初级训练,了解舞蹈的基本常识,能够创编简单动作。	具有一定的舞蹈表演能力和肢体表达能力,具有一定的身体软开度。能够辨别舞台的八个方位。
	表	启蒙训练,培养兴趣,启发想象,能模仿动物行走和叫声。	善于观察生活中的一些人和事,丰富自己的生活体验。进行解放天性的一些练习。	有强烈的表演欲望,能够对音乐剧作品进行简单的鉴赏分析,了解舞台的基本构造,表演大胆。

续表

内容	年段	基础班 (一至三年级)	提高班 (四至六年级)	精英班 (音乐剧团)
美术学科	造型表现	尝试用线条、形状和色彩进行绘画活动,认识常用颜色。尝试用纸材、泥材等多种媒材以及简便的工具,通过折、叠、揉、搓、压等方法进行造型活动。	用写生、记忆、想象和创造等方式学习线条、形状、色彩和肌理的基本知识,并用于描绘事物,表达情感。	学习对比、调和等色彩知识以及简单的绘画构图和透视知识。运用纸、泡沫塑料、木头等多种材料创作音乐剧道具。
	设计应用	观察身边的用品,初步了解形状与用途的关系。用画、撕、剪、粘的方法进行简单的组合与装饰,表现自己改进用品的想法。	根据物品的用途,提出设计构想,用手绘草图或立体模型的方法加以呈现,进行简单的工艺制作。	运用设计的原理,观察分析设计作品的造型、色彩、结构、尺度、材质、肌理与音乐剧道具的关系。
	综合探索	根据儿歌、童话或故事,创作头饰或面具,进行游戏或表演。	根据诗歌、童话、故事、音乐,制作纸偶、乐器等并进行表演。	根据自己喜欢的音乐剧剧本设计、制作服饰以及相应的布景或道具。

围绕课程目标和课程内容框架,分学段设计教学内容,以下是音乐学科学段分解内容的例子。

音乐剧基础课程(一至三年级)主要教学内容:

● 进行音乐剧启蒙教学。

● 启发学生想象力,培养学生的表演兴趣,并且能够模仿一些常见动物的行走姿势和叫声。

● 能用肢体表现常见的生活用品(例如桌椅、茶壶)。

● 学会辨别舞台的八个方位,会简单的舞蹈步伐。

● 基本站姿和坐姿训练。

● 初步训练口语表达能力,要求声音响亮并且口齿清晰地读儿歌,普通话字音基本准确。

● 在歌唱中运用正确的发声方法,能够进行简单的音乐剧片段模仿。

音乐剧提高课程(四至六年级)主要教学内容:

● 通过音乐剧作品鉴赏等,引导学生了解音乐剧演员需要具备的基本功和素质。

● 进行解放天性的一些基本练习,能够放松地表达自己的思想和感情。

● 引导学生善于观察生活中的一些人和事,丰富自己的生活体验。

● 加强口语表达能力训练,鼓励敢于和观众(陌生人)交流,普通话准确,字正腔圆,声情并茂。

[视频]音乐剧演员的语言基本功——绕口令

[视频]音乐剧剧本创作

- 进行舞蹈基本功的初级训练,了解一些舞蹈常识。
- 能够在教师引导下创编动作甚至改编剧本,设计角色特有表情或动作以推动剧情发展。

音乐剧精英课程(音乐剧团小演员)主要教学内容:

- 引导学生对经典音乐剧作品进行鉴赏分析(例如《想变成人的猫》)。
- 了解舞台的基本构造以及后台演出的一些常规。
- 训练学生能够自信大胆地表演。
- 观察生活细致,根据自己的生活经验,能够分析人物性格并提炼出人物特质(例如人物惯有的行为)。
- 具有出色的口语表达能力,口齿清晰,表述流畅。无论是台词还是演唱,具有正确的发声方法。
- 有一定的舞蹈能力或者是肢体表达能力,具有一定的软开度。
- 能够为创作教师提供不同的视角,大胆表述自己的意见,指导学生尝试编创剧本。

(四) 音乐剧课程实施路径

音乐剧特色是学校独特的文化符号,如何让音乐剧文化成为每一位学生的精神养料,培养具有独特气质的高素质新少年,是学校教师们思考的方向,也是音乐剧精品课程建设的价值归宿。学校尝试通过以下途径与策略深入推进实施,不断拓展音乐剧精品特色课程的育人功能。

1. 环境熏陶策略,润物细无声

学校精品课程是学校依据课程开发的学生本位取向,运用个性化的课程资源自主开发实施的,具有独特功能和价值的核心校本课程。

音乐剧具有浓厚的文化色彩,而文化对人的影响持久而深远,民族的差异从根本上说是文化的差异。文化对人最佳的教育作用不在于学科课程的接受教育,而在于不知不觉中的环境熏陶,让学生的学习生活世界处于音乐剧文化环境之中,长期浸润其中,不知不觉植入文化因子,实现润物无声的育人功能。例如:通过精心设计的校园文化环境体现出来。如建筑布局、廊檐屋下、校园背景文化墙等,"每一堵墙都会说话""每一个角落都是一本打开的书",潜移默化中,孩子们了解了音乐剧的发展历史、学校原创音乐剧里的小故事等等。另外,校园中随处可见的艺术之星故事和照片展览,也让孩子们有了身边的小榜样、小明星,而身边触手可及的榜样激励力量是无穷大的。

2. **课程普及策略,积土而为山**

学校的音乐剧课程最具有特色的是"三进一节一周"。"三进"即音乐剧进校园、进年级、进课堂。进校园,即学校定期举办音乐剧知识宣传展、音乐剧小讲坛等活动。进年级,即成立各年级音乐剧队,集中学习音乐剧相关知识,排演音乐剧片段、音乐剧节目。进课堂,即在传统的音乐课堂中融入音乐剧课程知识,让每一个孩子接受有关音乐剧的教育,让每一个孩子有机会感受音乐剧的魅力。"一节"即一年一度的盛大音乐剧节。学校音乐剧节不仅是学生和教师的狂欢节,也是对音乐剧课程进行检验与评价的载体。同学们以年级为单位,精心排演或原创或学习的音乐剧,向学校汇报学习成果。"一周"即音乐剧宣传周。每年音乐剧节前后,学校会将同学们一年来在音乐剧课程中的收获,有剧照、有剧本、有道具、有服装、有取得的荣誉……连同音乐剧相关知识,一起集中展出。此外,除了音乐学科会在每个月的固定时间开展音乐剧精品课程教学,还有每周的音乐剧兴趣班(根据学生年龄以及音乐剧表演能力,分初级班、中级班、高级班);无论是音乐、美术、语文还是综合实践等学科的课堂,都根据音乐剧主题在相应时间,结合起来开展音乐剧课程的教学。

[视频] 音乐剧演员的歌唱训练

3. **课程融合策略,相辅又相成**

音乐剧精品特色课程要对校内师生形成高度的文化渗透和价值确认,就有必要与其他学科课程整合实施,形成课程合力,聚焦音乐剧特色课程的养成目标。这种融合,是精品课程深化的必经之路。通过融合,一方面促进了学科课程的校本化实施,为学科课程注入校本特色,使学科课程更鲜活,更富有教育意义;另一方面从不同的角度强化了对精品课程的文化和价值确认,使特色课程深入人心。学校将音乐剧精品课程融入学科课程实施,成为学科课程校本化的一部分,使学科课程有了鲜活的地方特色,增强了学科课程的活力。如在音乐课学习音乐剧《谎言国来客》后,语文教师启发学生作想象作文《假如我是国王》,从而培养学生对人和事的观察分析能力、思辨能力;美术教师引导孩子利用废旧材料制作国王的王冠、小背景板;信息教师指导孩子剪辑音乐、制作PPT。

4. **课程展示策略,实践出真知**

"实践是检验真理的唯一标准",活动展示是特色课程实施的"实践"产物,也是评价和检视特色课程实施成效的有效方式。活动展示既是特色课程

[视频] 音乐剧演员的肢体训练

实施的提升环节,又是课程成效的评价环节,是学校特色课程文化的重要组成部分。活动展示环节组织得当,可起到画龙点睛的作用,形成周边社区内的良性辐射,推动音乐剧精品特色课程的实施迈上新台阶。

5. 音乐剧课程实施保障

(1) 音乐剧精品课程与基础课程(音乐)无缝对接。基础课程(音乐)与音乐剧精品课程的自主开发有机地结合起来,避免基础课程(音乐)和音乐剧精品课程"脱节"的现象。

[视频] 音乐剧演员的口语表达——打电话

(2) 在低年级音乐剧精品课程中以游戏的形式带领学生创造性地表现自己的想象,为自信心的建立、自如的肢体运用和交流能力的培养打下基础。中高年级的学生开始接触即兴表演、剧本表演、文本分析甚至是初步的剧本创作,鼓励青少年独立思考,培养积极主动的态度和勇于尝试的精神。

(3) 为保障音乐剧精品课程教学的顺利开展,每月固定有一节课专门用来学习音乐剧精品课程。

(4) 音乐剧精品课程的教学,采用由学校自主编写的音乐剧校本特色教材。在过去十余年的音乐剧工作实践中,学校积累了大量的资料和经验,自 2017 年 6 月起,音乐剧特色校本教材整理编写工作已经正式开始。截止至 2018 年 10 月,学校已完成音乐剧校本特色教材编写、学校原创音乐剧剧本集的搜集整理工作,并已印刷投入教学使用。

图 11-3 音乐剧校本教材

6. 音乐剧课程经典案例

【案例 11-1】《谎言国来客》学科整合教学片段

音乐剧《谎言国来客》是瑞英小学 2016 年原创音乐剧,剧情起伏跌宕,故事有趣生动。剧中的歌曲《我是国王》歌词句子短小,琅琅上口,曲调诙谐,适合演员即兴表演。剧中所需要的道具"烤鸭"等,形象直观地表现了故事主题。

在语文学习方面,四年级的学生已经具有初步的童话创编能力。在四年级上册的语文教材中,有一个单元主题就是童话,相配套的单元习作练习就是创编童话故事。

在音乐学习方面,学生通过三年的音乐剧初级学习,已经具备演唱发声知识,思维敏捷,能够对生活中的人物习惯动作及表情进行观察比较,他们更喜欢一些具有挑战性的表演项目,例如即兴表演等。通过表演戏剧活动来建立基本能力,其中包括了个人与团体的肢体与声音表达的能力,呈现不同时代和地域的表演风格的能力等。

教师设计的活动目标如下:

1. 发挥想象,改编课本《手捧空花盆的孩子》。
2. 通过对《谎言国来客》的片段排演,激发学生对音乐剧的喜爱。
3. 通过制作道具,提高学生动手实践能力,培养艺术领悟能力。
4. 引导孩子要从小诚实守信,树立正确的价值观。

教学片断:

镜头一(语文学科文本创作教学片段——想象创作之美)

改编课本剧《手捧空花盆的孩子》。

A."体悟文化"之研读文本:概括原文的人物性格特点和所蕴含的生活道理。

B."觉悟自我"之确定主题:通过学生合作和教师引导,根据社会现实或生活现象和自我抒发欲望,学生确定想要表达的主题。

【案例分析:通过对原文本的指导分析,学生联系自身,确定最想表达的主题,让学生能在课本剧创作中"我手写我心",将日常的所见、所闻、所思体现在课本剧中。】

镜头二(音乐学科音乐剧教学片段——艺术实践之美)

1. 突破自我,尝试表演

A "觉悟自我"之戏剧游戏:《侦探与凶手》。

B"明悟社会"之大冒险游戏：例如把鞋子推销给现场的一个陌生人……（挑战性练习，突破自我）

【案例分析：通过两个热身练习的设计，让学生更快地放松身心，投入到音乐剧学习的情绪中。以戏剧游戏导入，激发学生对戏剧表演的兴趣，能够在自然的状态下进行表演。】

2."体悟文化"——大家唱一唱

（钟声响起，看见很多孩子捧着花向皇宫走去，石头突然想起自己种的花，拉起老国王往家跑。）

老国王（困惑地）：哎，你干嘛呢？

石头（急切地）：我想让它离太阳近一点。都这么多天了，它还是不发芽。

老国王（调皮地对观众耳语）：我把种子都炒熟了，当然发不了芽。

石头（失落地）：老国王说谁种的花最美，就把王位传给他。

（音乐起。其他孩子捧着各种美丽的鲜花经过，小朋友们同时演唱《我是国王》。）

阅读第二场剧本之后，演唱《我是国王》。

我是国王

词：曾宓
曲：王刚

$1=C$ $\frac{4}{4}$

| 0 3 3 2 | 1 0 0 3 3 2 | 1 0 0 0 | 6.5 4 1 2 2 | 2 - 0 3 3 2 |
| 我 是 国 王 | 我 是 国 王 | | 我 的 花 最 美 | 我 是 国 |

| 1 0 0 5 5 1 | 1 0 0 0 | 1. 1 2 7 1 | 1 - X 0 |
| 王 我 是 国 王 | | 我 的 花 最 美 | 嘿 |

| 6 6 6 6 6 6 6. 6 | 5 5 3 5 3 5 - | 4 4 4 4 4 6 6. 1 |
| 看 看那个 大 傻 瓜 他 捧着个 空 花 盆 | | 看 看那个 大 傻 瓜 他 |

| 1 1 2 7 1 - ‖ 4 4 0 2 2 0 | 1 - - - ‖
| 站 在 那 发 呆 | 啦 啦 啦 啦 | 啦 |

【案例分析：在歌唱中指导学生运用正确的发声方法，同时参照歌词，即兴表演小霸王们骄傲自大、得意洋洋的神情和动作。】

镜头三(美术学科道具的制作与材料的选取——创新操作之美)

"感悟"思考：教师带领学生一起做烤鸭道具，首先要让学生思考，我们的道具必须符合剧情发展，我们把自己仿佛置身于谎言国中，通过阅读剧本，读懂谎言国里的"谎言"。在谎言国里，我们就要想尽一切办法，以最少的成本，赚最多的钱。那怎么办？

孩子们开始思考，要把东西卖出去，首先必须吸引顾客，一步一步地愚弄顾客。最后得出结论，此组道具的特点是鸭子很小很小，盘子超级大。

当然，那盖子也很大，附加制作一条广告："新鲜大烤鸭"。然后顾客进去了，一打开大大的锅盖的时候发现货不对版，这鸭子简直太小太小了。

【案例分析：① 通过阅读剧本让学生了解剧情。② 根据剧情需要选取合适的工具制作道具。③ 角色置入巧妙，进行道具色彩的搭配，黄色给人感觉明亮大方，烤鸭本身尺寸小，选择黄色让人视觉观感会增大。④ 再次引起学生对现实生活中的道德思考。】

镜头四(德育渗透——人格修为之美)

"启悟"环节：如果你是谎言国国王，在流浪街头并经历一系列骗局之后，将会做出怎样的改变？

【案例分析：在音乐剧教育中渗透德育。笑中带泪的戏剧教育更能够形象直观地引起孩子的思考——即"启悟"，从而帮助他们养成良好的品行。】

案例反思

音乐是"音乐剧之魂"，为戏剧氛围的铺设起着重要作用，选择优秀的音乐作品给学生鉴赏，并让他们了解其中的奥妙，是鉴赏能力提高的关键。因此，创作的音乐剧歌曲《我是国王》就有一个很重要的训练点。孩子们在课堂中唱起来手舞足蹈，能够准确表现出人物嚣张跋扈的性格。而在课堂刚开始时，没有人愿意演"反面角色"或是"看起来不太好看"的角色，但是通过阅读剧本，并且听了歌曲之后，大部分孩子开始喜欢"反面角色"，也逐渐认识到"能够扮演不同角色"是检验演员艺术修养是否全面的重要标志。另外，在引导学生进行即兴表演时，除了演员的角度和基本舞台调度，教师没有作太多的规定和约束，学生能够自由发挥的空间很大，这也给他们带来了和以往音乐课不同的感受。

道具设计在音乐剧中起到推动情节发展和画龙点睛的作用，道具要从形态、色彩、材质等知觉要素中根据剧情需要完美地表达剧情内容，其作用不次于演员的表演。根据小学阶段学生动手能力与感悟能力的实际情况,可以选取现成工具进行二次创作,从色彩、形状方面思考,例如黄色是视觉醒目且明亮的颜色,在舞台上能较好地聚焦,更能把"小"显大。小黄鸭来源于孩子生活中的玩具,进行二次创作,粘贴在盘子上稍作装饰。其次,白色的大圆盘又能与舞台背景的红色形成对比更能突显出来。学生在整个制作过程中通过讨论与思考感悟出舞台道具要用"对比"的方式进行创作,生活中我们也不要轻易被眼前觉得美好的东西吸引住,要学会思考。

[视频] 戏剧服装的设计

(五) 音乐剧课程评价策略

围绕《义务教育音乐课程标准》,结合启悟课程要求和音乐剧课程的特点,制定以下评价策略:

1. 过程性评价为主、终结性评价为辅

过程性评价是对学生在音乐剧课程学习过程中的情感、态度、方法、知识、技能、艺术审美能力发展变化的评价,在日常教学中可采用观察、谈话、提问、讨论、演唱、表演等方式进行。终结性评价是对学生阶段性学习结果的评价,在学年或学段末进行,主要采用即兴表演、舞台演唱、名段赏析等方式。

表 11-3 瑞英小学音乐剧课程提高班评价表

内容	兴趣	表现	能力	合作
探索与表现	愿意探索尝试新事物: A. 非常渴望( ) B. 有意愿( ) C. 不愿意( )	在表演中,更加具有开放性: A. 非常大胆( ) B. 比较开放( ) C. 胆小( )	能够有效地使用场地、道具,敢于表达对事物、某种思想或某种感情的看法: A. 犀利、大胆表达( ) B. 层次基本清晰、有想法( ) C. 层次不清晰、不敢表达( )	能够以小组为单位进行讨论、工作,并且互相学习: A. 分配小组成员及工作迅速,有分工合作( ) B. 分配速度一般( ) C. 分配速度慢,工作效率低( )
审美与理解	是否有学习意愿: A. 非常渴望( ) B. 有意愿( ) C. 不愿意( )	表达审美的经验与见解: A. 非常准确并且大胆( ) B. 比较准确、比较开放( ) C. 表述不够准确、胆小( )	能够聆听、表达、询问、解析: A. 有耐心、能够理解艺术作品内涵( ) B. 比较有耐心、基本理解艺术作品内涵( ) C. 不够耐心、不理解艺术作品内涵( )	在活动课程中,能够观察、比较自己小组与其他各组之间的差异: A. 能够准确、快速发现问题并进行调整( ) B. 能够发现问题( ) C. 不能发现问题( )

续 表

内容	兴 趣	表 现	能 力	合 作
实践与运用	是否喜爱戏剧艺术： A. 非常喜欢（　） B. 喜欢（　） C. 不喜欢（　）	能将艺术表现方式与主题连接： A. 有主见、主题鲜明（　） B. 有想法、基本符合主题（　） C. 没有表现自己的想法、缺乏主题（　）	能够在活动中规划、设计、联想、演练相关主题： A. 积极参与讨论、设计、演练，有主见（　） B. 有一定的想法（　） C. 在活动中比较被动（　）	通过集体创作方式，完成与他人合作的表演： A. 以民主方式进行规范的团体创作（　） B. 有聆听他人意见的意识（　） C. 小组争论多，分歧大（　）
其他情况补充				

2. 定性述评为主，定量测评为辅

定性述评是一种描述性的质的评价。主要适用于学生在音乐剧学习中情感态度与价值观、过程与方法，以及知识与技能维度等难以具体量化的内容。如对音乐剧的兴趣爱好、情感反应，对实践活动的参与及与他人的合作交流，编创剧本等，可以用较为准确的评述性文字进行定性评价。主要用于音乐剧基础班和提高班的教学和评价。

定量测评是对不同教学内容中的水平要求进行的量化评价。如对音乐剧表现要素认知和掌握程度，对音乐体裁形式、风格流派的分辨，聆听音乐剧名段说出剧名，背唱原创剧本歌曲及经典剧目的数量等，皆可作定量测评。主要用于音乐剧精英训练及评价。

3. 自评、互评相结合

学生的自评以描述性评价为主，重点应放在自我发展的纵向比较上，从不同阶段的回顾和比较中看到自己的进步。同学间的互评可采用分组排演经典片段、作品展示等形式，在观感交流中相互点评。

表 11-4　瑞英小学五年级班级音乐剧评分表

班 级	剧本创作 25% （主旨鲜明，台词、歌词设计合理准确，结构清晰）	表演技巧 40% （演唱发声自然，台词清晰，普通话准确，形体语言优美，肢体表现力强，表演状态松弛）	舞台美术 20% （服装契合剧本，布景道具恰到好处，场景过渡自然）	团队合作 15% （有清晰的分工合作，团队意识强，后台准备工作有秩序）	总分
五年1班					
五年2班					
……					

"班级音乐剧展演"是音乐剧课程特有的一种生动活泼的评价方式,能充分体现音乐剧课程的特点和课程评价的民主性,营造和谐、团结的评价氛围。通过"班级音乐剧展演"或其他活动,展示学生的声乐演唱、台词训练、形体舞蹈、表演技巧等多方面的学习所得,达到相互交流和相互激励的目的。

以上各种形式的评价,都应该既充分肯定学生的进步和成绩,又要找出学生在学习中的问题、不足及改进方法,以促进学生的发展。

三、启悟课程建设的总结与反思

美丽课堂,循循引悟,深入浅出,大道至简。启悟课程从前期调研,形成专家调研报告,到成为华东师范大学课程实验学校,反复推敲课程建设规划,形成学校课程建设规划方案,再到面向全区召开课程发布会和举行多次课程实施研讨会和专家指导课程推进工作会,课程建设稳步实施。目前,在启悟课程的理念指导下,在华东师范大学专家团队的帮助下,学校启悟课程建设已取得了显著成效,学生美了、教师美了、学校也美了。

(一)启悟课程育学生成长之美

启悟校本课程的开设,为学生提供了启发、体验、感悟的学习经验,开发了他们的创造潜力,也增进了他们对课程文化丰富性和多样性的认识和理解,促进了人际交往和情感沟通,使学生的核心素养得以提升,主要表现在以下几个方面:

1. 拓宽了学生的学习领域

学校许多校本课程内容源于孩子们关心的主题,贴近他们的生活,内容丰富,而且还打破了学科界限,将多学科融合在一起,不仅拓宽了学生的学习领域,开阔了学生的视野,也激发了学生的思考和大胆想象;培养和发展了学生思维的广阔性、灵敏性和深刻性。学生能在有限的时间里,得到全方位的训练,在掌握知识和技能的同时,提升自我的素养。

2. 增强了学生的综合素质和学习积极性

学校课程设置是分领域和分层次对学生进行梯度的核心素质的培养,增强了学生自主学习的能力。课程开设促进了学校德育、智育、体育、美育有机融合,提高了学生综合素质,对丰富多彩的课程去探究、去体验,甚至要求家长也积极参与。学生的综合素质得到大幅度提升,学习积极性也越来越强。使学生成为德智体美全面发展的社会主义建设者和接班人。

3. 促进了学生的个性化发展

学校的启悟课程建设基于发展学生核心素养,结合学校实际情况和办学理念进行整体规划,为学生个性化发展提供保障,学校课程建设以满足每个学生个性发展需求,促进学生差异化发展为指导思想,以重基础、高质量、多样化、有特色、可选择为实施目标。在课程设置上拓展课程设置为可以自主选择的课程群,选修课程的开设促进了必修的基础课程的质量提高,同时也满足了学生的个性化发展需求。

(二) 启悟课程育教师提升之美

课程建设研究更是促进一大批教师的专业发展,同时培养了大批优秀教师和研究人员,大批人才迅速成长。

1. 教师对课程的研究、创造能力得到提升

每一次课程内容的开发,都需要教师们综合多种学科的知识,创造性地组织课程的内容,根据学生的精神文化需求编制课程。它让学科间产生了化学作用,使得教师之间的合作更加密切,突破以往的学科界限,大家一起设计、参与课程,一起出谋划策,并肩作战。从而灵活地处理了教材,也提升了教师对文本的理解能力和创新能力,促进了教师素养的提升。

2. 教师的教育科研素养得到提升

教师积极钻研课程建设内容和教法,积极投入到教育科研中,研究和编写适合学生发展的校本教材。科研能力迅速提升,围绕课程建设和教学开展的课题研究内容广泛:顺利申报开展研究的有国家级课题2项,省级9项,市级1项,区级课题6项;其中规划课题7项,小课题11项;涉及语文、数学、心理、音乐等多个学科、多个领域。课题研究工作全面推动了学校教育科研工作和教学质量的提升。

李尊学老师撰写出版了《童诗创作》个人文集;曾宓老师在《新课程》杂志上发表了相关音乐剧教育论文《春种一粒粟,秋收万颗子——音乐戏剧教育中的德育渗透》;学校先后出版了《静·悟·育,生命自觉》《感动课堂》《求索的足迹》等教师的专著与科研论文集。教师研究论文参评获奖或发表的达百余篇;研发编写并印刷成册了14本校本特色教材,取得了丰硕的研究成果。

3. 教师专业能力全面提升

课程建设的几年来,学校教师在发表论文、基本功比赛、说课比赛、技能大赛、演讲比赛、辅导学生、团队活动等不同项目竞赛中,成绩斐然,创造历史。

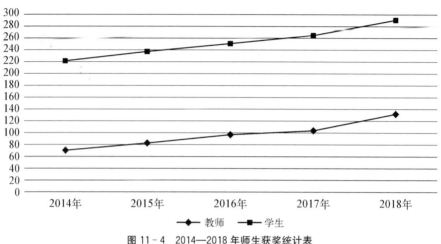

图 11-4 2014—2018 年师生获奖统计表

(三)启悟课程育学校发展之美

进行课程建设改革的几年,学校教科研和教学质量稳步提升,学校的核心竞争力也全面提升,连续多年被评为顺德区先进学校。近年来,先后荣获全国国际象棋特色学校、全国"小小科学家"中小学科学教育体验活动的优秀组织单位、全国"少先队活动"实验学校(2017—2019)、中华优秀传统文化教育特色学校、"广东省红领巾示范校创建活动"先进单位称号、广东省少年儿童科学教育实验学校、广东省青少年校园足球推广学校、广东省棋类特色学校等荣誉称号 27 项。

1. 课程体系的理论建构和课程内容基本完善,课程满意度高

学校在课程实施与推进中,不断梳理课程理论框架,完善课程结构,丰富课程内容,完善学校启悟校本课程体系。通过落实基础课程(必修)——国家课程校本化,拓展课程(选修)——校本课程系统化,形成了学校启悟课程指南、课程评价体系等,目前,课程体系基本完善。

另外,学校教师收集资料,结合经验,细心钻研编写校本教材。除编写了音乐剧课程校本教材、音乐剧原创剧本集外,还组织力量编写了《爱的教育,美的舞蹈》体育舞蹈校本教材,和配套教材使用的一至六年级《静悟习字》写字教学教材等。

图 11-5 瑞英小学校本课程的系列教材

为了了解课程开展的教学质量和学生学习满意度情况,学校设置了课程满意度问卷调查(见附录 11-1),从调查结果看,学生总体上对学校开设的拓展课程兴趣高,认为课程内容丰富,教学效果好,课程满意度也非常高。

2. 课程建设促进教学方式变革和教学质量稳步提升

启悟课程实施中教师根据教材和综合的课程需要,采用灵活多样的教学方法,对教学内容进行创造性处理。用形式多样的课程将课堂与各种体验平台紧密联系起来,学校进行以"悟学"为中心的教学改革,重点研究教师

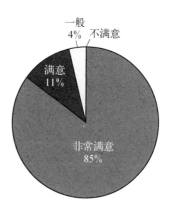

图 11-6 学生对校本课程的满意度

巧"启"和学生的深"悟","悟"为主的学习课堂充满生机,提升了教学效率和教学质量。

以"启"和"悟"为中心的课堂改革,重点体现在三个方面:一是"以悟为本",从教与学的功能看,以"悟学"为中心的课堂是以学生能动有效的学习活动为主,"悟"作为课堂学习过程的整体性活动;二是"少启多悟",课堂上让学生以自主、合作、探究学习活动来占用主要的教学时空;第三是"以悟定启",从教学目标和重难点问题以及学生的基础需求和学习方式等实际情况分析,为学生的深刻悟学设计所教内容和启发的教学环节,让学生可以真实地经历和感悟。

[视频案例]音乐剧特色课堂

通过实践,发现新理念、新方式带来了新变化。首先是学生学习兴趣大增,学生综合实践能力、创新、创造能力充分展现。知识、技能与实践活动有机结合,学以致用。学生全身心参与学习体验,通过小组式、开放式、探究式学习能力得到充分发挥。启悟课堂教学模式的变革为学生有效学习、教师能力充分施展提供了一个前所未有的广阔天地。不仅提高了学生的综合素质与核心素养,也促进和提高了各学科的教学质量。

3. 通过精品课程的打造形成了学校鲜明的办学特色

学校重点开发了以音乐剧、棋类、国标舞、小木棉创作为拓展课程中的精品特色校本课程,知识结构完善,层次分明,既循序渐进又因材施教,而且有创新,有特色,颇具影响力。

仍以音乐剧精品课程为例说明。学校音乐剧精品课程有课程、有教材、有活动、有辅导教师、有音乐剧表演团。开设音乐剧欣赏课、语言类培训课、综合表演训练课等并形成相对稳定的课程教育模式,收到良好的效果。经常开展年级音乐剧创作大赛,定期进行音乐剧汇报演出,创设更多机会让孩子们展示自我。并通过学习和表演音乐剧故事剧情,感悟生活,感悟道理,启迪心灵。自创的音乐剧,如《在钟表店里》《老鼠总动员》《花儿选美》《谎言国来客》等十多个节目多次在街道、区中小学生文艺汇演中荣获一等奖,也多次接受媒体采访,省内多家报刊报道,多次在中央电视台少儿频道展播。学校原创音乐剧参加校外演出达几十场次,获赞连连,并为上一级学校输送了不少表演人才。学校也因这一特色品牌课程成绩突出,先后成为"街道音乐剧培训基地""区传统文化音乐剧教育创作基地"和"顺德区传统文化教育培训基地"。

4. 启悟课程建设促进了学校内涵发展

(1) 课程建设提高了学校文化品味。在梳理办学理念统整课程理念的过程中,学校遵循"用办学理念引领学校文化建设"的思维和原则,着力创建以"静·悟·育"为中心的学校文化,依靠"整体化、课程化、过程化"的主要建构方式使学校文化逐渐呈现出活力。学校办学的境界与品位全面提升。

(2) 课程建设提升了学校办学知名度。启悟课程开发与实施是在高校专家团队引领下,由教师亲自参与、由学校自主研究开发的。通过紧紧围绕课程建设这一核心工作,学校深切体会到它的独特价值,那就是办学影响力的全面提升。近两年,学校多次迎接区和省市兄弟学校到校参观学习,也多次承办区域间的大型教育教学研讨交流活动。学校教育科研水平也得到全面的提升,取得许多可喜成果。学校课程建设成果材料已经被评为顺德区2017年中小学课改优秀成果一等奖,课程建设成果发表在《顺德教育》上,成为区评选出的优秀"十大课程方案",引起广泛好评。校本国标舞教材也在评比中获奖。学校的办学理念与教育、课程等方面的研究成果通过多种形式在省内、国内一定范围内得以推广。学校启悟课程体系建构研究的成果多次在各级研讨会上推广和宣讲,并多次为来校参观学习的省内多所学校进行介绍和推广,受到各级领导、专家的一致好评。

(3)课程辐射助推了学校课程品牌力。学校启悟课程的建设成果受到周边学校的广泛关注,学校也将开发的几项精品课程的研究成果与教材与各校进行分享,以音乐剧课程为例,其品牌辐射面广,在容桂街道、顺德区乃至全国都已有品牌效应,多家电视台、电台、报纸等媒体争相报道了学校音乐剧课程,例如中央电视台少儿频道《我爱音乐剧》栏目,曾经走进瑞英小学进行音乐剧专访;顺德电视台、容桂电视台和珠江商报等,都宣传了音乐剧的教学与成效。学校的音乐剧创编教师曾在广佛肇教育论坛为三地的教师作音乐剧创编的主题报告,介绍学校音乐剧课程,给予在场观众耳目一新的感觉,效果较好,把学校的品牌介绍给广佛肇三地同行,扩大影响力。课程品牌影响力广泛。

学校在音乐剧课程实施和教材试用过程中,也得到了容桂街道多所学校、部分教师、同学和家长的高度认可。珠三角地区部分幼儿园、小学和培训机构等,通过使用教材对学生和适龄儿童等开展教学,普遍认为:教材新颖、实用,有趣生动,音乐性、戏剧性强,对孩子的学习有启发性,使用效果好,也提出部分课时还要在问题情境的设计上作改进等宝贵意见。(见附录11-2)

总之,启悟课程始终遵循着"静·悟·育"的办学理念和"启悟心灵,美丽人生"的课程理念,让师生在共同求索真知和智慧、求索美德和修为的实践过程中,不断提升自我的能力和素养,从而实现自我的价值和创造美丽的人生。基本形成课程理念到课程规划实施完整的课程理论框架和建设体系,打造出多项有自编教材的精品课程,更是在国家课程校本化、校本课程特色化的道路上走出了自己的特色,走班制的学科拓展课程做到学生全员参与,扎实开展,促进了学生核心素养的全面提升和教师的专业成长。家长们也积极参与到学校综合类拓展课程建设当中,开展了丰富的主题式的拓展活动,形成了强大的育人合力。

（四）启悟课程建设的反思

1. 师资力量需不断加强

精品课程的打造和提升离不开优质师资，师资水平的高低，在一定意义上决定着课程发展的方向和长远。为了更好地服务学生、服务课程，在专业教师招聘等方面，学校要有前瞻性计划，同时要鼓励专业教师不断再学习、再成长。为专业教师的专业发展搭建平台和进修渠道，以保证课程稳步推进。

他山之石，可以攻玉。针对薄弱课程，聘请校外课程领域专家、优秀教师和机构，与之达成合作协议，借助外力不断促使启悟课程的质量更上一层楼。

2. 完善课程学习的考核评价体系

学校启悟课程学生参与率高，但评价体系仍需完善。有必要结合学段、年龄、课程特点等因素，设计与之匹配的评价体系。评价体系的建立，不仅可以鼓励学生和检测学生，也可以为学校启悟课程研究提供阶段性的第一手数据和信息，为学校适时调整方向和学习内容提供依据，最终推动启悟课程不断向前进。

3. 进一步以理论规范和引导实践

课程的本质在于严肃性。也就是说，课程并非一般意义上的学习内容、社团活动，而是在特定理念支持下经过严格选择和组织的课程，是教育精致化的需要。要依据课程开发的目标、内容、组织和评价四个环节，依据课程所体现的校本特色，进行进一步理论学习、思考来引导实践。

4. 校本课程实施课时安排和课程资源问题

全员参与的走班制校本课程的开设已取得了一些经验和成绩，逐渐成为学生校园生活的一部分，但随着课程的推进，由学校教师借助个人力量的每周60分钟的活动课，已不能满足学生的个性化发展。因此，学校还需要更多资源和专业支撑，例如引进专业团体和家长讲师团开展课程活动。并探索将部分可以整合的国家课程简化合并到一起，通过"课表革命"，不仅保证全校走班的每周一次的80分钟大课，而且设计长短课，解决课时安排难题。

小结

学校不忘"静·悟·育，生命自觉"的办学理念，本着"育大美之人"的培养目标，在启悟课程引领下，让学生体验成长之美、欣赏文化之美、感受和谐之美，为莘莘学子的美丽人生打下坚实的基础。启悟课程是有生命的,一路走来,课程不断地调整、优化,向着更好地为学生服务的方向迈进。课程因学生而生、学生因课程而成长、教师因课程而提升、学校因课程而发展。在彼此的共生融合中,瑞英小学必将生长成为一棵繁盛的、熠熠生辉的最美的教育之树。

附录 11-1 瑞英小学启悟课程满意度调查问卷

瑞英小学"启悟"课程满意度调查问卷

1. 你对学校的"启悟"课程满意吗?
   A. 满意　　　　B. 非常满意　　　C. 一般　　　　D. 不满意
   E. 非常不满意

2. 你对老师上课满意吗?
   A. 满意　　　　B. 非常满意　　　C. 一般　　　　D. 不满意
   E. 非常不满意

3. 你认为学校"启悟"课程中的拓展课程丰富多彩吗?
   A. 满意　　　　B. 非常满意　　　C. 一般　　　　D. 不满意
   E. 非常不满意

4. 你对学校"启悟"课程中的拓展课程感兴趣吗?
   A. 感兴趣　　　B. 比较感兴趣　　C. 一般　　　　D. 不感兴趣
   E. 非常不感兴趣

5. 学校开展的特色课程能满足你的兴趣爱好吗?
   A. 能满足　　　B. 较能满足　　　C. 一般　　　　D. 不满足
   E. 非常不满足

6. 学校开展的特色课程能帮助你的特长发展吗?
   A. 能够　　　　B. 比较能够　　　C. 一般　　　　D. 不能够
   E. 非常不能够

7. 你认为目前我校应该多开发哪些类别特色的课程?
   A. 人文素养类　　　　　　　　B. 科学素养类
   C. 学科拓展延伸类　　　　　　D. 生活技能类
   E. 身心健康类　　　　　　　　F. 乡土风采类

8. 你对学校特色课程内容安排满意吗?
   A. 满意　　　　B. 非常满意　　　C. 一般　　　　D. 不满意
   E. 非常不满意

9. 你对学校特色课程开展的形式满意吗?

A. 满意　　　　B. 非常满意　　　C. 一般　　　　D. 不满意

E. 非常不满意

10. 你对学校特色课程开展的时间满意吗?

A. 满意　　　　B. 非常满意　　　C. 一般　　　　D. 不满意

E. 非常不满意

11. 你对"启悟"课程开展的总体评价满意吗?

A. 满意　　　　B. 非常满意　　　C. 一般　　　　D. 不满意

E. 非常不满意

附录 11-2　瑞英小学音乐剧教材在试用学校的反馈

表 11-5　瑞英小学音乐剧教材试用学校反馈表

教材试用学校	学生学段	教材试用内容	反馈分析
容桂文明幼儿园	幼儿园大班	低年段教材:童话剧排练	教材有趣生动
容桂佰德幼儿园	幼儿园大班	低年段教材:音乐剧中的歌曲	教材音乐性强
容桂城西小学	小学四年级	高年段教材:音乐剧《我要飞》	教材新颖生动
东莞樟木头华太小学	小学四年级	高年段教材:音乐剧《垃圾王国逃生记》	教材戏剧性强
容桂瑞英小学	小学四五六年级	高年段教材:演员的基本功	教材实用,但还要在问题情境的设计上作改进
容桂瑞英小学	小学一二三年级	低年段教材:音乐剧中的歌曲	教材音乐剧特点足
广州番禺区音乐高考培训机构	高中三年级	高年段教材:演员的基本功	对高中的孩子有启发性

表 11-6　学生反馈情况表

年级	学生代表	反馈意见
六年级	吴玥辉	音乐剧课给我的最大感受就是团结合作的精神。无论是排练音乐剧,还是动手制作音乐剧所需的道具、服装,都需要我和我的同学们一起完成。大家在学习过程中为了更好地表现剧本,经常会对表演和道具展开充分谈论,然后再在小组内分工完成。我在音乐剧学习中,收获了很多。
三年级	彭子纯	我喜欢音乐老师带我们上音乐剧课。因为在音乐剧课上,我们可以欣赏到许多经典的音乐剧作品。这些作品有动听的音乐,有精美的服装,还有有趣的故事情节。
二年级	吴乔羽	老师经常带我们制作音乐剧表演所需的道具和服装。这些东西很多都是用生活中的废物回收利用完成的。有的是大纸箱、有的是塑料瓶、有的是报纸……让我知道了,原来很多废弃物可以再次发挥大作用。

第十二章

礼仪课程育美
——容桂育美教育集团南环小学"美善课程"案例

美好生活从美的教育开始。育美教育集团南环小学秉持"美善相谐"的办学理念,重点通过礼仪课程的建设,探索学校"美善课程"的育美之路。

一、美善课程基础

(一)美善课程的文化基础

容桂南环小学地处容桂中心,其前身可追溯至20世纪20年代,是一所有着八十多年办学历史的名牌老校。八十多年的岁月里,学校几易校址校舍,数度人事变迁,唯一不变的是学校的文化追求:办学以来,南环小学一直秉承"立德、博学、健美、创新"的校训,并把"立德"作为教书育人的首要任务,充分体现了学校"立德树人"的办学思想。

康德说:"美是道德的象征。""美"以"善"为前提,并且归根到底应符合和服从于"善"。在办学实践中,学校传承和发展了"立德"为首的校训,确立了"美善相谐"的办学理念,以构建"文明校园、书香校园、活力校园、艺术校园"为发展目标,以"上好每一节课、善待每一位学生、尊重每一位家长"为具体行动,以质量效率为主线,以改革创新为动力,以增强学生学习兴趣和实践能力为核心,加强干部教师队伍建设,积极开展课程改革,注重内涵发展,提升学校品位。

学校"立德"为首的校训与"美善相谐"的办学理念奠定了学校美善课程的基础,美善课程的建设充分体现了校训及办学理念在教育教学过程中的落实与实施。

(二) 美善课程理念

近几年,学校利用现有的社会、社区、家长、教师方面的资源,拓展校外活动课程,陆续开发了多门校本课程,希望通过课程建设,紧紧围绕学校的办学理念和育人目标,深度挖掘课程内涵,对现有的国家课程、地方课程和校本课程进行科学的梳理,形成课程体系,凸显学校的办学特色。在不断的实践与探索中,提炼出学校的课程理念:臻美臻善,美善相谐。

"臻",即达到。"臻美臻善"的意思是说:让师生在对"美善"的追求中不断成长、不断完善,做到德业兼修,品位高雅,意志清明,言辞明智,行为明慎,慎思明辨,日臻美善。

"美",指使人感到心情愉悦的人格品质或者事物特征,而健康的身心又是感受这种人格美和事物美的前提。因为人类改造世界的实践活动,最终都是为了实现和满足一定社会、一定阶级和集团的利益,与人类的实践需要根本无关的东西,与人类维持自己的生存和发展根本无关的东西,不可能是美的,所以"美"符合和服从于"善"。引申到教育活动来说,对于教育活动所要成就的健全人的发展而言,美的基本形态指向了人的语言美、行为美和心灵美。换言之,"美"的教育,就是让孩子学会感受"美",创造"美",将人的"外在美"与"内在美"相结合,达到"和谐的美"。

"善"是人类共同的道德向往和价值追求。《说文解字》中讲"教,上所施,下所效也;育,养子使作善也"。[①] 为此,"善"也是教育的基本价值追求。一般来讲,所谓"善的"就是"好的",换言之,"善"的教育,就是教育学生择善而为,从善如流,善于做事。

"相谐"就是互相和谐,"美善相谐"体现了中华美学精神培养人、教育人的特点。因为中华美学精神首先突出"和合之美",以"和谐"为美。以"中和""中庸"为美,是中华优秀传统文化和中华美学精神的重要特征。"中和"这个美学范畴在中国出现较早。中,即适中,不左不右、不偏不倚之意;和,即平和、融合之意。"美善相谐"强调美与善融合、美与善相得益彰,指明善是美的内涵和基础。孔子的"里仁为美",[②]孟子的"充

---

① (汉)许慎撰.说文解字[M].天津:天津古籍出版社,1991.
② 曾仕强,曾仕良.论语的现代智慧(上)[M].北京:时代华文书局,2015.

实之谓美",①老子的"信言不美,美言不信",②庄子的"天地有大美而不言",③荀子的"不全不粹之不足以为美也"等,④实质上都是明确规定了"美的善之本",涵盖着人与他人的"社会和谐"、人与自身的"个体和谐"。

费孝通老先生曾言:"各美其美,美人之美,美美与共,天下大同。"⑤整体而言,"美善相谐"就是要将"美的个人体验"与"善的社会达成"相互平衡,彼此协调。学校的教育,就是让孩子通过领略美的情趣、感受善的熏陶,达到与自我、与他人、与世界的"相谐",从而创造"美善"生活,为"美善"人生奠基。

具体而言,小学阶段的"美善"教育,就是让孩子领略美的情趣、感受善的熏陶,让学校课程成为传承"美善"价值的载体。这个过程,不是一蹴而就的过程,而是一个伴随生命的成长与教育的润泽,逐步趋向美好的过程。由此,儿童在校学习的过程也就成为一个臻美、臻善的过程,让师生在对"美善"的追求中不断成长、不断完善,达到与自我、与他人、与世界的"相谐"的过程。

(三) 美善课程体系

1. 美善课程框架结构

南环小学对传承学校历史,以培养全面发展的人为核心,遵循教育规律和学生成长规律,构建合理、科学的学校课程体系,进行了一系列的思考和探索,努力构建促进师生共同发展的新的课程体系,构建了美善课程的课程概念框架。

围绕"臻美臻善,美善相谐"的课程理念,"美善课程"共分为三大板块,它们是:

(1) 育"善"、扬"善"之文明课程,显"言行之美""心灵之美"。结合道德与法治等基础课程,在校本课程《文明礼仪课程》的基础上进行修订并实施,开设"文明"课程,传承中华民族礼仪之美;结合南环小学系列综合实践活动课程,安全训练营、参观污水厂、参观博物馆等,在实践活动中,培养学生良好的公民素养,彰显"言行之美""心灵之美"。

---

① 祁志祥.中国美学全史(第2卷 先秦至六朝美学)[M].上海:上海人民出版社,2018.
② 卢盛江.细读庄子[M].北京:研究出版社,2019.
③ 王鸿飞.老子略释[M].吉林出版集团股份有限公司,2019.
④ 陈迎年.能定能应,夫是之谓成人:荀子的美学精神[M].上海:上海三联书店,2013.
⑤ 这十六字理念是1990年的12月费孝通先生在八十寿辰聚会上所作的"人的研究在中国——个人的经历"演讲时所提出。费孝通.缺席的对话——人的研究在中国——个人的经历[J].读书,1990(10).

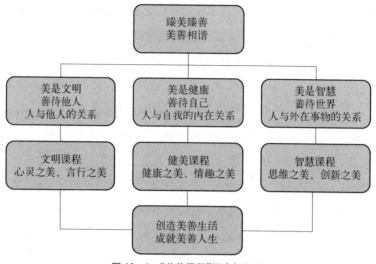

图 12-1 "美善课程"概念框架图

[视频案例] 英语戏剧——Snow White

[视频] 中华传统文化特色课程

（2）"善"思、"善"行之智慧课程，显"思维之美""创新之美"。结合国家基础课程、校本课程和地方课程，提高学生学科素养，开设"智慧"课程：吟诵课、英语戏剧课、讲故事、趣味数学、思维导图、科学实验等课程；构建以人为本、开放、自然、本色，注重情智生态平衡的"绿色阅读"课程。重点是培养学生思考、创新的能力。

（3）"善"健体、"善"特长之健美课程，显"健康之美""情趣之美"。结合国家基础课程、校本课程和地方课程，丰富学生生活，培养学生综合素质，继续丰富南环小学剪纸、摄影、书法、舞蹈等校本课程，开设"健美"课程。培养健康的身心和高雅的审美情趣。为彰显体艺特色，学校特别注重营造浓厚的体艺氛围，夯实了体艺特色的群众基础。

2. 美善课程内容结构

三大板块课程内容既有各自的特点，又相互渗透、相互交融。

课程纵向分为以"美善相谐"为核心的课程目标，课程目标下包含"文明""智慧""健美"三种课程类型，课程类型下是以国家和地方课程为主的基础课程以及校本课程为主的拓展课程。课程横向体现了学校对原有的校本课程，如"文明礼仪"等德育类课程，摄影、书法、剪纸、舞蹈、球类等体艺类课程，朗诵、阅读、英语戏剧、科学实验等学科拓展类课程进行梳理并完善的过程，以求在实施过程中都能贯穿学校的课程理念，让课程目标更清晰，课堂效果更明显，学校特色更鲜明。

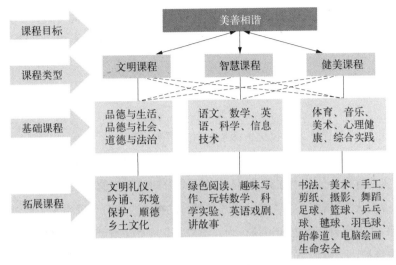

图 12-2　课程内容结构图

"文明礼仪"课程为学校精品课程,将文明礼仪教育与美育有机结合,分年级、分阶段在全校范围有计划地开设系统的文明礼仪课程,修订完善并落实使用《文明礼仪》校本教材,同时整合各基础课程中相关的内容,组织好相关的实践活动,全方位渗透文明礼仪教育,凸显"美善"教育特色。"文明礼仪"精品课程与"智慧课程""健美课程"中实施基础较好的国家与地方课程以及校本课程中的相关课程相互渗透,比如在"智慧课堂"中渗透课堂礼仪,在"综合实践"课堂中渗透合作交往的礼仪等。在此基础上,学校结合基础性课程和拓展性课程,把每学年举办的各类大型活动进行整合和优化,形成四大系列,凸显学校课程特色。一是分班举行的德育主题系列课程。由学校德育处统一确定教育主题,分年级根据学生实际情况制作 PPT,统一时间分班上好主题教育课。二是全校参与的主题活动系列课程:如"读书节""体育节""科技节""艺术节"和"迎新年义卖"等,活动过程负责教师作为指导,全体学生一起参与,交流技艺,展示才华,提升能力。三是借助社会资源分年级开

[视频]文明礼仪课程

设的综合实践活动系列课程:参观顺德博物馆、参观污水处理厂、安全体验活动等。四是借助家长资源分班举行的"亲子活动"系列课程。通过基础性课程的校本化实施与拓展性课程的开发,构建多元的南环小学美善课程体系,使学校课程结构更合理,学校特色更鲜明,让师生在"美善"的校园氛围中发现日渐美善的自己,达到"美善相谐",从而创造"美善"生活,为"美善"人生奠基,达到"让每一个孩子在有特色、有内涵、有品质的美善课程中受到熏陶、浸润,从中感受并追求文明之美、健康之美、智慧之美、和谐

之美,从而促进孩子们在道德、身体、智力、情感、个性、审美等方面得到充分发展的培养目标。

二、美善课程的育美实践:以礼仪课程为例

学校以礼仪课程作为学校美善课程的首要育美途径。

教育是直面人的成长的,德行的培育是教育的最终目的。德行是知、情、意、行的统一,是实现自我价值的内在力量,是人的生命力的体现。德行文化是中国传统文化的核心,古人认为,培养一个人的德行才是教育之根本。德行可以引发人的道德情感、道德信仰,并成为道德意志和道德行为。学校文化应充盈着德行的互动,塑造向善、求美的学校精神。学校将"立德"放在了校训的首位,就是要推崇高尚的德行,具备崇高的品德和完备的人格,这是"博学、健美、创新"的前提和基础。

文明礼仪为中华民族的传统美德,是德育在生活以及行为上的直观体现,因此首先推行礼仪课程也是与学校的办学传统与理念一脉相承的。为此,南环小学以礼仪精品课程的建设为切入点,开展育美实践。

(一)礼仪课程目标与计划

1. 课程总目标

全面提高我校学生的思想道德素质和文明礼仪修养,展示他们学习礼仪、实践礼仪的风采,着力塑造精神饱满、情绪愉快、人际关系协调、言谈举止受人欢迎的讲文明、重礼仪、团结友善、乐于助人的南环学子形象,提升我校学生的整体素质,让每个学生成为讲文明、懂礼貌、有教养的人,展现仪表之美、言行之美、心灵之美,让孩子领略美的情趣、感受善的熏陶,让学校课程成为传承"美善"价值的载体。

2. 教学目标

(1)让学生了解家庭礼仪、校园礼仪、社会礼仪等我国礼仪文化,以及部分国际礼仪文化,感受礼仪之美,懂得文明有礼是现代公民必备素养。

(2)学习日常家庭、校园、社会生活中的常用礼仪,并能正确使用,体现言行之美。

3. 情感目标

(1)使学生了解、掌握并使用家庭常规礼仪,上、下代人加强沟通,消除代沟,建立上、下辈之间朋友式的关系,享受温馨的家庭生活,体现家庭的和美。

（2）了解、掌握并使用校园常规礼仪，使同学之间能够以礼相待，和睦相处，团结协作，互助互爱，建立朋友式的师生关系，使师生间交往自然亲切，从而形成良好的校风校貌，体现校园之善美。

（3）了解、掌握并使用社会常规礼仪，使自己更好地融入社会生活中，让自己处处受到欢迎，得到尊重，使自己的社会生活充满快乐，从而培养积极健康的人生态度，体现人生之大美。

4．礼仪课程计划

（1）学科设置：南环小学礼仪精品课程。

（2）课时分配：在完成国家课程的基础上，每月统一利用班队课时间上课。

（3）授课对象：一至六年级全体学生。

(二) 礼仪课程内容

教材内容包括三个板块："校园礼仪""家庭礼仪""社会礼仪"。

1."学校礼仪"(此版块为一、二年级学生重点内容)

课程内容包括：尊重老师、尊重同学、学会请教、学会商量、学会倾听、学会合作、学会感恩、学会师生间的礼仪等。

课程目的：了解、掌握并使用校园常规礼仪，使同学之间能够以礼相待，和睦相处，团结协作，互助互爱；建立朋友式的师生关系，使师生间交往自然亲切，从而形成良好的校风校貌。

2."家庭礼仪"(此板块为三、四年级学生重点内容)

课程内容包括：迎宾礼仪、做客礼仪、待客礼仪、服饰礼仪、睦邻礼仪、敬亲礼仪等。

课程目的：了解、掌握并使用家庭常规礼仪，上、下代人加强沟通，消除代沟，享受温馨、美满的家庭生活。

3."社会礼仪"(此板块为五、六年级学生重点内容)。

课程内容包括：问路礼仪、乘车礼仪、购物礼仪、参观礼仪、交通礼仪、网讯礼仪、出游礼仪等。

课程目的：了解、掌握并使用社会常规礼仪，使自己更好地融入社会生活中，让自己处处受到欢迎、得到尊重，使自己的社会生活充满快乐，从而培养积极健康的人生态度。

通过三个板块的礼仪课教学，让学生学会如何学习、生活、交往，以及如何热爱生活、感恩父母、老师、学校、祖国，树立远大目标和增强自信，做文明有礼的现代小公民。

表 12-1 南环小学礼仪课程内容

低年级：	
第一单元	第二单元
1. 争做课堂礼仪小先锋	1. 尊敬老师
2. 开心课间	2. 团结友爱
3. 学习中的礼仪	3. 有礼貌
第三单元	第四单元
1. 看我多整洁	1. 国旗下我懂礼仪
2. 文明用餐我能行	2. 向礼仪标兵学习
3. 举止文明人人夸	3. 争当礼仪小标兵
中年级教材目录：	
第一单元	第二单元
1. 实验室中的文明	1. 让爷爷奶奶乐开怀
2. 做个文明小读者	2. 亲亲我的爸爸妈妈
3. 快乐的音、体、美	3. 我是家里的小助手
第三单元	第四单元
1. 我是热情的小主人	1. 我是文明小顾客
2. 做文明的小客人	2. 我是文明小乘客
3. 守望相助一家亲	3. 我是文明小游客
高年级教材目录：	
第一单元 你我相伴	第二单元 走向社会
1. 青春在这里起飞	1. 观赏礼仪大家谈
2. 架起心灵的桥梁	2. 文明之旅
3. 维护自尊，学会和谐相处	3. 快乐踏上和谐路
第三单元 我们的礼仪生活	第四单元 古今中外话礼仪
1. 购物的文明	1. 中华五千年礼仪之歌
2. 健康网讯游	2. 有朋自远方来
3. 书信礼仪知多少	3. 外国礼仪面面观

（三）礼仪课程的实施途径

1. 进行课程整体化、系列化规划

学校在精品课程的建设与实践方面进行了合理规划，分为三个阶段，其发展轨迹为：探索期—完善期—总结期—推广期。

在课程实践过程中，尤其重视正确处理礼仪教育课程与品德课的关系，以礼仪教育作为切入点，把礼仪训练、文明行为习惯养成、书画和剪纸艺术等有机结合，注重礼仪教育的立体化、全方位性，注重课内与课外的结合，校内与校外的结合，家庭、学校、社会的统一，相互融合，相得益彰。通过校本课程开发与教材编写、礼仪教育课堂教学试验、全校性的社会实践活动，抓好礼仪教育的序列化、层次化，并予以实施。

表12-2 南环小学文明礼仪活动序列方案

活动时间	活动主题	活动内容与形式	活动要求
九月	我爱我师	1. 制作尊师卡(1—6年级); 2.《弟子规》诵读展示(1—6年级); 3. 尊师手抄报比赛(4—6年级)。	利用开学典礼、升旗仪式和班会课对学生进行尊师教育,通过制作尊师卡、尊师手抄报比赛等营造浓厚的尊师氛围。
十月	我爱祖国	1. 迎国庆板报评比(1—6年级); 2. "礼仪之星"报告会(3—6年级); 3. 启动"南环礼仪志愿者"行动(4—6年级)。	利用升旗仪式和班会课对学生进行爱国主义教育,通过板报评比、"礼仪之星"报告会等形式加深学生民族自豪感,加深学生爱国情怀。
十一月	关爱老人	1. 关爱老人服务活动(1—6年级); 2. 敬老院慰问活动(4—6年级)。	利用升旗仪式和班会课对学生进行尊老爱老教育,通过关爱老人服务活动、敬老院慰问活动等形式让学生懂得关爱老人、体恤老人、尊重老人。
十二月	新年新气象	1. 传统节日"冬至"的认知活动; 2. 迎新年联欢会(1—6年级)。	班主任利用班会课开展传统节日"冬至"的认知活动;各班开展迎新年联欢活动。
一月	欢乐春节亲子剪纸乐融融	1. 评比、表彰"南环礼仪之星""班级文明礼仪之星";评比礼仪优秀家长(1—6年级); 2. 寒假主题剪纸活动(3—6年级)。	各班评选"南环礼仪之星""班级文明礼仪之星";同时布置寒假剪纸活动,展示学校剪纸特色。
二、三月	学雷锋树新风	1. "礼仪之星"报告会(3—6年级); 2. 慈善募捐活动(1—6年级); 3. 学雷锋进社区服务活动(4—6年级)。	利用班会课发动学生参与慈善募捐活动,学习雷锋先进事迹,倡议学生积极参加社区服务活动。
四月	缅怀先烈文明祭祖	1. 书香校园活动——寻找先烈的足迹; 2. 扫墓活动(1—6年级)。	利用升旗仪式和班会课对学生进行缅怀先烈教育活动。通过读讲先烈故事、先烈名言等形式让学生懂得珍惜幸福生活。
五月	感恩母亲	1. "学会感恩,与爱同行"板报评比; 2. 学唱感恩歌曲; 3. 开展感恩家务活动(1—6年级)。	利用升旗仪式和班会课对学生进行"学会感恩,与爱同行"的感恩教育。通过板报评比、学唱感恩歌曲、开展感恩家务活动等形式让学生懂得关爱父母、感恩父母。
六月	感恩父亲	1. 制作感恩卡片; 2. 举行"文明礼仪家长开放日"活动; 3. 组织《弟子规》诵读比赛(1—6年级)。	利用升旗仪式和班会课继续对学生进行"学会感恩,与爱同行"的主题教育。通过制作感恩卡片、给长辈写信等活动让学生懂得感悟亲情,关爱父母、感恩长辈。
七月	"我能行"缤纷暑假系列	1. "南环礼仪之星""班级文明礼仪之星"评比; 2. 开展缤纷暑假活动(1—6年级)。	各班评选"南环礼仪之星""班级文明礼仪之星",同时布置缤纷暑假系列活动。

这一全校性活动序列方案体现了学校始终坚持将文明礼仪教育贯穿于学校教育全过程,充分体现了南环小学礼仪教育的序列化、层次化与立体化、全方位性,通过日常管理,强化学生文明礼仪意识,引导学生从身边小事做起,注重文明礼仪,养成良好行为习惯,凸显出了"美善相谐"的课程理念。

2. 进行文明礼仪课的课堂教学研究

在具体课堂实践中,我校根据校本课程的设置,把校本课程纳入每学期的课程计划中。每学期,我校根据课程安排,统一时间,最少开展三次全校性的礼仪课,各年级也根据学生的实际情况,以年级为单位,开展礼仪课。礼仪课前,各年级班主任进行集体备课,选择最近学生出现的一些文明礼仪问题作为切入点,进行课题的选定。各年级组精心备课,做到图文结合、贴近生活。礼仪课上,教师通过情景演示、小故事、是非判断、瞭望台、金钥匙等形式,对学生进行文明礼仪的教育。

礼仪课堂教学的实施一般分以下几个阶段进行,操作流程图如下:

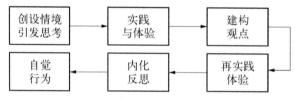

图 12-3 礼仪课堂教学的操作流程

经过课堂教学的实践,构建了礼仪课堂的四种基本范式:

课型模式一:课前调查——汇报展示(多媒体、小表演、故事讲述)——课中训练(知、情、行、意)——课后延伸(家庭反馈、社会反馈)。

课型模式二:提问质疑——解疑明理(讨论辨析、辩论探究)——情境训练(知、情、行、意)——内化导行(家庭反馈、社会延伸)。

课型模式三:情境导入(多媒体、游戏、儿歌、故事等)——情境训练(创设情境、相机训练、模拟生活中的角色)——激励强化——课后延伸。

课型模式四:综合型(将前三种基本课型灵活变通)。

课型操作模式力求多样化,注重实用性、可操作性与灵活性,从班级、学生实际出发,以学定教。**(附录 12-2)**

3. 开展多种实践活动

(1) 开展"文明礼仪校本课程"的研讨沙龙活动。针对实践与研究过程中遇到的困惑进行交流,带着过程性的材料、典型个案进行研讨、分享。在研讨沙龙上,还邀请学校家长委员会成员参与探讨。

(2) 创设多元化的校园实践活动。成功组织开展了以下活动:每周一星评选、表彰活动,举行"礼仪之星"报告会,组织开展"感恩"主题系列活动,创设礼仪讲坛、开展知识竞赛,启动"南环礼仪志愿者"行动,举行感恩教育报告会及开展走近《弟子规》等活动。

(3) 发掘学科教育资源,把握礼仪渗透契机。如在美术、音乐、电脑、体育等学科教学中,将文明礼仪教育与美育有机结合,渗透以美载德、寓美于德的现代公民文明意识。

(4) 拓宽自主性的校外实践活动。开展文明礼仪进社区活动:以手抄报、摄影展、简报、文明礼仪宣传专栏、播放礼仪活动宣传光碟等多种形式,组织礼仪志愿者自主参与,到社区进行文明礼仪知识宣传,取得了良好的教育效果。

(5) 开展"我是文明小公民"系列活动。组织学生参加社区志愿者活动,组织学生自主创设实践活动。活动形式主要有:调查走访、自主学习、竞赛展览、角色体验等等。

[视频案例] 文明之旅课例

(四) 礼仪课程的评价策略

1. 对课程实效性评价

基础性课程以《南环小学课堂教学评价表》为评价标准。拓展课程从以下五个方面进行检测:汇编校本教材、教学实施、资料收集包、成果、学生对课程满意度的评价。

2. 对教师个性化评价

学校采用随堂听课、师生礼仪行为测试、家长、学生问卷调查、访谈等方法,进行多元评价,特别是学校重视问卷与日常行为测评来对教师每学期全面考核和每学年综合考评。

3. 对学生多元激励评价

学校以《小学生综合素质报告评价手册》为主,以《南环小学文明礼仪评价表》为辅对学生进行综合素质评价,在评价中肯定学生的实力,帮助挖掘其潜力,增强学生自信心。

表 12-3 学生在校文明礼仪评价表

项目	规范要求	分值	自评	组评	师评
尊师礼仪	对老师有礼貌,听从教导,态度诚恳。	10			
交往礼仪	同学之间互相尊重,互助合作,交往大方得体。	10			
仪容礼仪	按规定穿校服,佩戴红领巾;着装得体,仪容整洁。	10			

续 表

项目	规 范 要 求	分值	自评	组评	师评
语言文明	使用文明用语,不说粗话、脏话,不挖苦、讽刺别人。	10			
课堂礼仪	做好课前准备,专心听讲,积极参与课堂活动,发言先举手;并认真完成作业。	10			
课间文明	不追逐打闹,不大声喧哗,做有益健康的活动;饮水要排队,使用水杯;上厕所,主动冲水,节约用水。	10			
活动礼仪	准时排队到达活动场所,做到快、静、齐,听从指挥,遵守规则。	10			
集会礼仪	升旗仪式不迟到,升旗时严肃而庄严;集会时有序排队,保持安静,认真听,适时鼓掌。	10			
劳动礼仪	积极参加劳动,按时做好清洁值日工作,尊重劳动成果。	10			
卫生礼仪	注意个人卫生,不带零食回校,不随意丢垃圾,自觉维护校园洁净。	10			
合计					
教师的话					

表 12-4 学生校外文明礼仪评价表

项目	规 范 要 求	分值	自评	家长评
敬亲礼仪	尊重、关心长辈,使用敬语,听从父母正确的教导,学会沟通,不闹脾气,不顶撞。	10		
待客礼仪	热情接待客人,对人有礼,关心帮助邻里。	10		
学习礼仪	自觉做好复习和预习,独立完成作业,写字、看书姿势正确,不躺在床上看书。	10		
娱乐文明	多看有益、健康的书报,不到电子游戏机室、网吧,不沉迷电视、网络。	10		
文明作息	生活有规律,按时作息,早睡早起,坚持锻炼身体。	10		
劳动礼仪	主动为家长分担力所能及的家务。	10		
生活自理	自己的事情自己做,注重卫生,保持房间、书包的整洁。	10		
生活节俭	不挑吃穿,不乱花钱,不摆阔气,勤俭节约。	10		
校外安全	按时上学、放学,不在学校、途中逗留、玩耍,自觉遵守交通规则,注意交通安全。	10		
公共礼仪	在公共场合不追逐喧哗,不乱扔垃圾,学会主动让座,遵守公共秩序,文明守法。	10		
合计				
家长的话				

(五) 礼仪课程效果

南环小学以"小学生文明礼仪养成"为教育出发点,着力打造学校、家庭、社区之教育系统工程,并不断完善与创新,努力做到了校内与校外的结合,课内与课外的结合——坚持以教材为载体,以课堂为主阵地,有效向班级活动、校级活动拓展延伸,进而向家庭生活拓展延伸,并有效向社会生活拓展延伸,数管齐下,促进了多向互动,实现了文明礼仪教育环境的整体优化,形成了教育合力,有效促进了学生文明礼仪行为的养成与巩固及文明家庭、和谐社会的构建,提高了文明礼仪养成教育的实效性,彰显出以美载德、寓美于德、美善相谐之独特教育魅力。

1. 学生的言行之美得以彰显

为了检验课程的实施效果,南环小学在2018年2月开展文明礼仪习惯的问卷调查。本次,南环小学采用了问卷调查法,对南环小学1—6年级学生进行了抽样调查,覆盖各个层次、各个水平、各个年级的学生,共发放调查问卷360份,收取有效问卷360份。(附录12-2)

通过数据分析比较,向别人借东西方面有85%的受访学生有改变;在上课预备铃响后认真候课方面有87%的受访学生有进步;在排队喝水方面有91.3%的受访学生有进步;在向外宾问好方面有90.7%的学生有进步;在主动帮老师提东西方面有88.4%的受访学生有进步。可见,文明礼仪课程的开展成效显著。

不仅数据的统计可体现学生可喜的变化,家长的肺腑之言更能触动人心。501班吴思莹妈妈诚恳地说:"对于学校开展文明礼仪教育课程活动,我们家长非常赞同,希望孩子成长为讲文明,懂礼仪的好孩子!"502班杨紫晴家长自豪地说:"学校开展文明礼仪养成教育确实不错!……我的小孩很文静胆小,对不熟悉的人(就算是叔伯兄妹)等,见面都很少打招呼的。自从学校开展文明礼仪教育以后,每次回中山探望爷爷时遇到长辈都会打招呼问候;还主动帮父母做家务,每天都坚持。对现今的孩子来说是比较难得的,我感到很欣慰!孩子的许多变化比我想象中来得早,做得好!"601班胡润钊妈妈高兴地说:"首先,我代表家长们非常感谢南环小学在这个独生子女占多数的时期开展文明礼仪养成教育课程和研究!我家胡润钊小子,通过学校的一系列活动,在文明礼仪方面有了明显的提升,他懂事多了!我希望该课题研究不是短时的,而是作为学校的一种教育理念长期坚持下去,使少年一代永远懂得并传承礼仪之邦的美德……"

可见,南环小学"文明礼仪"精品课程的开发和实践,有利于培养学生的现代文明意识和行为习惯、传承中华礼仪文化、提高学生礼仪素养,为少年儿童美善人生打下了终身受益的厚实基础。它将学生外在的礼貌言行举止内化为文明礼仪规范,初步具备现代文明人的自觉意识,懂得一定的礼仪知识,知晓在校、在家乃至社会不同场合中的基本礼仪常识,养成懂礼仪、讲文明的现代素养,体现出行为的美善,人格的善美。

2. 校园的和美得以升华

"一定要把学校的一切工作都变为教育的机会和手段,让教师的一言一行,让学校的一砖一石、一草一木、一角一景都体现着教育。"①学校通过礼仪课程开展,校园处处体现出和美的氛围。

如今的南环校园充满浓厚的文明礼仪之美——"仰华夏文明雅颂诗书,喜南环学子礼仪奋起"的巨幅对联令人赏心悦目,"南环礼仪之星""星级文明班"的光荣照引人注目,而多姿多彩的"礼仪长廊"定会让你驻足流连:那一幅幅出自学生手笔的礼仪对联、礼仪歌谣、剪纸作品、手抄报、摄影佳作,极富童真、童趣、童情,成为文明礼仪教育的一个个特色窗口,见证了南环师生在文明礼仪教育创新之路上留下的一个个坚实的脚印,一串串闪光的足迹!师生彬彬有礼,他们的微笑形象、鞠躬问好、敬礼致意已成为南环一道道独特的文明礼仪风景……

> 全程亲历课程开展的教师们感慨地说,"有一种美,令人惊艳,令人回味,令人追求,这是一种吸引灵魂的美,这就是文明之美!文明之美发自内心,文明之美来自素质。让我们发自肺腑地大声呐喊:美哉!文明礼仪!身为一名普通的教育一线工作者,很荣幸能在我手上将祖先的文明礼仪加以传承……""学校文明礼仪养成教育课程开展以来,校园内的一草一木,学生的一言一行,都在悄然变化……师生们重新燃起了文明礼仪的火炬,课堂、课间、课后都是文明礼仪教育的天地,每一个平常日、节日、升旗、班队活动都是礼仪教育的契机。文明的种子在发芽、开花……在对学生进行养成教育的过程中,我们教师又何尝不是在进行自我教育?教师们渐渐深深地感悟到:我们是学生的一面镜子,学生也是我们的一面镜子,我们的一言一行,深深地影响着孩子们。教师们的教育方式也在改变:和颜

---

① 陈小娅.校长要努力成为新时代的人民教育家[J].教育前沿(综合版),2007(06):8-9.

悦色、和风细雨……教师和家长的沟通更加诚恳,更加懂得彼此尊重。文明礼仪在师生之间、教师和家长之间、家长和孩子之间传递着、流淌着……祝愿我们的校园、家庭、社会更加和谐!"

3. 教育的善美得以实现

从礼仪精品课的建设来说,文明礼仪课与礼仪养成活动相结合,探索了生活化、情境化的小学礼仪教育模式,值得深入研究与推广。在礼仪课程的辐射影响下,目前南环小学美善课程开设了拓展型校本课程共 31 项。开发校本教材两套:文明礼仪课程一套(低、中、高年级各 1 册)、一、二年级写字课程一套(共四册)。开发校本综合实践课程三项:财商课程、环境保护课程、顺德本土文化课程。梳理学校主题活动共四大系列。一是"三结合"系列实践活动——与容桂慈善会合作组织的"慈善文化进校园"系列活动;与容桂青年坊合作开展的"保护·爱·成长"主题系列活动;与顺职院校团委青年志愿者联合会合作,针对外来工子弟开展的周末兴趣活动;与顺德博物馆合作,开展本土文化课程系列活动;与容桂环运局合作,开展环境保护教育课程的系列活动;与平安银行合作开设的财商课程系列活动;与交通、消防、社区、派出所等相关单位及家长义工合作,开展安全和自护系列教育。二是学校传统系列活动——读书节、艺术节、科技节、体育节、迎新年义卖活动。三是节日主题系列活动——春节、元宵节、清明节、端午节、中秋节、重阳节、教师节、妇女节、母亲节、劳动节等各种节日的主题教育。四是亲子活动系列——家校合作,分班开展形式多样的参观、实践、拓展、游戏等活动。南环小学美善课程建设一路走来,体现出学校不改教育初心,坚持以人为本,依法治校,科研兴校,走内涵发展之路的决心,展现了丰硕的育美成果。

学生的礼仪在生活中学习,在游戏中学习,在表演中体验,在搜集信息、调查中深究,在观察中感受,不同年龄阶段、不同能力的学生可以选择不同的学习方式,同一问题也可采用不同的体验方式,学生体验到学习方式的丰富之美。不但学习方式具有丰富之美,学习的成果也可以用多种方式呈现:绘画、图片、照片、文字、礼仪知识展览、舞台表演等。低年级学生可多采用绘画、图片、照片、游戏等贴近他们生活实际与心理特点的形式加以表达。高年级的学生则可采用演讲、文字、表演等形式展示。学生在学习的过程中习得各种礼仪,培养学生与人交往的能力,形成讲文明、懂礼仪的美好品行,让每一个生命个体的美善得到充分的展现与发展,体现了个性之美。

从礼仪精品课程对整体学校课程建设的影响看,礼仪课学习方式的丰富与成果的

多样,也深深地促进了教师对智慧课堂与健美课堂的理解与建设,在不同学科开展了"美善"课程的实践:

语文学科在不同年段进行智慧课堂的实践。一、二年级语文组进行了"情境化词语教学"的探索,词语教学包含对词语的积累、理解、运用。词语教学往往是抽象的。词语情境化教学就是在一定的"情境中进行词语教学",这样的词语教学符合一、二年级学生的学习特点。"情境"包括:图片情境、动漫情境、语言情境、教学中师生双边活动情境、生活体验情境等。运用原则是:挖掘一切可利用的教学资源,使词语教学形象化。三年级语文组进行了"文本的重组与教学效果"的探索,文本重组是教师针对一定的教学目标,在相应的教学策略指导下为传递教学内容、突出教学重点而优化后的教学内容的组合形式和形态。其作用是:直奔重点,省时高效,有利于学生整体把握文章内容,提高学生的阅读能力。运用原则是:抓住重点,贯通全文。四年级语文组进行了"图片媒介的运用及其功能"的探索,恰当地运用图片、音乐,可以创设课堂的"诗意美";图片连帧播放方式,作为教学载体,区别于非连帧播放,其信息量大,冲击力强,适合于"课堂欣赏"教学环节,可以优化课堂教学结构,达到图画、课文内容、学生解读文本三者的有机结合。过多地利用图片、音乐,则会淡化"语文味"。

数学也开始了高年级数学"生活信息数学化"的探索,比如把"写数学日记"引入教学,它既是学习方式也可作为教学载体;坚持写数学日记,是培养学生观察生活,并将生活中的信息数学化的有效途径,是"自主、合作、探究"学习方式的表现形式。

英语组进行了"游戏教学"的探索。语言的教学终归是为了回到生活中,英语教学也必须体现其交际性,采用游戏的方式能增强英语教学的趣味性和生活性,在"交际中学英语"。游戏的方式有:变小魔术、模拟、角色表演等,创设情境和入情入境是游戏这一教学方式应遵循的原则。

雄关兼漫道,上下更求索。从2017年至今,学校大力开展课程建设工作,围绕"美善相谐"这一办学理念,构建了以"臻美臻善、美善相谐"为课程理念的"美善课程"体系,立足礼仪课程,以礼仪课程的建设作为学校美善课程开展的抓手,一方面加大力度推进基础课程的改革,另一方面逐步推进国家课程校本化、校本课程特色化、主题活动系列化各项工作,着力构建"美善课程"体系,倾力打造"文明校园""书香校园""活力校园""艺术校园"四张名片,续写着南环又一笔浓墨重彩的篇章。今天的南环小学,是佛山市剪纸教学基地、顺德区德育示范学校、顺德区诗歌教学基地、顺德区硬笔书法教学基地、顺德区传统文化(摄影)教育基地;连续四年被评为顺德区先进学校、连续五年被评为顺德区卫生 A 级单位;顺德区教育局启动学校办学绩效评估两年来,均被评为顺德区办学绩效 A 级学校;教师发展和学生发展齐头并进,学生的学科成绩和特长发展全面开花,硕果累累,各级各类竞赛获奖人数数不胜数。在全国教育均衡化检查中,作为顺德区的四所受检学校之一,学校的办学成效赢得了以福建省教育厅厅长为首的教育专家们的肯定。

三、美善课程的反思与展望

(一)美善课程的反思

校本课程是一个以学校为基地,由学校自主决定,教师及有关人员广泛参与,在上级行政和业务部门指导下合作探索、共享开发成果的一种应用性课程。回顾南环小学的校本课程实施过程,有许多值得反思与总结的经验。

1. 课程的设置路径与方式

国家新课程标准在分析现行课程存在问题时表述到"中国现行的课程结构,存在着较严重的不足。首先,在学校课程中学科课程占据绝对主导地位,而经验课程则微乎其微;分科课程占据绝对主导地位,而综合课程则微乎其微;必修课程占据绝对主导地位,而选修课程则微乎其微;国家课程备受关注,地方课程和校本课程得不到实质性的开发。课程类型的单一使得在注重发挥一种或几种课程类型价值的同时,忽视或放弃了其他课程类型在学生发展方面所具有的价值,学生在这种单一课程的'滋养'下,其片面发展在所难免。从而直接影响了学生的身心健康和全面发展"。由上可见,国家课程是基于全国各地普遍情况设置的课程,课程目标是相对全国的普遍水平而设置,并没有对地方特色,更没有对学校实际情况做实际的分析,当前南环小学美善课程以融合、拓展的思想对基础课程进行延伸与拓展,正是对国家基础课程的进一步丰富,对课程目标的进一步深化。

2. 课程内容的资源整合

美善课程的拓展课程以综合实践活动为特色,以文明礼仪课程为精品课程,文明礼仪课程以养成学生的文明礼仪习惯为课程目标。南环小学生均面积不足,在课程建设的过程中,我们整合社区、家长资源,充分利用社会资源,给学生提供大量实践机会,既丰富了课程内容,又将"美善"育美之道落实在每一次的活动中,落实在学生的一言一行之中,最大限度地给学生提供实践机会,实现了南环人"小学校,大教育"的教育情怀。

3. 课程的实施落实

美善课程正是基于融合、拓展的思想,既做到了对基础课程的开齐、开足,又做到了对各项拓展课程有计划、有效果地落地实施。学校结合基础性课程和拓展性课程,把每学年举办的各类大型活动进行整合和优化,形成四大系列,凸显学校课程特色。同时,对国家基础课程的校本化实施,使学生学科素养进一步提高,学生综合素质全面发展。

4. 课程的评价

学校根据校本课程开发目标,采取多种评价方式,对课程开发、实施的全过程评价进行了初步的探索。我们认为校本课程评价应以学校经常性的自我评价为主,通过评价诊断课程,修正课程的开设价值,要根据形势的发展预测教育的需求,推动校本课程深入、持久地进行。由于南环小学校本课程开发和实施时间短,对评价的研究还缺乏深度,还没形成一套完整的评价体系,有待于在课程改革的深入阶段继续研究,形成具有特色的评价体系。南环小学美善课程的建设经验,尤其是精品课程的建设经验,促使南环人不断思考,如何将基础课程、校本拓展课更有效地融合、更适度地延伸。

(二) 美善课程的前景展望

美善课程的建设之路,提升了学校的办学实力,开拓了学校的办学思路,加强了学校与社会、家长的合作,增强了教师的教研能力。在未来的建设之路上,我们更期待我们有以下的突破:

(1) 课程的设计能有学生参与。课程的教育对象是学生,学生是课程的最终受益者,随着时代的召唤,我们更需要最大限度地发展学生的个性,让课程设置更尊重学生的需求。但当前由于场地的限制,美善课程的拓展课程开设仍然还是以选拔特长生为主,我们期待将来能尽可能让学生参与到课程内容的设置,更好地借助他方资源,尊重学生需求,尽可能实现学生自主选课。

(2) 课程建设能进一步加强跨学科、跨年级的课程整合。当前,美善课程的延伸是在原有基础课程上的拓展、延伸,实现了部分学科间的融合,我们展望,未来的课程建设,能让"美善"理念深入到每一课程中,各个课程在内容上、形式上更具融合,充分体现传统文化与德教体科艺相融合;基础、发展、特色相融合;知识、技能、兴趣相融合;更多地实现年级间、学科间的融合。让"美善"的理念弥漫在教师的教育思想中,反映在学生的举手投足间。

(3) 课程建设能充分利用信息技术,让信息技术服务于课程建设。当前,由于我校信息技术的滞后,课程的选课、课程的管理、课程的评价还都停留在纸质化的阶段,对课程的细致化、个性化管理还欠缺精细化,我们期待在未来的课程建设中,能进一步实现课程的网上选课,课程内容呈现、作业跟踪、课程评价的信息化操作。

(4) 作为精品课程的文明礼仪课程虽然取得了一定的成效,但更多的是停留在行为训练的层面上,对于"礼仪"内涵的理解,对于"礼仪"的文化基因的深入挖掘,对于"礼仪"与"美善"的关系,都还需要进一步的探索和研究。

小结

南环小学美善课程建设,已初步实现前期目标,已形成完善的课程体系,实施也初见成效。学校办学特色日益突出,精品课程"文明礼仪"课程已成为学校的育美之道,在校内、校外都能看见南环学子彬彬有礼的礼仪之风,南环人以"文明礼仪"育学生的文明素养,以"文明礼仪"养成学生的从善之举,以"文明礼仪"培育学生的崇美向美之心,以"文明礼仪"孕育真美真善的南环学子。

美的最根本在于欣赏,南环人在寻美、育美的过程中,将带着臻美臻善的追求,欣赏这一路各具其美的风景。

附录12-1 南环小学文明礼仪课程教学案例

"文明待客"教学设计

南环小学 罗燕妮

教学目标:
1. 指导学生明确待客的要点,举止文明礼貌、热情周到。
2. 通过训练使学生学会待客的基本礼节。

教学准备：
有关招待客人的用具（桌子、茶杯、糖果、水果、报纸等）及课件。

教学过程：

一、情境导入

师：同学们，今天学校里来了许多老师，大家想一想，作为学校主人的你们，可以怎样欢迎这些尊敬的客人呢？

生：敬礼问好，掌声。

师：好，同学们请起立，转向我们的外宾和老师，用你们热烈的掌声欢迎他们！

师：在日常生活中，我们经常要以主人的身份来接待客人。这节课，我们就一起来学习文明礼仪知识，学会文明待客。（贴标题"文明待客"）

二、学习礼仪教材环节

师：请同学们打开礼仪教材第42页，仔细观察书上的三幅图，说说图中的小朋友是如何招待客人的，想一想他会说什么呢？

（迎客）（待客）（送客）

三、深入学习环节

（一）学会迎客

（播放电话声）

师：咦，电话响了。（播放录音）

师：有位阿姨要来家里，你会准备如何招待客人？

生：（答……）

师：预先知道客人来访，要提前做好准备工作。打扫卫生，整理好房间，准备好茶杯、烟具、糖果等。主人要仪容整洁，自然大方。这些都能让客人感受到你的热情。（板书：洒扫门庭）

（播放门铃声）

师：有客人来了，我们一起来看看小明是怎么做的吧。

师：看完小故事，你觉得小明是个有礼貌的小孩吗？

生：（答……）

师：当客人来了，我们要向客人问好，并请客人进门。（板书：问好、请进）

（二）学会招待客人

师：客人来了，我们学会招待客人。我们先来看看这位小朋友是怎样招待客人的。请同学们仔细看，认真听。

（播放视频）

师：视频中的小朋友懂得招待客人吗？

生：（答……）

师：当客人进屋里了，我们先请客人坐下，然后拿茶水招待。（板书：请坐、送茶水）

师：说到送茶水，这也是一门学问。我们来学习怎样给客人倒茶水才是文明的吧！（出示课件）

师：给客人倒茶水，哪一杯水的分量最合适？

师：再看这幅图，这样给客人倒茶水文明吗？

师：学习文明礼仪不能光学，还要练。老师准备了茶水和杯子，谁来练习倒茶水呢？

师：除了倒茶水，我们还要如何招待客人呢？

生：（答……）

（板书：宾至如归）

（三）学会送客

师：老师经常会去学生家进行家访。黄老师告诉我这样的一件事——（出示课件）

师：小仪是个文明的小主人吗？

生：（答……）

师：当客人要离开了，我们要送客到门外，并跟客人道别。（板书：合理送客）

四、进入礼仪实践环节

（1）礼仪大擂台，判断对错。

（2）礼仪演练厅，情境表演。

师：同学们的参与热情真高，不仅学会了待客的礼仪，还在礼仪演练厅中增长了自己招待客人的能力。老师把待客礼仪知识编成了一首歌，我们一起拍手，大声朗读吧！

《文明待客拍手歌》

客人来/起身迎/引入座/茶水敬

不相识/做介绍/带尊称/才礼貌

大人谈/应安静/若游戏/动作轻

小客人/不怠慢/热心陪/诚相伴

同游戏/懂谦让/好玩具/能共享

客人走/说再见/客走远/门轻关

五、写星星环节

师：同学们，在这次礼仪城堡之旅中，我们学习了不少的文明礼仪知识，我相信，文明待客——我能行。（板书：我能行）

师：现在，就写下你们如何文明待客吧！

六、结束

师：老师希望大家在以后的生活中，能更好地运用今天学到的礼仪知识，做个懂文明、讲礼貌的好孩子。这节课就到这，下课！

附录 12-2　南环小学文明礼仪习惯调查问卷

文明礼仪习惯调查问卷（家长篇）

班级：_____　学生姓名：_____　家长姓名：_____

尊敬的家长：

　　为了使您的孩子进一步增强文明礼仪意识，养成良好的行为习惯，现结合我校《小学生文明礼仪养成教育的实践与研究》德育课题，对学生在家庭、社区的文明礼仪情况进行调查，请您在百忙之中**如实填写**以下问卷，并以此为契机对孩子进行文明礼貌教育，让孩子健康、快乐地成长！

　　下面的问题，敬请您从备选答案中选择一个填写，谢谢！

1. 起床后或睡觉前，您的孩子会说"早上好""晚安"一类的话语吗？（　　）
   A. 经常会说　　　　　B. 有时会说　　　　　C. 从来没有说过

2. 您的孩子在上学前会说"我去学校了"，放学回家时说"我回来了"一类的话语吗？（　　）
   A. 经常会说　　　　　B. 有时会说　　　　　C. 从来没有说过

3. 您的孩子能够按时起床，自己整理床铺和衣物吗？（　　）
   A. 基本能做到　　　　B. 有时能做到　　　　C. 做不到

4. 家中来客时，您的孩子能够做到热情礼貌，主动为客人倒茶，与客人交谈文明，大人讲话不打扰吗？（　　）
   A. 基本能做到　　　　B. 有时能做到　　　　C. 做不到

5. 您的孩子能够做到用餐前帮助父母拿碗筷，餐毕帮助父母收拾桌子吗？（　　）
   A. 基本能做到　　　　B. 部分能做到　　　　C. 做不到

6. 写完作业，您的孩子能做到自己整理学习用品吗？（　　）
   A. 基本能做到　　　　B. 有时能做到　　　　C. 做不到

7. 您的孩子会自己洗手帕、袜子，帮父母做一些力所能及的事吗？（　　）
   A. 基本能做到　　　　B. 有时能做到　　　　C. 做不到

8. 父母批评教育时，您的孩子能够做到不顶嘴吗？（　　）
   A. 基本能做到　　　　B. 有时能做到　　　　C. 做不到

9. 您的孩子常看报、常读课外书吗？（　　）
   A. 经常　　　　　　　B. 偶尔　　　　　　　C. 几乎没有

10. 您的孩子能做到自觉独立完成作业，不拖拉吗？（　　）
    A. 基本能做到　　　　B. 有时做到　　　　　C. 做不到

11. 您的孩子见到邻里能够主动招呼问好吗？（　　）
    A. 基本能做到　　　　B. 有时做到　　　　　C. 做不到

12. 您的孩子和邻里孩子玩游戏时，能做到互相谦让，友好相处吗？（　　）

A. 能做到 B. 有时做到 C. 几乎不能

13. 您的孩子出行时能够遵守交通规则,注意交通安全吗?(　　)

A. 能遵守 B. 有时会遵守 C. 不能做到

14. 和您一起外出时,您的孩子能做到不随地吐痰,乱扔垃圾吗?(　　)

A. 能做到 B. 有时做到 C. 经常做不到

15. 您的孩子单独外出,能够做到不轻易与陌生人交谈,不拿陌生人的东西吗?
(　　)

A. 能做到 B. 有时做到 C. 经常做不到

16. 您的孩子不管写没写完作业都打开电视机看吗?(　　)

A. 是 B. 否 C. 不清楚

17. 您的孩子在花钱方面做得怎样?(　　)

A. 基本能做到不乱花钱 B. 有时乱花钱 C. 经常乱花钱.

18. 您的孩子能够做到不挑食吗?(　　)

A. 基本能做到 B. 有时能做到 C. 不能做到

19. 长辈生日时,母亲节、父亲节,孩子会送上温馨的问候吗?

A. 基本会做到 B. 有时会做到 C. 不能做到

20. 在下面哪个方面,您觉得您的孩子做得最好?(　　)

A. 尊敬师长 B. 与同学和睦相处 C. 遵守公共秩序

再次感谢您的配合,祝您身体健康,工作顺利,家庭幸福!

关于文明礼仪习惯的调查问卷(学生篇)

学生姓名:_____ 班级:_____

(请各班主任于班级中选择不同层次的学生代表10人填写此问卷)

亲爱的同学,感谢你参加小学生文明行为的问卷调查,请仔细阅读下列问题,并根据你的实际情况做出选择,每个问题只选择一个答案填在括号内。答案的选择对你无任何影响,调查结果仅供研究之用,请同学们一定如实填写。

1. 你看到老师会经常主动问好吗?(　　)

A. 经常会 B. 有时会 C. 从来没有

2. 与同学相处时,你会经常用到:"你好""谢谢""对不起"这类词吗?(　　)

A. 经常会 B. 有时会 C. 从来没有

3. 如果你的座位在里面时,你要出来,你会对同桌说什么?(　　)

A. 对不起,请让一下。

B. 一句话不说,硬挤出去

C. 走开,让我走!

4. 如果有同学不小心打了你一下，你会：（　　）
A. 表示不会介意。　　B. 非要对方说对不起　　C. 也打他一下

5. 如果在校园中看到垃圾，你会主动去捡吗？（　　）
A. 经常会　　　　　B. 有时会　　　　　　C. 从来没有

6. 在路上，你手中有垃圾时，你会怎么处理？（　　）
A. 随手乱扔
B. 找个没有人的地方扔了
C. 找垃圾筒放到垃圾筒里

7. 平常在学校楼道内，你会（　　）
A. 从左边上、下
B. 从右边上、下
C. 没有想过，想怎么走就怎么走

8. 同学之间打架，你会：（　　）
A. 劝解或告诉老师　　B. 帮好朋友打同学　　C. 与我无关，不管不问

9. 在课堂上你有积极主动参加讨论，回答老师问题吗？（　　）
A. 经常会　　　　　B. 有时会　　　　　　C. 从来没有

10. 升国旗的时候，你听到国歌响起，可你还没有进入班级队伍，你会怎么做？（　　）
A. 站在原地行队礼　　B. 急忙跑进队伍里去　　C. 回教室，不参加了

11. 上学时，你会主动和父母告别吗？（　　）
A. 经常会　　　　　B. 有时会　　　　　　C. 从来没有

12. 过马路时，你会怎么做？（　　）
A. 前后左右看清楚才走　　B. 乱窜马路　　　C. 没有车就快速地冲过去

13. 与朋友、同学、家长等在一起时，你突然要打喷嚏，会怎么做？（　　）
A. 用手捂住鼻子　　B. 想朝哪儿就朝哪儿　　C. 有意地朝人打喷嚏

14. 学习任务完成后，你是否主动帮助父母做一点家务？（　　）
A. 经常会　　　　　B. 有时会　　　　　　C. 从来没有

15. 捡到东西，你会怎么做？（　　）
A. 主动交给老师　　B. 交给父母　　　　　C. 自己留着

16. 做错事后，你会是什么表现？（　　）
A. 主动承认
B. 经老师、父母教育才肯承认
C. 不承认

17. 遇到他人有困难，你会怎么做？（　　）
A. 主动帮助　　　　B. 有时帮助　　　　　C. 从来不帮助

18. 关于刷牙，你是怎么做的？（　　）

A. 每天都自觉地刷　　　B. 要父母提醒才刷　　　C. 经常没有刷

19. 吃饭前,你会洗手吗?(　　)

A. 一定洗手才吃饭　　　B. 经常忘记洗手　　　C. 从来不洗

20. 尊敬长辈、听从教育,你的表现怎样?(　　)

A. 从来不顶嘴

B. 有的时候顶嘴

C. 经常顶嘴,觉得他们很啰嗦

再次感谢同学们的配合,祝同学们身体健康,学习进步!

▶ 第十三章

科创课程育美

——容桂西部教育联盟容桂外国语学校"博雅课程"案例

如何在科学创新课程实践中达于育美的功能是开设科学课程的一个课题。科学与人文有机融合,需要美为中介,美为目的。容桂外国语学校以"全面发展、国际视野、追求卓越"为办学理念,创建了博雅课程,彰显了具有国际视野的课程特色。而在博雅课程中所践行的育美功能,是育美课题给我们提出的挑战。

一、博雅课程基础

Liberal 意指"生来自由的,适合于自由人的,慷慨的,适合于绅士的,有教养的,绅士般的",①博雅与教育连起来使用,称为"博雅教育"(Liberal Education),也称自由教育,可追溯到古希腊,说是源自西欧中世纪以来的以博雅七艺(liberal seven arts)(指文法、修辞学、辩证法、音乐、算术、几何学、科技创新学为主要课程内容)的一种教育。纽曼指出:"脱离了每一种外部的和将来的目的的知识……他就尤其具有博雅的性质……"②博雅教育关注个人的发展而不是为一个具体的职业做准备,主张对学习的爱好、批判式思维的能力和有效交际的能力在学生的一生中要比某一学科的知

---

① Maurizio Viroli. The Revolution in the Concept of Politics. [J] Political Theory,1992,20(3):473-495.
② (英)约翰·亨利·纽曼.大学的理念[M].高师宁,译.北京:北京大学出版社,2016:99.

识深度更有价值。[①] 虽然博雅教育理念源自西方的大学教育,但对于基础教育仍然具有借鉴作用。其实,就博雅教育本身所追求的一个有教养的人,一个完整的全人的教育目的来说,美是其应有之内涵,是博雅教育人文性的一种重要体现,也是博雅课程本身所需要的基本内容。如何将博雅教育所内涵的美的功能进行有效释放,在博雅课程的设计和实施过程中实现美的价值的开发,挖掘博雅课程的育美功能,是本章节的主题。

办学理念:全面发展,国际视野,追求卓越。

"全面发展,国际视野,追求卓越"的办学理念,体现了学校继往开来,立足民族根基,面向世界,争创一流的开放办学思想。"全面发展"一是指学生要发展,学生德智体美劳等各方面均要发展,全面提升学生的核心素养;二是指教师要发展,教师在工作中不断成长,成就自己,成为具有全面素养的教育者。"国际视野"是指要瞄准国际先进教育理念,培养具有民族根基,具备国际素养,适应国际竞争的复合型人才。"追求卓越"是指学校要强化质量意识,不断改革创新,践行工匠精神,崇尚一流,努力把师生培养成一流人才,把学校办成一流学校。

课程理念:博智雅情,博意雅行。

"博"主要在修业方面:文理融合,学科交叉,在广博的基础上求深度。

博智(知)与博意(艺):

博智——以国家基础性课程为主拓展学习领域,强调课程挖掘的深度和特点,旨在开拓学生视野。

博意——主要以社团形式实施,以科技、艺术、人文等校本课程为依托,关注学生发展的差异性、个性,引导学生兴趣与潜能的匹配,旨在培养和发展学生的个性特长,提升学生的品位和人生修养。

"雅"侧重在做人方面:指向内在,修养身心,身心和谐,儒雅自尊。

雅情雅行:由情到行。情:正确的价值观、审美观。行:学会生活,学会学习,学会做事,学会发展。

(一) 博雅课程的文化基础

1. 学校理念文化为引领,彰显"人本"之美

学校理念是学校最高层次的思想,是学校形象定位的原点,是由学校师生的思想、

[①] Jonathan Becker,岳玉庆,嬴莉华.博雅教育的内容[J].开放时代,2005(03):23-34.

观念等因素长期影响、积淀而形成的,一种内含于师生学习、教育中的主导意识和深层心理定势,它包括办学宗旨、办学精神、办学目标、发展战略、治学方针等。① 容桂外国语学校本着多元化、个性化的原则,科学定位学校的发展方向和办学宗旨,彰显学生与教师的主体性,尽显"人本"之美。

校风:仁、义、礼、智、信。孔子曰:"仁者,爱人",仁以爱人为基础,义以尊贤为关键,礼就是对仁和义的具体规定。孟子在仁义礼之外加入"智",曰:"仁之实,事亲(亲亲)是也;义之实,从兄(尊长)是也;礼之实,节文斯二者是也;智之实,知斯二者弗去(背离)是也。"②董仲舒又加入"信"。这些宏观地勾勒出学校的精神风貌和气质风度。

教风:爱、博、雅、睿。"爱生"是关心学生,爱护学生,以热心、诚心、爱心促进学生的茁壮成长,关注学生的发展需求。"博""雅"谓学识渊博,品行端正。"睿"是要求教师要懂得教育成功的因素、明白教育失败的原因,正如《礼记·学记》所说:"君子既知教之所由兴,又知教之所由废,然后可以为人师也。"③

2. 学校办学特色为关键,彰显"科创"之美

科技与人文如同飞机的两翼。然而,长期以来科技被认为是科学家们的事,在中小学阶段强调理论与基础的学习,忽视了动手操作与创新精神的培养。容桂外国语学校适应信息时代的要求,大力推进素质教育,培养学生的科技创新精神和实践操作能力,增强学生对科学探索的兴趣。让科技与人文共生,以人文促科技,以科技显人文,在科技中融入理想,用创新点缀人生。

3. 学校课程文化为基础,彰显"个性"之美

随着学校校本课程改革实践的推进,容桂外国语学校把国家、地方、学校三级课程有机结合在一起,本着"全面发展,国际视野,追求卓越"的办学理念,加强了课程文化建设,打破了校内与校外、课内与课外、课堂与社团、课本与生活的壁垒,促进了学生的多方面发展,为学校教育教学注入了活力。在学校课程文化建设中,学校组织编写了《科技创新思维训练》《书法》《成长心历程——八年级心理健康教育》《丹青妙手——绘画》《小小摄影家》等系列校本教材。学校针对学生实际,充分挖掘教师、社区、企业、家长的资源,大力开发校本教材,校本教研呈百花齐放的局面。

---

① 邓战军.高职院校品牌文化建设研究[D].江西师范大学,2006.
② 高晓成.孟子"仁义礼智"伦理观之再考查[J].中国文化研究,2013(02):73-79.
③ 高时良.学记研究[M].北京:人民教育出版社,2006:148.

4. 学校活动文化为动力，彰显"多元"之美

活动是载体，是动力。为让不同潜能的学生都能找到起始点，真正实现"因人施教"的目标，学校在学校文化建设中坚持"以人为本，活动培养"的原则，通过开展丰富多彩的活动，促进学生多元发展、特色发展。在活动开展过程中，我们有规划、有主题、有设计、有标准、有档案、有总结。比如，近年来我们连续举办了"容桂外国语学校科技节""容桂外国语学校文化节""容桂外国语学校体艺节"等形式多样、内容丰富的活动，不仅丰富了学生的课余生活，而且促进了学生的全面发展，为学生展示才艺、彰显个性提供了广阔的舞台。

5. 学校管理文化为保障，彰显"和谐"之美

学校管理过程中坚持完善管理机制、优化教育环境，在管理过程中坚持有的放矢，以现代教育技术为依托，实现管理的科学化、规范化。在强调管理的规范化、制度化的同时，也重视管理过程中要体现"人文"的特质，塑造协调的人际关系，把调度人的积极性、主动性放在重要的位置上，从而创造出极大的群体合力。这种对人文与制度的协调均衡的"和谐"之美，实现管理的刚柔兼济，有利于将办学理念逐步转化为教职工自觉的教育行为，从而提升全校上下的凝聚力和向心力。

[视频] 博雅科创特色课程

（二）博雅课程目标

课程以"全面发展的人"为中心，把育人放在一切的首位，强调人的内心动力，尊重人与生俱来的求知本能，关注"人"的发展，重视创新能力、实践能力等综合素养的提高。以期通过"博雅课程"育人达成以下素养养成目标：

(1) 能关切人的生存、发展和幸福；

(2) 能理解和尊重文化艺术的多样性；

(3) 能尊重世界多元文化的多样性和差异性；

(4) 具有发现、感知、欣赏、评价美的意识和基本能力；

(5) 能运用科学的思维方式认识事物、解决问题、指导行为；

(6) 具有问题意识，能独立思考、独立判断；

(7) 能多角度、辩证地分析问题，作出选择和决定；

(8) 具有好奇心和想象力，积极参与跨文化交流；

(9) 能大胆尝试，积极寻求有效的问题解决方法；

(10) 能不畏困难，有坚持不懈的探索精神；

(11) 能关注人类面临的全球性挑战；

(12) 能理解人类命运共同体的内涵与价值。

为达到以上目标，课程体系在顶层设计时，注重构建完整的知识体系课程。一方面注重中华传统文化的传承、体现科学与人文交融的思想，涉及人文、科学、艺术、美学、历史等方向。特别注重中华优秀传统文化的弘扬，注重中西合并。另一方面考虑科学与艺术的结合、注重实践体验环节。通过学习音乐、美术等艺术实践类课程，在让学生普及艺术常识、提升学生艺术修养、丰富学生见识的同时，注重学生的艺术创造能力，让学生尝试去创作设计作品，培养发散思维能力，创新思维。在课程内容上，要从学生实际需求出发，避免急功近利、轻成人重成才的功利性内容，注重民族文化教育。

(三) 博雅课程体系

博雅课程围绕核心素养"文化基础、自主发展、社会参与"三方面的要求，以培养"创新、活力、博学、优雅"的具有民族情怀的世界公民为目标，有效地执行国家课程，整合地方课程，开发校本特色课程，融合了学校的学科教学、社团活动、文化熏陶、环境影响等多种元素，形成了面向全体学生的全面发展、面向个体学生的个性发展的全方位立体课程体系。

横向整合为六大素养：语言素养、外语素养、科学素养、艺术素养、运动与健康素养、实践与创新素养。

纵向延伸为三大模块：博雅基础课程（必修）、博雅拓展课程（选修）、博雅精品课程（精修），三大模块的课程由浅入深。

表 13-1　六大素养/三个模块体系

三个模块 \ 六大素养	语言素养	外语素养	科学素养	艺术素养	运动与健康素养	实践与创新素养
国家课程（必修）	语文 历史 道德法治	英语	数学 物理 化学 生物 地理 信息技术	音乐 美术 书法	体育 心理健康	综合实践
拓展课程（选修）	写作 阅读 诗歌 人文	法语 日语 韩语 俄语	软件编程 天文科普 生物	器乐 书法 摄影 版画	田径 游泳 武术 羽毛球	STEAM 课程
精品课程（精修）	传统文化	外教口语 话剧表演	科技创新	合唱 舞蹈	足球 篮球	无人机 航模

"博雅"课程体系从功能上由基础课程、拓展课程、精品课程组成,在满足国家强制要求即合格要求的基础上,落实全面而个性发展的要求,有效地实现学生核心素养的培养。课程评价以"三修"(必修、选修、精修)为标准,以育人目标在不同类型课程中予以具体化,兼顾国家学科课程标准、素养标准以及校本育人目标和模式特点制定适合本校实际的课程评价标准。

基础课程(必修)价值追求—满足合格要求。

拓展课程(选修)价值追求—提升核心素养。

精品课程(精修)价值追求—满足个性化的发展要求。

模块一:博雅基础课程(必修)——国家课程校本化。

博雅基础课程以国家课程语文、数学、英语、物理、化学、道德与法治、历史、生物、地理、音乐、体育、美术、电脑、书法、心理健康等科目,培养全面发展、具有国际视野、追求卓越的学生。

模块二:博雅拓展课程(选修)——地方课程校本化、校本课程系统化。

在学科基础课程的基础上,通过优化、整合、拓展学科课程,着力提升学生学科的专业素养。学生自主选择的选修课程,是对国家课程的有利补充,重在培养学生的实践能力、创造能力,为学生的核心素养提升创造平台。

模块三:博雅精品课程(精修)——地方课程校本化、校本课程系统化。

在丰富的拓展课程中选取重点项目课程重点打造成为精品,如科技创新课程、合唱课程、足球课程,最大限度满足学生个性发展需求,为培育学科优秀人才,树立学校的教育教学品牌服务。

二、博雅课程的育美实践:以科创课程为例

学校开设的校本选修课程百花齐放,各具特色,不但组织本校教师开设选修课程,而且积极挖掘企业、社区、家长资源,引进社会力量,在校开设内容丰富、形式多样、符合学生需求的特色课程,为学生提供个性化、"菜单式"选课服务,满足不同学生的需求。在众多课程中,科技创新课程独具特色,发展最为迅速和成熟,学生参与面广,影响力大,短短几年时间,不仅竞赛成绩优秀,在全国各级各类科技创新大赛中多次荣获大奖,而且校园科技活动开展得有声有色,逐渐发展成为学校精品课程。

容桂外国语学校的科技创新课程经历了从无到有,从弱到强的发展历程。最开始

是由几名喜欢捣鼓实验,对小发明、小制作有兴趣的物理教师发起。一次偶然的机会,教师们了解到顺德区青少年科技创新大赛,抱着尝试的心态,组织学生报名参加比赛。初生牛犊不怕虎,参赛师生在比赛过程中过关斩将,不断晋级,最终荣获广东省青少年科技创新大赛一等奖,得到顺德区教育局、顺德区经济和科技促进局的大力表彰。意外的收获极大地激发了参赛师生的比赛热情,在学校的大力支持下,正式组建容桂外国语学校科技创新队,积极挖掘参赛苗子,报名参加各级各类科技发明比赛。短短的几年时间就有多位师生荣获了国际级、国家级、省级一等奖,学校荣获澳门纸飞机大赛优秀组织奖、广东省少年儿童发明比赛优秀组织奖、顺德区青少年科技创新大赛优秀组织奖,顺德区首批义务教育阶段素质教育科技特色学校,得到广东省教育厅、广东省发明协会、佛山市教育局、顺德区教育局、顺德区经济和科技促进局的高度认可。学校涌现出一批科技小少年、小小发明家,成就了一批广东省、佛山市、顺德区优秀科技辅导员。学生发明创造的信心大增,教师的指导热情高涨,创意的点子、奇特的构想、大胆的尝试不断涌现,整个校园充满了科技创新的气息。

在收获荣誉的同时,我们开始思考,我们成功的经验在哪里?不足之处是什么?如何进一步扩大优势,形成特色品牌?目前的发展方向是否顺应发展潮流,符合学生的发展需求?这些问题一直挥之不去,萦绕在我们心中。可喜的是,2016年,容桂街道办事处与华东师范大学教育学系开展教育合作,容桂外国语学校成为华东师范大学教育学系课程实验学校。在专家团队的顶层设计引领下,将科技创新课程确定为学校的精品课程,朝着建设课程体系的方向努力,开发校本课程,逐渐形成了完善的课程目标和内容。

(一)科创课程目标

以特色项目为龙头,点面结合带动学校的科技创新教育发展,把科技创新教育融入到学校教育教学中,全面提升学生的科学素养,彰显品牌特色。

1. 学生科学素养全面发展

(1)增强创新意识,提升创新能力。让学生在参与创造发明的过程中,激发好奇心、科学兴趣和想象力,增强其科学思维、创新精神和实践能力。

(2)发展学生个性,培养创新能力。发现和培养一批具有科研潜质和创新精神的青少年科技创新后备人才。培养学生观察能力和发现问题的能力,掌握一定的科学方法,形成良好的科学素养。

(3) 培养良好的意志品质。科技创新,不是一蹴而就的,所有的发明创造都是经过了多次失败后才获得最终的成功。让学生在研究过程中,经历了尝试、失败、再尝试的过程,磨练学生的意志。中学阶段经历这些挫折和失败,为今后的工作、学习克服困难带来了强大的内驱力。

2. 科技创新辅导教师科学素养全面提高

(1) 加强理论学习,掌握扎实的科学知识,学会科学探究的过程与方法,提高专业素养。

(2) 提高科技创新辅导教师的创新能力和指导能力,通过专题学习、实践研究、比赛观摩、交流评估,增长见识,开阔视野。

(3) 提升科研水平和能力,具有进行科技创新课题研究的能力。

3. 学校科技创新教育特色鲜明

(1) 促进学校科技创新活动的广泛开展和科技创新教育水平的不断提升。

(2) 进一步完善校园科技创新文化环境布置,营造良好的科技创新教育氛围。

(3) 彰显品牌特色,形成一定的区域影响力和辐射作用。

(二) 科创课程内容

容桂外国语学校的科技创新课程,重在原创,学生在教师的指导下,查找、分析现实生活中存在的不便、不足之处,根据已有的知识或带着问题学习相关知识后,思考改进方法、提出改进意见、进行可行性分析、找到解决方案。重在引导学生主动思考、自主学习、合作探究。课程针对不同年级学生提出不同的要求,根据学生的年龄特点和知识储备情况,制定详细的课程计划和实施方案。教学的内容主要分为理论与实践、科技创新、竞技比赛三个部分。

1. 理论与实践

(1) 理论学习。以课堂授课的形式向学生介绍相关的数学、物理、化学、生物、编程、单片机等方面的知识。为了使理论内容体系化,符合学生现有的知识水平和能力要求,学校专门编写了校本教材《科技创新》,聘请澳门创新发明协会、佛山科学技术学院、顺德区科协等专家担任校外科技辅导教师。同时,学校借助容桂家电行业发达,龙头企业众多的天然优势,积极挖掘企业、社区、家长资源,邀请行业的精英进课堂,讲解与生产、生活密切相关的一些知识。这些知识内容与具体的学科要求不同,是为了解决实际问题而学习,重在指导实践,没有书面考试,不以考试成绩为评价标准,学生学习起来比较轻松,课堂气氛很活跃。

(2) 实践操作。学习了一定的理论知识后,要进行实践操作,亲身体验,真正做到理论与实践相结合。为了降低初学者的难度,实践操作一般从最简单、最基础的开始,属于入门课程。学生在教师的引导下,尝试用已有的知识解决问题,在操作过程中不断调整方案,反复调试,最终达到最佳效果。(具体案例可以参见附录 13-1)

2. 科技创新

创新,是学习的最高形式。创新:指以现有的思维模式提出的有别于常规或常人思路的见解为导向,利用现有的知识和物质,在特定的环境中,本着理想化需要或为满足社会需求,来改进或创造新的事物、方法、元素、路径、环境,并能获得一定有益效果的行为。科技创新,是原创性科学研究和技术创新的总称,一般分为三种类型:知识创新、技术创新和现代科技引领的管理创新。[1]

容桂外国语学校的科技创新,以技术创新为主,关注社会热点问题,从与学生生活、学习息息相关的问题出发,引导学生主动思考,积极寻求解决问题的方法,在探索研究的过程中,寻找一些具有研究意义和价值的问题作为研究课题。(详细内容可参见附录 13-2)

3. 竞技比赛

以赛促教,以赛会友。搞创造发明不能闭门造车,固化思维,一定要相互交流学习,在分享中激发灵感。很多发明创造都是在交流沟通中,灵光一现,萌发创意的点子,创造出令人耳目一新的发明。一些科技创新发明比赛为我们提供了很好的交流平台,例如顺德区、佛山市、广东省青少年科技创新大赛、创客大赛、航天航空竞赛、少年儿童发明大赛、澳门纸飞机大赛等含金量高的科技竞赛,并争取取得好成绩。(详细内容可参见附录 13-3)

通过参加科技创新发明比赛,师生既能将自己的创新成果以竞赛的形式进行宣传展示,得到肯定与表扬,是极大的鼓舞。同时与专家评委进行面对面地交流,发现作品存在的不足,提出改进意见,师生的创新能力得到进一步的提升。在参赛过程中,观摩其他参赛选手的科技创新作品,分享创造发明心得体会,更是一种享受和启发。

---

[1] 王锐.科技创新实现可持续发展[J].现代工业经济和信息化,2011(04):50-51.

(三) 科创课程实施

科技创新课程属于校本选修课程,既有为了满足学生科技特长发展需要而开设的精品课程,也有面向其他学生的科技普及课程。为保障课程的顺利实施,学校制定了完整的课程实施方案。

1. 加强科技创新辅导员队伍建设

(1) 建立一支热心科技创新教育、高素质的科技创新辅导员队伍,加强校本培训,提升专业素养。每年选送一批科技创新辅导教师参加进修培训,例如参加 STEAM 教育培训班、佛山市创客导师培训班、顺德区青少年科技创新大赛导师培训班,在培训中学习新理念、新知识、新技能,不断提升科技创新辅导能力。

(2) 聘请校外科技创新辅导教师。学校与澳门创新发明协会、广东航模协会、广东省名师工作室、佛山科学技术学院、顺德区科协、广州滨利电子科技有限公司等单位建立了良好的合作关系,聘请一些知名专家教授、工程师担任校外科技辅导导师,指导学校科技创新作品的创作和校本课程的开发。学校与澳门创新发明协会建立合作关系,定期开展交流研讨活动,学校每年组队参加由澳门创新发明协会主办的"庆回归·冲上云霄全澳学生纸飞机大赛暨两岸四地学生纸飞机大赛"和澳门创新发明大赛;澳门创新发明协会和澳门兄弟学校每年参加学校的科技节活动。

(3) 定期邀请专家学者到校开展培训交流活动。学校积极挖掘社会资源,邀请一批专家学者到校开展讲座培训,中国科学院、澳门创新发明协会、佛山科学技术学院、知名企业的专家教授、工程师已多次到学校,开展形式多样的科普交流活动,开阔了师生视野。

2. 强化科技创新教育阵地和基础设施建设

(1) 营造浓厚的科技创新教育氛围。在校园设立科技长廊、科普宣传橱窗、科技创新教育成果展示等宣传阵地,校园文化环境布置凸显科技创新元素,体现科技创新教育特色。

(2) 加强学校科技创新基地建设。目前已创建了科技创新活动室、创客工作室、科技展览室等学生活动基地,同时定期添置科技创新活动器材、订购科普读物,为师生进行科技创新活动提供物质保障。

(3) 创建校外科普基地。学校与青少年科技活动中心、青少年宫、科技特色学校等多家单位合作,建立校外科普基地,实现资源共享。

3. 积极开展系列科技创新教育活动

每年举办一次科技节,历时一个月,开展丰富多彩的科技活动,做到全校师生全员

[视频案例]科技节展演

参与。科技节分为科技创新教育、科技实践、科技竞技三个大项,科普讲座、科普知识展览、航模表演、机器人表演、无人机比赛、水火箭比赛、叶脉书签制作、科技幻想画、科普小论文、科技创新作品展示、纸飞机大赛、"鸡蛋撞地球"比赛、软件编程等十余个小项。科技节期间,整个校园装扮成科技的海洋,充满创新元素,同学们根据自己的特长、爱好至少参与一项活动,体验科技的魅力。

(四)科创课程评价

课程评价是改进课程和教学的依据,课程评价对课程实施起着导向和质量监控的作用。校本课程,作为基于学校教育理念、旨在满足学生多样化的兴趣和发展需求、由学校自行组织开发的课程,决定了校本课程的评价应当更强调对学生的个性发展和综合素养的考察,更强调教师对教学成效的反思,更强调课程开发小组对课程实施的总结。学校在基于核心素养的校本课程建设过程中,着力开发"三修"课程的评价体系,变"单一评价"为"整体评价";变"只评价结果"为"关注过程";变"只有教师评价"为"教师学生家长共同评价"。系统化地开发评价工具,落实"三修"标准,引导全人发展。

第一,评价主体多元化。教师评价、学生自评互评、家长评价相结合,共同关注学生的成长。学校每学期都会举办科技创新成果展示活动,展示师生开发、设计、制作的创新创意作品,并邀请教师、学生、家长、专家评委从不同的角度对作品进行评价。对一些实用性强、富有创意的作品进行加工完善,推荐参加各级科技创新发明大赛。

第二,评价手段信息化。学校充分利用信息技术手段,借助校园网互动交流平台、手机微信、QQ、微博等平台,将师生发明创造的科技作品放到网上,在网络上开展交流、研讨、评价,既拓展了空间,提高了效率,又增强了学生参与的积极性,取得了良好的效果。

第三,评价突出过程性。根据学生在学习过程中的学习态度、参与程度、合作能力、质疑创新等方面制定量化评分表。过程性评价属于个体内差异评价,评价的目的并不是对学生下一个终结性的结论,而是促进学生的学习与发展;评价的内容主要不是学生最后达到的水平,而是学生的进步情况。对进步大的学生要及时给予奖励,强化学生的学习动机,提高他们的学习积极性。

第四,评价尊重学生个性。每个学生都是具有鲜明个性特色的个体,在评价过程中要遵循学生身心发展规律,培养学习、探究的兴趣,使学生的个性得到和谐、健康、全面发展。

第五,评价注重激励性。学生有创新意识和思维,是非常难能可贵的,哪怕再稀奇古怪的想法,我们都要尊重和鼓励。因此,在课程实施过程中,要积极挖掘学生的闪光点,以宽容和赏识的心态激励学生,唤起学生积极、主动的探究精神,引导学生依靠自己的力量分析问题、解决问题,养成独立的、锲而不舍的顽强意志与品格。

(五) 科创课程反思

学校科技创新教育取得丰硕的成果(图 13-1),得到社会各界的高度认可。2016年 10 月澳门创新发明协会一行到学校交流,达成合作协议,定期开展两地互访活动;2018 年 12 月,学校被评为顺德区义务教育阶段第一批素质教育科技特色学校。学校的科技创新的名气不胫而走,南方都市报、广东省电视台、佛山市电视台、珠江商报、顺德城市网等多家主流媒体多次来到学校,专题报道学校的科技创新教育成果。

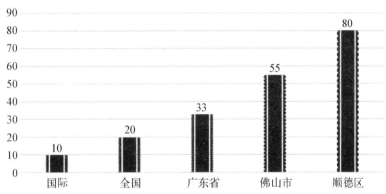

图 13-1　容桂外国语学校科技创新获奖统计(2016—2019 年)

在中学阶段开展科技创新活动,对提升学生创新思维、提高动手能力,培养创新性人才,无疑是非常有效的。结合学校近年来的做法,对开展活动过程中存在的不足之处进行反思。

(1) 要鼓励学生回归现实去发现和思考问题。创新发明不是凭空想象的,要走进生活,走进大自然,参与各种活动,才能发现身边有趣的事情和研究的课题。要引导学生关注科技发展前沿,观察生活中的细节问题,善于思考,勤于动手,寻找身边的创新发明点。

(2) 要着重提升学生"跨学科"的综合能力。软化学科边界、发展"跨学科素养"是培养学生创新能力的有效途径。在开展科技创新教育教学活动中,积极探寻学科间的融合点,特别是相互联系较为密切的学科。例如:STEAM 教育是集科学、技术、工程、艺术、数学多学科融合的综合教育,STS(科学、技术、社会)议题连接了科技与人文,都是很好的"跨学科"融合案例,值得借鉴学习。在跨学科的综合能力培养中,直觉、创造、关联以及美学经验和载体的引入都表明科学本身需要美学元素和美在创造性的直觉性判断中得以体现。

(3) 要给学生提供更加多元的展示交流的平台。丰富展示交流的形式,让更多的学生认识科技创新,参与到科技创新活动中来。以科技创新发明为纽带,积极融入粤港澳大湾区教育体系的构建,加强与香港、澳门、台湾地区的合作交流,优势互补,激发学生参与科技创新的热情,营造良好的科技创新氛围。搭建交流平台的美育功能在于给更多的孩子有表现的机会,表现的勇气以及表现能力的挑战。

(4) 要授人以鱼,更要授人以渔。学生在创作过程中遇到问题、困难是很正常的,教师不能进行包办,帮学生完成任务。要把主动权交给学生,指导教师仅需提供解决问题的方向和建议,让学生在解决问题的过程中真正有所思、有所悟、有所收获。科学本身的简洁、形式、自然有机等给我们的体会则是方法之美、形式之美和创造之美。

三、博雅课程建设的总结与反思

(一) 成效与经验

1. 高起点建构——重顶层设计

教育理念的核心是教育哲学,教育哲学的核心又是学生的培养目标,即培养什么样的人。所以说学校的教育哲学中所涵盖的学生培养目标是课程的灵魂,课程实施中的目标必须与此相统一。

孔子教育学生树立目标时说:"取乎其上,得乎其中;取乎其中,得乎其下;取乎其下,则无所得矣。"学校的发展也是如此,校长的格局影响学校的格局,学校的格局影响教师的格局,而教师有意识教给孩子的格局尤其影响学生的格局。

"全面发展、国际视野、追求卓越"是学校的办学理念。"国际视野"是指要瞄准国际先进教育理念,培养具有民族根基,具备国际素养,适应国际竞争的复合型人才。"卓越品质"是指学校要强化质量意识,不断改革创新,践行工匠精神,崇尚一流,努力把师生培养成一流人才,把学校办成一流学校。"全人发展"一是指学生要发展,学生德智体美等各方面均要发展,全面提升学生的核心素养;二是指教师要发展,教师在工作中不断成长,成就自己,成为具有全面素养的教育者。以"博智雅情,博意雅行"为理念的博雅课程体系建设过程中,始终围绕办学思想高起点建构。

2. 低重心运行——深化常规管理

在"高起点建构"顶层设计的引导下,学校加大常规管理的深化,低重心运行,向不断深化的常规管理要教育质量。尤其是在课程和课堂改革上加大力度。

《淮南子》:"矩不正,不可以为方;规不正,不可为圆。"孟子也说:"不以规矩,不能成方圆。"在课程体系建设过程中,学校重视常规教育教学管理,建立教育质量的专业化管理体系。建立"教学质量提升系统"和"学生综合素质评价体系",前者保证学校前行中不偏离航道的同时知道阶段的重点而有的放矢去做;后者不仅考虑学生教育教学预期结果进行程度,还衡量学习活动是否恰当、合理,是否考虑了学生的现状、学业基础情况等。①

总之,用专业化的品质规范教学、德育、课程等运行,这是突破制约教育质量提升瓶颈的一种有效办法,质量应该是规范和规划化来的个性的张扬。

3. 开发主体多样化——家长与学生成为新势力

课程开发不只是校长、教师的专利,学生和家长也是课程开发的新势力。

校长——课程开发的"引领者"。学校"博雅课程"体系,源于校长对学校课程发展"顶层设计"的反思,也源于对"培养什么样的人"的长期思考。

教师——课程开发的"主力军"。课程内容设计都能关照"核心素养"的培养,联系生活实际,使学生产生学习兴趣。

家长——课程开发的"新生命"。家长本身就是丰富的课程资源,比较了解现代社会所要求的各项品质和素养,家长和学校站在同一立场,共同推进学校的课程改革,支持校本课程建设。

家长参与围绕核心素养的课程建设有其自身条件和优势。随着知识经济社会的深入发展,每一个独立发展的个体都有值得分享和交流的适应社会发展的经验。这其中,关键的环节在于既要让家长的教育理念与学校制定的核心素养框架紧密相连、在校本课程开发中呼应培养目标,又要使核心素养的培养满足家长对孩子的期待。

---

① 荣华伟,钱静珠.对提高高校本科教学质量的思考[J].教育探索,2014(09):45-46.

学生——课程开发的"新势力"。学生具有无限潜能,他们有参与开发的需求,也有参与开发的能力。课程的开发要尊重学生的需求,肯定学生的能力。在课程开发中为学生的主动发展提供机会,要将课程作为学生发挥创造力的平台。同时,学生开发校本课程本身就可以作为一种实践课程,在这一过程中,不仅培育了学生的思维力、创造力等素养,同时也丰富了校本课程的呈现形态。

4. 系统性思考——课程体系立体化

学校课程体系在系统建构的过程中是有一套逻辑体系的。在顶层设计中,课程教学系统提供实施理念的核心载体,形成了以教务处为主导、其他各处为辅助、各级部为主体、教师学生共同参与的管理与服务体系。[①] 在课程体系实际运行过程中,除了学生的主体作用外,还需要教师的主导作用,同伴的支持作用和家长的陪伴作用,实践还需要学校管理系统提供服务,构成完整的实施体系。这种系统思考保证了课程实施的运行。

(二) 展望

1. 扩大资源融入渠道,学校课程开发与社会资源的结合

在选择课程资源上除了考虑教科书上的资料,还可以深挖本土资源,将课程资源从学校内拓宽到学校外,彰显学校或地域特色。为保证学校课程实施的有效性与可持续性,在未来的课程体系建设中,学校将在现有教育资源的基础上进一步扩大资源融入渠道,整合校内、校外资源,拓展学校的办学空间,使社会教育资源成为学校课程资源的重要补充。比如,拓展课程科学实验和发明创造版块不再局限于校园,而是利用科技馆来教学,一是充分挖掘科技馆的有效而丰富的教学资源,二是与科技馆的专业人员合作,创设多种教学形式。可以有效利用场馆里完善的实验设备,增强学生的可动手性,这有助于增长科学探究能力,同时形成尊重科学知识、善于质疑的科学态度。而历史与语文拓展课程结合学校资源、探索博物馆资源进行课程开发。通过场馆学习活动,学生体验到学习科学知识的乐趣,很多抽象的东西变得可视化。

学校课程开发与社会资源的结合,这不仅有利于学校课程体系的进一步丰富与完善,也有利于拓宽学生的教育视野,提高学生的社会融入性,使学生对社会形成全面而深入的认识。

---

① 陈颖.构建全方位的本科教学质量管理体系[J].北京教育(高教),2015(04):67-69.

2. 课程体系建设从重视单一学科素养走向跨学科素养

在未来课程建设中,博雅课程内容选取和设计,不仅要基于某一学科的视角,而且更加要重视跨学科的经验。除了加强学科核心素养的建设之外,还需要开展有效的跨学科内容主题的学习,突出实践探索、问题解决等能力的培养。然而在初期的具体课程落实当中,并没有有效地将这些内容体现出来。在未来的课程体系建设中,学校课程建设必须要在实现核心素养的具体内容设定上体现出一定的核心学科素养来,将学科素养与跨学科素养结合起来实现学生整体的核心素养发展。

跨学科素养的培养,是通过合理的结构搭配,形成学校多方面育人的合力,要求学科的深度整合,走向融合的课程整合,这种将办学理念、培养目标与学校课程体系有机统一,突出的校本化特色,从而能够支撑起学校的办学使命和培养目标。[1]

3. 完善现有精品课程,以精品课程建设带动其他课程建设

根据学校定位和课程理念,一方面进一步规划完善精品课程建设工作,实现优质教学资源共享;另一方面对于已经相对成熟的精品课程,以学校精品课程网站为依托,发挥其示范作用,以精品课程建设带动其他课程建设,最终通过精品课程建设提高学校整体教学水平。

在这个过程中,同步形成一个结构合理,人员稳定,教学水平高,建立资源利用的互动支持系统,保证课程资源建设的持续发展。

4. 借助课程专家,进行校际联合开发课程

学校从来不缺少课程实践,但在课程理论,尤其是课程开发方面的专业视野和专业能力,则需要专家的指导与提升。随着改革进程的不断推进,学校课程体系建设的深入,组织课程专家的力量把脉课程体系结构,一方面加强教师专业发展的深刻性,让教师们进一步提升和内化课程理念;另一方面就课程体系在实施过程中的具体问题与细节问题进行优化;同时,加强与其他学校的交流与合作,在借鉴中完善和发展,加强校际之间的联合开发实验,使课程体系更具生命力。

5. 创建与课程方案配套的评价制度,逐步完善评价体系

完善校本课程开发的一系列评价制度。对学生修习效果进行综合评价,是校本课程开发走向规范化、科学化、制度化的必然要求。在课程体系的深化过程中,本着目标多元、方式多样、注重过程的评价原则,综合运用多种方式,全面反映学生的成长历程,

---

[1] 崔秀梅.课程整合:永远在路上[J].中国民族教育,2016(Z1):30-33.

考察学生核心素养的整体表现。[1] 对教师和课程的评价重点在于评价课程是否符合"博智雅情、博意雅行"的理念指向，是否符合学校办学理念，是否能够培养学生的兴趣爱好，是否能培养全面发展的综合能力，使他们的未来有更多的可能性。而如何将美学原则和育美维度中的指标和维度开发出来，则可以在接下来的课程深度开发中进一步探索。

附录 13-1 容桂外国语学校科研创新课程案例

以《橡筋动力直升机原理及组装》教学设计为例说明。

橡筋动力直升机原理及组装教学设计

设计者：潘康、周剑山

[视频案例] 科创课程课例(直升机)

一、教学目标

1. 了解直升机发展历史，激发学生的想象力。
2. 学习直升机模型的基本知识及拼装技巧，提升学生的动手实践能力。
3. 试飞并调整飞机模型，培养学生求真务实的科学探究精神。

二、教学重点

1. 直升机的飞行原理。
2. 橡筋动力直升机的拼装技巧。
3. 飞机重心调整技巧。
4. 飞行姿态的调节技巧。

三、教学难点

引导学生发挥想象，设计个性化机翼造型，延长飞机滞空时间。

四、教学过程

1. 引入：放飞"小黄人"小飞机，引起学生的注意力和兴趣。
2. 介绍飞机的发展阶段，引出现代飞机可以分为滑翔机型和直升机型。

图 13-2 风筝模型和滑翔机

---

[1] 陈海利.建立新课改背景下普通高校招生考试多元化评价体系的思考[J].当代教育论坛(综合研究)，2010(12)：87-89.

（1）通过多媒体展示图片，讲解风筝模型和滑翔机的发展历史。

（2）介绍竹蜻蜓发展成为现代直升机的历史。

图 13-3　竹蜻蜓

3. 介绍直升机的基本结构及相关的力学知识。

（1）直升机的基本结构及改进过程。（如图 13-4）

早期的直升机只有旋翼和机身，(简笔画 1)这样的飞机能飞吗？

为了解决机身也会旋转的问题，给飞机加上尾巴(简笔画 2)，这样就能缓解机身旋转的现象，因为尾巴会受到空气的阻力，我们把这个力称为"反扭力"。

为了使得飞机可以灵活自如地控制方向，可以怎么做呢？(简笔画 3)通过改变尾桨的转速可以控制反扭力的大小，从而调整飞机的姿态。

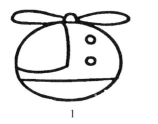  

1　　　　　　　　　　2　　　　　　　　　　3

图 13-4　直升机的改进过程简笔画

（2）直升机受力分析及起降原理。

给出一张直升机的图片，请同学们根据所学的物理知识，对直升机的起降做简单的受力分析。（分析出桨翼是获得升力的，尾桨是获得反扭力的）

4. 橡筋动力直升机的结构及拼装技巧。

（1）橡筋动力直升机结构介绍。请同学们打开橡筋动力直升机包装，并仔细阅读说明书，注意认真核对每个零件是否齐全。（目的是让学生认识每个零件的名称及拼装步骤）

（2）结合数学知识和艺术设计理念制作飞机机翼。机翼的设计是整个飞机拼装的核心，配套材料提供的只是一张方形白纸，要学生发挥想象力设计出各种各样的个性化作品，同时符合轴对称的基本要求，是数学和艺术的融合。

教师只做必要的引导，查看学生设计的作品是否满足轴对称要求。观察学生在设计过程中存在的问题并给予指导，挑选具有代表性的作品进行展示。

（3）确定飞机重心。飞机制作完成后，需要标记飞机的重心，为试飞做好准备。向学生介绍寻找重心的一些方法。例如，可伸出食指与中指成 V 字型，分别支撑机翼的左右两侧，让飞机在水平方向上保持平衡，此时两指间的连线就是飞机重心所在位置，并做好标记。

（4）探究飞机理想飞行姿态。橡筋动力直升机比的是滞空时间的长短，怎样的飞行姿态才能延长滞空时间呢？飞得越高，滞空时间越长，但是橡筋缠绕的圈数就越多。橡筋的缠绕是有限度的，缠绕的圈数太多会造成橡筋断裂，我们需要找到一个最佳的缠绕状态。同学们通过实践体验，不断尝试，寻找最理想的飞行姿态。

飞机落回地面时，以怎样的下落姿态才是最好的呢？通过实践发现，飞机的飞行姿态一般可分为三种：一种是先直线上升，然后机头直接向下坠落，这种情况最为常见，是由于重心靠前导致的，可以把机翼向前移；另一种是飞机下落时出现前后晃动的现象，这种情况也很常见，是由于重心靠后导致的，可以把机翼向后移；最理想的情况是，下落时飞机沿着水平方向盘旋降落，这种降落方式的滞空时间最长。

（5）螺旋桨的旋转方向对飞行的影响。飞机螺旋桨的旋转方向对飞行有没有影响呢？橡筋的缠绕方向不同，飞机螺旋桨的旋转方向就不同，观察飞机在两种不同的方式下的飞行情况，寻找飞机的最佳飞行方式。

5. 放飞梦想。

让同学们把制作好的飞机模型带到室外，自由试飞，并根据飞行情况进行调整。然后进行飞机滞空时间比赛，统一指令放飞，最后着陆的飞机获胜。

6. 小结：本节课把科学、技术、工程、艺术和数学知识融为一体，打破了学科界限，各学科相互融合渗透，开阔了同学们的视野，激发了创造热情，培养了学生的综合素养。

附录 13-2　容桂外国语学校科技创新课程

以《两用简易激光水平仪》发明案例说明。

两用简易激光水平仪

发明者：苏铭泺　　指导教师：张济强、周剑山

（一）提出问题：

[视频案例] 学生讲述作品与演示（水平仪）

人们在墙上挂壁画、十字绣等物品时，仅仅依靠肉眼，很难挂得水平，影响美观。如何解决这个问题呢？通过调查发现，市面上有现成的激光水平仪，但存在制作工艺繁琐、价钱昂贵、操作不便等问题。能不能利用我们已有的知识进行改进呢？

（二）合理猜想

在初二物理课中介绍重力知识的时候,我们知道了重力的方向是竖直向下的,能否利用这一知识解决问题呢?

（三）初步设计

我们认真查阅资料,请教老师,不断尝试改进,制作出了第一代激光水平仪。从物理实验室找来激光笔、分光器、直角三角板、刻度尺、重物、细绳。将它们按照下图所示组合起来,利用重力方向始终竖直向下的原理,通过确定激光方向与重力方向成90度角,通过分光器发出一条水平的激光光线。我们的作品看似比较粗糙,但是材料简单,制作方便,实验效果好。

（四）改进提升

第一代激光水平仪操作不方便,使用时受外界影响较大,稳定性较差。针对以上问题,我们多次进行分析,反复试验,制作出了使用更加方便、功能更加齐全的第二代激光水平仪。通过改进,第二代激光水平仪可以在三角架上固定使用,也可以在手上握住使用,使用广泛度较高。而且光线高度可调:激光发射头可旋转移动,可以调节光线的高度。通过进一步调试,激光水平仪发射出一条高度任意、明亮、清晰且方向为水平的激光光线,达到便于在墙壁上悬挂壁画等物品的效果。

（五）作品使用说明

1. 作品正面图:三角板直角边与直尺重合,另一直角边与悬挂重物的绳子重合,激光笔(配分光器)与直尺平行。如下图 13 - 5 所示。

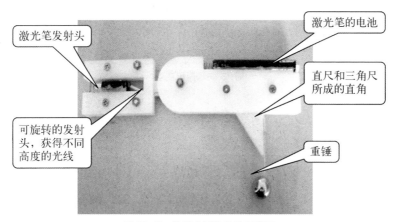

图 13 - 5　激光水平仪结构示意图

2. 作品使用方法:

① 由原理可知,只需使悬挂重物的绳子与长直角边重合即可在墙面上获得一条清晰、明亮的水平光线,可沿着光线悬挂物品。

② 既可以手持发射激光(如图 13 - 6),也可以安装在支架上发射激光(如图 13 - 7)。

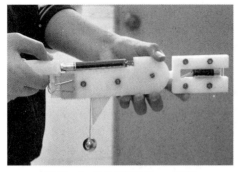 

图 13-6 作品使用方法——手持　　　　图 13-7 作品使用方法——支架

③ 通过选装发射头高度,可发射不同高度的激光。如图 13-8、13-9、13-10。

图 13-8 原始高度

图 13-9 上扬一定角度　　　　图 13-10 上扬较大角度

（六）作品使用范例（如图 13-11 至图 13-13）

图 13-11

图 13-12

图 13-13

附录 13-3　容桂外国语学校科技创新课程案例

以初中物理液体沸点与气压定量关系探究装置案例进行说明。

初中物理液体沸点与气压定量关系探究装置

发明者：罗倩琳、普英源、刘松铭　　指导教师：周剑山、潘康

（一）提出问题

学习了水的沸腾知识后，我们知道，不同气压下，水的沸点不同，气压越小，沸点越低。上课时教师用真空罩通过抽真空的方法降低气压，让停止沸腾的水重新沸腾起

[视频案例] 学生讲述作品与演示（液体沸点与气压装置）

来。可在实验时,我们并不知道此时的气压是多少,温度有多高,有没有方法可以直观地观察到水沸腾时的气压和温度呢?

(二)设计原理

我们在真空罩中加入一个电子温度计和气压计,显示烧杯中水沸腾时的温度和此时的气压,就可以直观地观察到水沸腾时的沸点和气压。测量多组数据,描出沸点与气压的关系图,从而更深入地理解两者的关系。

(三)实验器材

真空罩、真空气压计、电子温度计、抽气机、烧杯、水、胶管、电加热器。(如图13-14)

图13-14　作品器材　　　　　　图13-15　作品组合

(四)实验方法

(1)将实验器材按照图示组装好,启动真空抽气机,使真空罩气压低于一个标准大气压,关闭真空罩阀门,读取气压计读数,启动电加热器加热观察到水重新沸腾,记录此时温度计的读数。(如图13-15)

(2)关闭抽气机,待水停止沸腾后再次启动,记录气压计和温度计读数。重复以上步骤可以多次测量。

(五)实验结果与结论

液体沸点与气压有关,气压越低,沸点越低。

(六)作品创意

作品器材简便,操作简单,便于观察记录数据;作品演示现象直观明显,学生容易理解;操作性强,可在初中物理教学中推广。

获得奖项:顺德区教育创客大赛一等奖、佛山市教育创客大赛一等奖、广东省第八届教具制作大赛一等奖、第九届全国教具制作大赛优秀奖。

主要参考文献

蔡元培.美术与科学的关系(在湖南第五次讲演)[A].愈玉姿,张援,编.中国近现代美育论文选(1840-1949)[M].上海:上海教育出版社,2011.

陈寅恪.金明馆丛稿二编[M].北京:生活·读书·新知三联书店,2015.

陈小娅.校长要努力成为新时代的人民教育家[J].教育前沿(综合版),2007(06):8-9.

陈颖.构建全方位的本科教学质量管理体系[J].北京教育(高教),2015(04):67-69.

崔秀梅.课程整合:永远在路上[J].中国民族教育,2016(Z1):30-33.

陈海利.建立新课改背景下普通高校招生考试多元化评价体系的思考[J].当代教育论坛(综合研究),2010(12):87-89.

陈孟麟.墨辩逻辑学[M].济南:山东人民出版社,1979.

陈迎年.能定能应 夫是之谓成人 荀子的美学精神[M].上海:上海三联书店,2013.

陈海利.建立新课改背景下普通高校招生考试多元化评价体系的思考[J].当代教育论坛(综合研究),2010(12):87-89.

丁家桐.谈美育[J].教育研究,1981(8):59.

邓战军.高职院校品牌文化建设研究[D].江西师范大学,2006.

段圣玉.张竞生美学思想的当代价值探析[J].中国美学研究,2015(02):155-161.

冯契.论真善美的理想[J].学术月刊,1982(1).参见:瞿葆奎主编.王佩雄,黄河清,选编.教育学文集·美育[M].北京:人民教育出版社,1989.

傅佩荣.傅佩荣的哲学课:先秦儒家哲学[M].北京:北京联合出版公司,2018.

加德纳.多元智能新视野[M].沈致隆,译.杭州:浙江人民出版社,2017.

何东昌.中华人民共和国重要教育文献(1949-1975)[M].海口:海南出版社,1998.

洪伟,韩巧玲,郭志滨,陈纲,蒲丽芳.指向学生核心素养发展的课程建构与变革——基于史家教育集团课程建设的研究[J].中国教育学刊,2017(12).

黄光雄,蔡清田.核心素养:课程发展与设计新论[M].上海:华东师范大学出版社,2017.

黄仁宇.中国大历史[M].北京:生活·读书·新知三联书店,2007.

核心素养研究课题组.中国学生发展核心素养[J].中国教育学刊,2016(10):1-3.

黄忠敬.共享课程:集团办学带来资源"红利"[N].中国教育报,2016-09-20(10).

黄忠敬.以共享课程建设推进区域教育优质均衡发展[J].课程·教材·教法,2016(3).

黄忠敬.基础教育发展的中国之路[M].上海:华东师范大学出版社,2016.

高平叔.蔡元培全集[M].北京:中华书局,1988.

高平叔.蔡元培教育论著选[M].北京:人民教育出版社,2011.

郭元祥.教师的课程意识及其生成[J].教育研究,2003(6).

拉毕格.开发故事创意[M].第2版.胡晓钰,毕侃明,译.北京:北京联合出版公司,2016.

卢盛江.细读庄子[M].北京:研究出版社,2019.

林崇德.构建中国化的学生发展核心素养[J].北京师范大学学报(社会科学版),2017(01):66-73.

李建国.文化育人的哲学省思[J].高等教育研究,2014(4).

(俄)列夫·托尔斯泰.幼年·少年·青年[M].高植译.北京:生活·读书·新知三联书店,2019.

李岚清.美育是整个教育不可缺少的重要组成部分[J].人民教育,1994(10).

李叔同.释美术[A].李叔同.心与禅[M].西安:陕西师范大学出版社,2008.

李泽厚.美的历程[M].北京:生活·读书·新知三联书店,2016.

(美)雷夫·艾斯奎斯.第56号教室的奇迹[M].卞娜娜,译.北京:光明日报出版社,2014.

梁启超.美术与生活(八月十二日在上海美术专门学校讲演)[A].愈玉姿,张援,编.中国近现代美育论文选(1840-1949)[M].上海:上海教育出版社,2011.

林坤辉.儿童艺术治疗心理学[M].北京：电子工业出版社,2016.

吕骥,贺绿汀等.关于加强学校音乐教育的建议书[J].人民音乐,1985(10)：44-45.

米歇尔·普吕讷.荒诞派戏剧[M].陆元昶,译.杭州：浙江大学出版社,2014.

（意）玛利亚·蒙台梭利.童年的秘密[M].金晶,孔伟,译.北京：中国发展出版社,2006.

倪闽景,纪明泽,何永红.向均衡、精品、特色迈进——上海市中学校本课程建设现状分析[J].上海教育科研,2013(03).

帕特森,等.戏剧的快乐[M].张征,王喆,译.北京：人民邮电出版社,2013.

钱穆.中国文化史导论[M].北京：九州出版社,2011.

钱钟书.写在人生边上—人生边上的边上—石语[M].北京：生活·读书·新知三联书店,2002.

清华大学国学研究院.王国维文存[M].南京：江苏人民出版社,2014.

瞿葆奎.教育学文集·美育[M].北京：人民教育出版社,1989.

荣华伟,钱静珠.对提高高校本科教学质量的思考[J].教育探索,2014(09)：45-46.

璩鑫圭,唐良炎.中国近代教育史资料汇编·学制演变[M].上海：上海教育出版社,1991.

祁志祥.中国美学全史 第2卷 先秦至六朝美学[M].上海：上海人民出版社,2018.

全国教育联合会新学制课程标准起草委员会.新学制课程标准纲要[M].上海：商务印书馆,1925.

舒新城.中国近代教育史资料[M].北京：人民教育出版社,1981.

[英] 斯宾塞.教育论：智育、德育和体育[M].王占魁,译.北京：中国轻工业出版社,2016.

唐钺,朱经农,高觉敷.教育大辞书[C].上海：商务印书馆,1930(上册).

斯特拉·阿德勒.表演的艺术[M].李浩,译.北京：北京联合出版公司,2014.

顺德教育综合改革试验区课题组.顺德区教育综合改革实验区成果汇编：顺德研究[M].广州：新世纪出版社,2017,1：1-2.

陶行知.中国教育改造[M].北京：商务印书馆,2017.

万凤翠.释放自我的戏剧课程[J].上海教育,2017(23).

王鸿飞.老子略释[M].长春：吉林出版集团股份有限公司,2019.

王国维.人间词话[M].李维新,译注.郑州：中州古籍出版社,2008.

王守仁撰,吴光等编校.王阳明全集[C].上海：上海古籍出版社,2014(上册).

王淑芬.校本课程建设的困境和路径[J].课程·教材·教法,2018,38(06).

维特根斯坦.文化与价值[M].北京:清华大学出版社,1987.

韦斯顿.如何指导演员:导演的必修课[M].夏明,译.北京:北京联合出版公司,2016.

席勒.审美教育书简[M].南京:译林出版社,2009.

肖林元.校本课程的建设性缺失与矫正对策——以南京地区校本课程建设为例[J].课程·教材·教法,2015,35(03).

项红专.中小学文化育人的路径构建[J].中国教育学刊,2015(12).

许理和.佛教征服中国:佛教在中国中古早期的传播与适应[M].李四龙,译.南京:江苏人民出版社,2005.

(汉)许慎撰.说文解字[M].天津:天津古籍出版社,1991.

岩崎由纪夫.日本美术教育与综合学习[C].中小学一般艺术教育师资培育学术与实务研讨会(台北市)论文集,2003.

杨东平.艰难的日出——中国现代教育的20世纪[M].上海:文汇出版社,2003.

杨福家等.博雅教育(第3版)[M].上海:复旦大学出版社,2015.

义务教育课程标准解读丛书编委会.义务教育音乐课程标准(2011版)[M].北京:北京师范大学出版社,2012.

余英时.中国文化史通释[M].北京:生活·读书·新知三联书店,2012.

(捷)约瑟夫·斯沃博达.戏剧空间的奥秘——斯沃博达回忆录[M].刘杏林,译.北京:中国戏剧出版社,2016.

(英)约翰·亨利·纽曼.大学的理念[M]高师宁,译.北京:北京大学出版社,2016:99.

赵家骥等.中国教育通史(5)·隋唐卷[M].北京:北京师范大学出版社,2013.

赵家骥等.中国教育通史(7)·宋辽金元卷(下)[M].北京:北京师范大学出版社,2013.

张华.课程与教学论[M].上海:上海教育出版社,2000.

曾仕强,曾仕良.论语的现代智慧(上)[M].北京时代华文书局,2015.

张晓华.表演艺术120节戏剧活动课[M].北京:中国戏剧出版社,2016.

张旭,文硕.音乐剧导论[M].上海:上海音乐出版社,2006.

中央教育科学研究所编.中华人民共和国教育大事记(1949-1982)[M].北京:教育科学出版社,1984.

朱光潜.谈美·文艺心理学[M].北京:中华书局,2012.

中华人民共和国教育部.义务教育语文课程标准(2011年版)[M].北京：北京师范大学出版社,2012.

中华人民共和国教育部.义务教育音乐课程标准(2011年版)[M].北京：北京师范大学出版社,2012.

中华人民共和国教育部.义务教育美术课程标准(2011年版)[M].北京：北京师范大学出版社,2012.

钟启泉,崔允漷.核心素养研究[M].上海：华东师范大学出版社,2018.

朱慕菊,教育部基础教育司.走进新课程 与课程实施者对话[M].北京：北京师范大学出版社,2002.

Eisner E. The School as an Aesthetic Community[J]. The Elementary School Journal，1959，60(2).

Engel M. Aesthetic Education：The State of the Art[J]. Art Education，1975，28(3).

Girod M.，Rau C.，Schepige A. Appreciating the beauty of science ideas：Teaching for aesthetic understanding[J]. Science Education，2003，87(4).

Jakobson B.，Wickman P. O.. The Roles of Aesthetic Experience in Elementary School Science[J]. Research in Science Education，2008，38(1).

Kuchai，Tetiana. Aesthetic Education of Primary School Pupils as an Integral Part of the National System of Continuous Art Education in Japan[J]. Comparative Professional Pedagogy，2014，4(3).

Madeja S S. The CEMREL Aesthetic Education Program：A Report to the Field[J]. Journal of Aesthetic Education，1976，10(3-4).

Ministry of Education in Singapore. Music Teaching and Learning Syllabus for Primary & Lower Secondary[R].2015.

Philip H. Taylor，Colin Richards. An Introduction to Curriculum Studies[M]. NFER Publishing Company，1979.

后 记

本书列入华东师范大学教育学系"核心素养与学校课程建设丛书"之一,系华东师范大学教育学系与广东省佛山市顺德区容桂街道 U-S 合作中期成果之一。容桂街道多年来致力于建立学校美育品牌,"育美"既为此次合作组建教育集团之命名,亦为本期合作中各校课程建设之宗旨。因此,该书以《聚焦美育:如何在学校中培养学生的审美力》为名,希望融合理论基础、区域规划及实践案例,探索新时代学校美育之内涵与途径。从拟题至成书,经过合作各方多次研讨打磨,群策群力完成。各章具体执笔撰写者如下。

第一章:王占魁(华东师范大学教育学系)
第二章:李林(华东师范大学教育学系)
第三章:刘世清(华东师范大学教育学系)
第四章:罗文钘、鞠玉翠(华东师范大学教育学系)
第五章:徐冬青(复旦大学高等教育研究所)
第六章:余锦团、胥执纯、王平波(佛山市顺德区容桂街道教育局)
第七章:刘伦斌、郭玲(容桂育美教育集团)
第八章:杨柳春、谢能桂(容桂东部教育联盟容里小学)
第九章:刘伦斌、罗艳芬(容桂育美教育集团容山小学)
第十章:欧阳琳、陈燕、郭小茹(容桂育美教育集团容桂小学)
第十一章:刘琳、赵源颖、乔甲(容桂育美教育集团瑞英小学)
第十二章:卢小妍、罗巨明、鲁曼丹、吴瑞仪(容桂育美教育集团南环小学)
第十三章:李升旺、周剑山、陈锦燕(容桂西部教育联盟容桂外国语学校)